“十三五”国家重点图书出版规划项目

台湾通史

[第六卷]

现代

陈支平 主编

施沛琳
赵庆华 著

福建人民出版社
海峡出版发行集团
THE STRAITS PUBLISHING & DISTRIBUTING GROUP

本书由闽南师范大学策划并组织撰写

出版说明

这部六卷本《台湾通史》，是由海峡两岸学者通力合作、共同完成的全景式展示台湾从远古到现代的通史性著作。

全书梳理、展现了我国台湾地区政治、经济、社会、文化等各个方面的历史进程，上起距今约5万～3万年前的台湾史前文化时期，下至21世纪初期的当代台湾，分为六卷：第一卷，上古至明代；第二卷，明郑时期；第三卷，清代（上）；第四卷，清代（下）；第五卷，日本殖民统治时期；第六卷，现代。

由于书稿涉及方方面面的史料，时间跨度大，内容复杂，因此在使用和处理过程中可能会存在一些不妥之处，希望读者提出宝贵意见，以便今后再版时修订。

目　　录

第一章

国民政府接收台湾及其早期的治理

第一节　光复纪实

一、日本投降与受降典礼

1945年8月15日上午11时，全台广播电台传来日本天皇裕仁于前一晚发表的“下诏声明”。随后，台湾总督安藤利吉发表声明：“日皇已向盟国表示无条件投降。为结束战争之谕告。”[①] 台湾同胞闻之，无不额手称庆，奔走相告，概因即将回到祖国怀抱，压在心底长达半个世纪之久的爱国热情像火山一样喷发出来。

---

① 《重修台湾省通志》（卷一），南投：台湾省文献委员会，1994年，第338页。

600万台湾人民欢天喜地争购国旗，男女老幼都热情地学习国语。

随着日本在战争中的退败，台湾重返祖国怀抱，并从此展开另一个时代。

时序拉回光复前的1941年12月9日。那天，国民政府正式对日宣战，毅然废止《马关条约》。1942年，外交部部长宋子文向世人阐明，战后中国恢复领土以甲午战争前状态为目标；并昭告中外记者："我国战后决定收复台湾、澎湖、东北四省等失地。"① 依据国际法规，两国进入战争状态后，所有一切战前条约立即失效。日本之取得台、澎既以《马关条约》为依据，则中日再度正式宣战，台、澎自因条约失效无复"割让"之束缚。况且，当时台湾600万人口中，除少数日本人外，绝大多数为中国同胞。

1943年11月22日至26日，国民政府主席蒋介石与美国总统罗斯福、英国首相丘吉尔在埃及开罗举行会议，世称"开罗会议"。会议主要讨论对日、对德作战及战后处置日本等问题。当时，蒋介石力主收复台湾等失地之议，获英、美赞同。会议结束后，发表共同宣言："我三大盟国此次进行战争之目的，在于制止及惩罚日本之侵略。三国决不为自身图利，亦无拓展领土之意。三国之宗旨，在剥夺日本自一九一四年第一次世界大战开始以后在太平洋所夺得或占领之一切岛屿，在使日本所窃取于中国之领土，例如满洲、台湾、澎湖群岛等，归还中国。"②

1945年7月26日，中、美、英三国复于波茨坦举行会议，发表共同宣言。其内容除促令日本武装兵力无条件投降外，重申

---

① 秦孝仪主编：《光复台湾之筹划与受降接收》，台北：中国国民党中央委员会党史委员会，1990年，第1页。

② 《中美英三国开罗宣言》（1943年12月1日），收入复旦大学历史系中国近代史教研组编：《中国近代对外关系史资料选辑（1840—1949）》（下卷第二分册），上海：上海人民出版社，1977年。

开罗会议宣言的决议必将实施。

《波茨坦宣言》发表后，日本仍拒绝接受，做困兽之斗。盟军乃于8月6日、9日，以两枚原子弹相继轰炸广岛、长崎。日本当局见大势已去不可挽回，首相铃木贯太郎召集紧急会议，决定接受《波茨坦宣言》。8月15日正午，裕仁天皇向日本全国及海外军民广播投降诏书。

与此同时，在重庆的国民政府主席蒋介石也通过广播电台向全中国同胞报告日本投降的消息。

1945年10月25日上午10时，中国战区台湾省受降典礼在台北公会堂（今中山堂）举行，由台湾省行政长官陈仪代表中国战区最高统帅受降。而在此前一日，行政长官陈仪就已飞抵台北，当座机降落，松山机场内外数万台湾民众鼓掌、狂欢，呼声响彻云霄，数十分钟不绝于耳，整个机场都沸腾起来了。陈仪的座车开动后，民众争先恐后地想与汽车一起走。自机场至长官公署，数里长的柏油马路上，人们笑谈歌唱，言语间充满着欣慰与欢乐。

10月25日受降日一大早，公会堂前站满欢欣鼓舞的台湾民众。自上午9时起，各界参加代表即陆续进入会场，计有250余人参加。9时55分，中方受降代表暨参加人员入席。着军服的受降主官陈仪入席站于长桌后方正中；全体肃立奏乐。9时57分，派陈汉平少将引导日方投降代表安藤利吉等一行缓步入场，向受降主官敬礼，依命就座。[①]

10时鸣炮，典礼开始。陈仪即席宣布受降书："台湾日军业于中华民国三十四年九月九日在南京投降，本官奉中国陆军总司令何转奉中国战区最高统帅蒋之命令，为台湾受降主官。兹以第

① 张宪文主编：《日本侵华图志》第3卷《侵占台湾五十年（1895—1945）》，济南：山东画报出版社，2015年，第365—366页。

一号命令交与日本台湾总督兼第十方面军司令官安藤利吉将军受领。希即遵照办理。”宣布完毕，是项命令及受领证交参谋长柯远芬转交安藤利吉。安藤利吉在受领证上签署后，日方代表谏山春树向受降主官呈递降书。经审阅无误后，日方代表退席。投降签字典礼完毕，陈仪即席广播，正式宣布台湾日军投降。其广播词如下：

> 本人奉中国陆军总司令何转奉中国战区最高统帅蒋之命令，为台湾受降主官。此次受降典礼，经于中华民国三十四年十月二十五日上午十时，在台北市中山堂举行，均已顺利完成。从今天起，台湾及澎湖列岛，已正式重入中国版图；所有一切土地、人民、政事皆已置于中华民国国民政府主权之下。这种具有历史意义的事实，本人特报告给中国全体同胞及全世界周知。……

中国战区台湾省受降典礼于当日上午举行后，下午台湾各界又于同一地点举行庆祝光复大会。

大会由耆宿林献堂任主席，陈仪、台湾省党部主任委员李翼中、盟军联络司令官赖德理上校及党政军首长要员均莅场参加。大会行礼如仪后，林献堂在庄严肃穆的气氛下致辞，次由陈仪、李翼中、台胞代表相继致辞。全场意气激昂，欢声雷动。大会进行至下午 4 时 30 分散会，与会人员满怀兴奋地走出会场。

是日，总计有 40 余万名台湾民众参加庆祝此一具有重大历史意义的日子，老幼俱易新装，家家悬灯彩，相逢道贺，如迎新岁，鞭炮锣鼓声响彻云霄，狮龙舞市，途为之塞。① 台湾重属中

① 陈鸣钟、陈兴唐主编：《台湾光复和光复后五年省情》（上），南京：南京出版社，1989 年，第 162 页。

国主权管辖，台湾同胞感到无限快乐和欣慰，50 年来的心愿终于达成。当晚，家家户户通宵欢宴，焚香祭祖，告慰先灵。少数民族群众也同样歌舞集会，狂欢庆祝三昼夜。1946 年 1 月 12 日，中国国民政府行政院发布 01297 号政令，宣布：自 1945 年 10 月 25 日起，包括汉族和少数民族在内的所有因日本占领而失去中国国籍的台湾人民，一律恢复其中国公民的身份。至此，台湾同胞在事实上和法律上都恢复了中国国籍，600 万游子重新回到祖国母亲的怀抱。①

二、接收概要

当日本正式无条件投降后，国民政府随即设立台湾省行政长官公署及台湾省警备总司令部，并任命陈仪为台湾省行政长官兼台湾省警备总司令部总司令，积极从事接收台湾的部署。鉴于实际需要，两机构旋于 9 月 28 日在重庆联合成立前进指挥所，作为接收台湾的前站；由长官公署秘书长葛敬恩、警备总司令部副参谋长范诵尧分任该所正、副主任。公署及总部各单位指派专门委员、参谋人员共计 47 员，配属宪兵第九团一个排，在重庆国府路 140 号组织成立。

前进指挥所一行 71 人于 10 月 5 日抵松山机场。翌日午后 3 时，前进指挥所全体人员，在前台湾总督公署旧址举行第一次升旗典礼。4 时，即将长官公署及警备总司令部第一、二号备忘录交付日本第十方面军参谋长谏山春树。旋于 8 日、11 日，由范诵尧两度召见谏山春树会谈，指示台湾地区日军部队应行集中地点及正式投降前应行遵守事项，并积极展开下列工作：第一，派遣参谋偕同美军联络军官分赴港口勘察码头、设备现状及舰艇数

① 田珏、傅玉能主编：《台湾史纲要》（修订本），福州：福建人民出版社，2012 年，第 267 页。

量。第二，除在基隆港设办事处外，派员赴淡水等地办理祖国军队登陆时之运输、补给、宿营等事宜。第三，调查现有营房之容量，作为分配祖国军队宿舍营地之参考。第四，调查访问台北及各地金融与工矿物资之实际状态。第五，派员监督日军调动实施情形。

日本投降后，日方在台湾已无心维持治安，社会秩序堪忧，亟须祖国军队进驻以策安定。但日军尚未撤离重要据点，贸然进驻，易滋事端。前进指挥所乃限日军驻台北地区各部队于 10 月 15 日以前全部由大园庄、桃园庄、莺歌庄、土城庄、新店庄、平溪庄、贡寮庄、三貂角相连之线以北地区撤出，20 日以前由中港、头份庄、内湾、北埔庄、角板庄、阿王山、员山庄、二结、三结相连之线以北地区撤出，以便祖国军队登陆后迅速进驻台湾南北地区各要点及重要港口，并监督日军集中，以彻底执行我方之命令。

10 月 25 日，中国战区台湾省受降典礼举行后，旋即由台湾省行政长官公署与警备总司令部组织了台湾省接收委员会，分设民政、财政金融会计、教育、农林渔牧粮食、工矿、交通、警务、宣传、军事、司法法制与总务等组，其中，除军事归警备总司令部接收外，余概由行政长官公署各主管单位兼任各组主任，实际接收工作亦于 11 月 1 日正式展开。由于民政与军事两方面的接收工作特别重要，又在民政方面成立了接管委员会，进行省属机关及地方机关之接管；在军事方面则成立军事接收委员会，依兵种分 7 个接收组进行接收。①

民政事务的接收方面，各省属机关的接收由接收委员会总持其事。委员会由民政处处长周一鹗兼主任委员，秉承陈仪“工商

① 秦孝仪主编：《光复台湾之筹划与受降接收》，台北：中国国民党中央委员会党史委员会，1990 年，第 4 页。

不停顿、行政不中断、学校不停课”的指示，按照下列原则进行：第一，维持原有机构或业务，在无须变更或不急于变更，或尚无决定性变更之前，一切暂维持现状，使行政不中断，如医疗机构等，除名称及负责人更迭外，其余一律照旧。第二，整理过去分散或不健全之机关或业务，于接管后逐渐集中整顿，以提高行政效能，如人民团体之调整登记、社会福利之改善设施等。第三，违反人民意向及不合国情之制度，于接管后立即加以彻底改革，例如户籍之移归民政处办理、地政之设置地政局，及各民意机关应由民选，并限期成立机构等。在以上规章制度的指导及各主管机关的组织下，接收工作进行得极为顺利，自 1945 年 11 月 1 日开始，至 1946 年 4 月 30 日即告完竣，共接收前台湾总督府各直属机构 33 家。①

军事接收方面，于 1945 年 11 月 1 日起正式组织台湾省军事接收委员会，依兵种、业务区分为：陆军第 1 组、陆军第 2 组、陆军第 3 组、军政接收组、海军接收组、空军接收组、宪兵接收组等，于全省各地分途并进。台湾行政长官陈仪以“军字第一号”命令日军按规定的时间与地点缴械。原日本台湾总督兼第十方面军司令官安藤利吉自接受陈仪第一号命令后，其所有职衔即被解除，改任台湾地区日本官兵善后联络部部长，接受陈仪的指挥。②

警政接收方面，1945 年 10 月 25 日受降典礼当天，台湾省警务处接管原总督府警务局；27 日又接管警察官及司狱官练习所，成立台湾省警察训练所。11 月 8 日起，警政当局全面展开各州厅的接管工作，次年 1 月，接收完成。

---

① 盛清沂、王诗琅、高树藩：《台湾史》，台北：众文图书股份有限公司，1977 年，第 726—727 页。

② 中国第二历史档案馆编：《台湾光复纪实》，南京：江苏人民出版社，2005 年，第 163—164 页。

警政部门接收过程顺利且迅速的主要原因，其一，接收时采取人地相宜原则，例如，当时接收警政大员的首任警务处处长胡福相，就是警官正科班出身且历任警务要职；其二，负责实际接收工作的台湾警察干训班成员，以闽粤两省人士为主，从而减少语言不通的困扰；其三，赴台接收警政的人员，绝大多数年轻力壮，勇于任事，使接管工作能如期完成。

三、日俘与日侨遣送

日本投降消息通过广播传开，时任国民政府主席蒋介石于重庆的电台宣布此讯时，告诫全国同胞不可对敌国无辜人民加以侮辱。这一宣布也确定了光复后处理日俘与日侨的原则。

因台湾地区受战争破坏程度不一，1945 年 11 月 7 日台湾警备总司令部召集行政长官公署各处及海陆空各主管决定，令日军战俘于缴械后、返日前，从事战后恢复工作，以补偿中国损失。包括：其一，海运恢复，如修理船舶、打捞沉船、修理船厂及船坞、扫海。其二，空运恢复。其三，都市复旧。其四，全台重要水利：特种农业水利，由就近部队担任。其五，修复铁路，以保线及轮转器材为重要。其六，通信之复旧。俟以上工作完毕后指示。12 月底美军联络组通知日俘集中待运，他们才停止工作被遣归原队。[①]

随着接收工作的进行与完成，1946 年 1 月，原居住于台湾地区的日侨开始被遣送返日，因日侨私人财产数量繁多，内容又极复杂，乃于台湾省接收委员会下另设置日产处理委员会，为台湾省处理日本殖民者财产的总枢纽，负责台湾区内敌伪产业的处理工作，并在各县市分别成立分会。综观整个接收过程，虽因台湾

---

① 陈鸣钟、陈兴唐主编：《台湾光复和光复后五年省情》（上），南京：南京出版社，1989 年，第 191—192 页。

情形特殊，加上语言隔阂，而难免发生一些误会，但大致都能秉持人地相宜的原则，顺利完成任务。[①]

日俘管理与遣送方面，台湾地区降军武装解除后，即被令分别按照指定地区集中，由警备总司令部指派部队严密监护，并订定日俘官兵应遵守事项及监护部队须知，分饬切实遵照。1945 年 12 月 16 日，战俘管理处成立，其工作主要有六项。其一，监护部队的派遣：分由第六十二军监护台中与花莲以南地区，第七十军监护台北与新竹地区。其二，采用间接管理方式：成立台湾地区日俘官兵善后联络部，由安藤利吉担任部长，日俘官兵缴械后，均按原有番号建制集中，并由其部队长自行负责管理。其三，战俘的调查统计：为求明了战俘之素质及其特殊技能与在乡军官之一般状况，予以详细调查，造册统计，以供留遗参考。其四，施行思想改造教育：利用战俘在营待运机会，施行思想教育，使其明白黩武主义之错误，并教以孙中山学说、《联合国宪章》等。其五，注意卫生设施：除改良环境卫生及日常营养外，进行健康检查、防疫注射。其六，输送调配之准备：设立铁道运输司令部，集中铁道运力，以配合高雄、基隆两港口船运，适时输送人员集中于各港口。

为求迅速复原，高雄与基隆两港口分设候船集中营，可收容船舰容量 4 倍以上的人数。至于日俘登船前的检查，明确规定：仅限衣服什物之私人用品，其他有关军用物品、军事文书及金银财物等，一概不准携带。自 1945 年 12 月 23 日至 1946 年 4 月 30 日，两港遣送战俘人数共计 165638 人，除日本战俘外，还有小部分朝鲜半岛、琉球及印度尼西亚战俘。[②]

---

① 秦孝仪主编：《光复台湾之筹划与受降接收》，台北：中国国民党中央委员会党史委员会，1990 年，第 4 页。

② 曾健民：《1945・破晓时刻的台湾》，北京：台海出版社，2007 年，第 159 页。

陈仪鉴于台湾各部门尚需大量专门技术人员，一时罗致不易，故对于具有专业技术或特殊专长的专家，认为其有留台之必要者，则续征用令其留台。依此原则，1946 年 4 月底时台湾省留用日侨有 7139 人，连其家属总共有 2.7 万人。其中，农林工矿留用日侨占 58%，交通通信占 17%，金融财政占 9%，地方建设及警务等其他人员占 10%，学术研究约占 6%。

日侨的管理与遣送方面，由行政长官公署民政厅筹备，于 1945 年除夕日成立日侨管理委员会。该会首要工作是日侨的户口调查，于 1946 年 1 月 4 日至 2 月 22 日进行，当时全省日侨人数为 308332 人。同时，订立回国日侨编组办法，由各县市日侨输送管理站会同当地日军联络支部，将应遣日侨以户为单位预行分区编组。编组完毕后，各发白布符号佩于左胸前，以资识别。非有特殊原因经呈准者，不得擅自迁移，以便配合输送计划，依次待运。

当时还划定台北、基隆、新竹、台中、彰化等市日侨向基隆港口集中；台南、高雄、澎湖等县及台南、高雄、嘉义、屏东等市日侨，向高雄港集中；至于花莲及台东两县日侨，则在花莲港搭船径航东京。日侨之遣送，始于 3 月 2 日，截至 4 月 21 日，共载运 270852 名日侨到达各港口，共计 278455 名日侨被载运回国。① 光复初期的台湾百废待举，但光是在遣送日俘与日侨回国方面，其任务之繁剧，耗费之庞大，就令人咋舌。战胜国承担如此艰巨事项，使战败国军民得以顺利返乡，为古今奇迹，亦显示出中华文化“民胞物与”之传统精神。

四、台湾重返祖国怀抱

“张灯结彩喜洋洋，胜利歌儿大家唱，唱遍城市和村庄，台湾

---

① 陈鸣钟、陈兴唐主编：《台湾光复和光复后五年省情》（上），南京：南京出版社，1989 年，第 254—256 页。

光复不能忘。”这首在1946年由陈波作词、陈泗治作曲，陪伴无数台湾人成长的《台湾光复纪念歌》，道出当年台湾光复民众的欣喜欢庆之情。当时，全台民众要么从收音机中听到，要么在亲友间互相告知，一时间，街头巷尾传遍了祖国胜利与台湾光复的消息。

然而，因长期处于日本警察的威势之下，大家先是将喜悦放在心头，等确认此事属实之后，台湾民众个个喜上眉梢，家家张灯结彩，户户祭拜祖先，从北到南，从都市到乡村，锣鼓喧天，鞭炮声响彻云霄。在诸多口述历史之访问纪录片与纪实小说中也都记载了光复初期民众重归祖国怀抱的热情与喜悦。

随后而来的军事接收，更见台湾民众由衷欢迎祖国军队抵台之情。作家吴浊流在其作品《无花果》中提及：“自台北各都市及乡下的各街巷，都设了欢迎用的美丽的光复的彩门。每家每户都挂上有关光复的门联、横彩、红灯，期待着国军的光临。那战时的黑暗影子被一扫而光，充溢着一片明朗的新气氛。”①

10月16日当日，台湾民众听闻祖国军队将抵达基隆，争先恐后涌向该地，皆以先睹军容为快。隔日上午，首批军队进入了基隆港，由码头陆续沿街道走向车站广场。几十万夹道欢迎之民众，举手高呼，声震天地，其中不乏喜极落泪者。

当时的台湾社会有三个现象：其一，敬爱中国国旗。台湾重返祖国怀抱后，家家争先悬挂国旗。市面上不合定式的国旗仿制品，以及用纸印刷的代用品，无不被抢购一空。基隆有一日籍人士目睹台湾易帜盛况，恼羞成怒，对中国国旗肆意侮蔑，激起台湾民众公愤，一时秩序为之骚乱，经日方谢罪，始告平息。其二，掀起学习热潮。日本殖民统治时期，日本实行殖民奴化教育，禁用汉语中文。然而，一旦国土重光，人们自感同文同轨重于一切。于是人无分男女老幼，地无论城市乡村，学习汉语、中

① 吴浊流：《无花果》，台北：前卫出版社，1988年，第163页。

文，乃至国歌，蔚成风气。语文多由曾游大陆的台胞开设传习所，昼夜分班传习；国歌的学习则由学校扩散至家庭。此唱彼和，洋洋盈耳。其三，自动维持治安。光复后，由于产米地区禁粮出境，造成人口稠密的都市出现粮荒。粮荒最为严重的地区为台北市，进而导致社会秩序不佳。当时市民唐丙丁、蔡阿城、陈永隆、龙虾泉、高头北、许海青等挺身而出，并组成治安维持会，公推刘明为会长。后改组为治安服务队，又筹备设立全省治安维持机构。9月下旬，于台北市第一剧场召开第一次会议，各界人士150余人参加。会中对治安维持之事加以热烈讨论，在祖国军队进驻以前，举凡地方治安、社会秩序的维持，皆要依赖遍布全省各地的服务队。因此，铁路交通无阻碍之虞，公用物资得免变毁之事，水电又得照常供应，实厥功甚伟。

第二节　光复初期台湾的政治

一、陈仪的治台理念

在日本殖民统治下的台湾民众，语言思想受日本人影响甚深，而当时全台的建设多围绕殖民统治进行，加之太平洋战争爆发后，台湾遭美军大肆轰炸破坏，工农生产锐减。光复后民众思维的改变调整与整个台湾的建设等等，可谓千头万绪。陈仪接掌台湾行政长官一职，任务艰巨。其主要施政项目确有许多缺失，但其中亦不乏可称道之处。

国民政府为接收台湾，于南京成立了台湾调查委员会，规划专设机构台湾省行政长官公署作为台湾的最高行政机构。当时虽有部分人士提议战后台湾应实行省宪，但大部分人仍主张宜采特殊化统治或实验省制。台湾调查委员会主任委员陈仪主张三大治台方针：其一，党政军统一接收方式；其二，采取国营化公营化政策；其三，杜绝大陆恶习，确立现代化路线。

陈仪指示工作人员收集有关台湾资料，拟订接管计划。在政府组织方面，陈仪认为台湾经日本殖民统治半世纪，为应对此一特殊环境，在接收后，其行政组织结构不宜与一般的行省相同，因而有了日后独特的行政长官制度。

陈仪称，蒋介石曾交代两项根本政策，其一是政治建制的特殊化，其二是经济建制的特殊化。也就是为了扫除日本敌国势力，肃清反叛，安定社会秩序，提高行政效能，廓清日本殖民统治所灌输的毒化思想，加强台湾人民的中华民族意识。同时，为了使台湾免受当时大陆政治动荡与经济波动的影响，必须采用有别于大陆的特殊治理体制，因此，所采用的便是政军一体的集权政治与高度干预的统制隔离经济。

从历史的发展经验看，推动战后复兴工作，集权政治最容易被采用，而陈仪除在政治方面的集权外，又大大地增加了经济方面的集权，也就是扩大国家机关对经济生产分配的介入与控制，陈仪将此称为必要的“国家社会主义”。[①] 从一些相关文献可见，陈仪推动台湾战后复原工作，主要理念在于不以增税加重台湾省民的负担，而希望通过公营事业收入来维持各项经费。在公营事业未能达到正常生产前，则暂时以贸易及专卖两项收入来支出省政的主要开销。

陈仪此一看似不扰民的理念其实是受制于现实环境的结果。台湾历经日本于第二次世界大战后期残酷的战争掠夺，生产力停顿已久，一时尚难以恢复，无法征到所需要的税收，政府支出本就不可能寄望于租税收入。光复初期，大陆内战，不但不可能提

① 赖泽涵主编：《台湾光复初期历史》，台北：“中央研究院”中山人文社会科学研究所，1993 年，第 258 页。

供大量财政补助，相反地还要从台湾获取战争资源。因此，财政自理与战后重建，成为陈仪治台的首要工作。

陈仪认为，国家可以利用公营企业利润来改善大众的生活，而不是让少数上流社会的家庭更富裕。[①] 这也是陈仪继福建后再次实行“节制私人资本、发达国家资本”理念的机会。他认为，台湾70%左右的生产企业是日本殖民统治时代遗留下来的，是600余万台胞的血汗。今日收回来，也应该为全民所有，成为人民的企业，不能落在少数人的手中。[②]

陈仪实行企业公营、专卖制度及统筹贸易等措施，在当时曾受到相当多批评，被认为是与民争利，但他仍坚持办理。他不愿加重征税，将政府财政负担置于升斗小民肩上，只有另辟财源，而在方式上又须符合“节制私人资本、发达国家资本”理念。他不止一次对部属说：“我们搞统制贸易有两个目的：一是要使台湾的重要进出口物资掌握在政府手中，避免奸商操纵，牟取暴利；二是要把贸易所获的盈余，全部投到经济建设上来。这样做，一定会引起商人们的反对，但我们不怕，因为我们不是为私，而是为公。我们所追求的不是要肥少数人的腰包，而是要使台湾人民的食、穿、用等民生问题逐步获得解决……”[③] 他又说：“我们这个台湾小地方，如果走上通货膨胀、生计日蹙的绝路，怎么受得了！台湾人受了五十年含垢忍辱生活才光复，我们忍心破坏台湾吗！所以贸易专卖及台币等政策，我们无论如何不能放

---

① 褚静涛：《陈仪与台湾公营事业的初步建立——兼论台湾发展民营事业的政策取向》，《历史档案》，2004年第3期。

② 佚名：《陈公洽与台湾》，收入李敖编著：《二二八研究三集》，台北：李敖出版社，1989年，第197页。

③ 于百溪：《陈仪治台的经济措施》，收入全国政协、浙江省政协、福建省政协文史资料研究委员会编辑组编：《陈仪生平及被害内幕》，北京：中国文史出版社，1987年，第119页。

松，因为我们有不能放松的苦衷！”①

关于提高人民的生活水平，陈仪的施政理念是这样的：“第一，我们打算先分配日人的公私有土地给有耕种能力的农民，使其组织合作农场，并利用机器与新技术，希望有二三十万或三四十万农民（连家属）由佃农雇农而变为实际的自耕农，收入比以前增加。第二，希望有二分之一或三分之一的农民，参加农业合作社，因购买、运销、利用、公益等的合作，以及技术的改进，在收益上能增加些。第三，农民的收入，既然略有增加，其生活虽不能怎样提高，但农村中可以看到若干合乎近世安适方便式样的新屋，适于护体美观的新屋，并且多点教育与娱乐的机会，减少疾病的痛苦。第四，每个工厂切实组织职工福利社，办理福利事业，使工人的生活，比以前好些。这四者是明年所当特别注意的。但是这并不是忽视全民的生活；所以特别提到农工是因为他们人数最多，生活较苦的缘故。台湾省公有土地放租办法已由行政院核准国防最高委员会备案，本省公有地的分配，从此有法律上的根据，从明年起，将切实实行普遍筹设合作农场。”②

不仅如此，陈仪对部属有许多期许，他非常执着于“三民主义”及20世纪30年代开始流行的国家社会主义。由于蒋介石的吩咐，他受到鼓舞，故能根据台湾的需要，做出相当大胆的推动。

服膺孙中山先生“三民主义”，尤其是“民生主义”的陈仪，在台湾所实施的经济政策，绝非偶然。对陈仪来说，日本政府的专卖制度及日本殖民者在台兴办的企业，是其实现治理台湾理想的重要经济切入点。他力拒国民党内掌握财经的孔宋家族，阻挡大陆流通的法币进入台湾，在台湾地区发行台币，并接收日本殖

① 佚名：《陈公洽与台湾》，收入李敖编著：《二二八研究三集》，台北：李敖出版社，1989年，第187页。

② 陈鸣钟、陈兴唐主编：《台湾光复和光复后五年省情》（上），南京：南京出版社，1989年，第326—327页。

民者在台兴办的企业，成立许多公营企业，同时成立专卖局与贸易局，控制经济。从某种程度上看，陈仪的理念富有相当的理想主义色彩。

总括陈仪新政府在面对新情势时所推动的一些经济政策，对台湾经济的后续发展，带来了某些直接或间接的积极作用。第一，粮食方面：包括政府对产销、资金、水利设施、肥料的掌握，以及田赋征收等维持低粮价政策，使台湾能度过 1950 年前后的经济风波，并奠定经济发展的基础。第二，土地改革方面：包括合作农场、“三七五减租”、公地放领及“耕者有其田”政策等，在“二二八事件”后加速推动。第三，公营事业发展方面：政府一直希望其扮演经济发展的主要角色，故对其掌控亦从未放松，公卖事业的管理与收益，在财政贡献上亦十分关键。第四，精英阶层经济地位的转化方面：当时在社会主义思潮，以及发达国家资本、平均地权等主张影响下，这些精英看出大型私有企业与大地主的发展空间有限，加上后来国民党败退台湾，台湾进入“戡乱戒严”时期，大多数社会精英回避政治，改向经济、文教发展，亦有助于台湾中小企业的崛起。

总之，从经济角度来看，陈仪在台币制度的独立维持、汇兑措施的调整、遏制通货膨胀，以及对外贸易政策的调整等光复初期的探索经验，对 1949 年以后的三四十年中台湾经济的发展，皆具有正面的引导作用。[①]

单就陈仪主政理念而言，当时陈仪物色一流人才以接收台湾。台湾光复仅仅一年间，台湾省籍人即获得日本殖民统治 50 年来从未有过的政治权力与民主，这份同胞间的骨肉亲情，与日本异民族的殖民统治，实判若云泥。

---

① 翁嘉禧：《二二八事件与台湾经济发展》，台北：巨流图书股份有限公司，2007 年，第 215—216 页。

陈仪在大时代下，面对台湾内外利益集团与政敌的压力，坚持实行日资事业国营、烟酒专卖、日留土地国有、公地放租、台币独立等重大且深具前瞻性甚至可称创举的政策。即便在20世纪80年代台湾经济发展，被誉为“亚洲四小龙”，以及在90年代初台湾政治“本土化”的背景下，陈仪时代的那些政策仍在继续实施。因此，应尽可能理性、客观地评述陈仪的施政理念，不应因“二二八事件”的爆发而抹杀陈仪的功绩。

二、法制建设与地方自治

开罗会议闭幕后，国民政府预料台湾光复之期为时不远，于1944年4月17日在中央设计局内设立台湾调查委员会，作为收复台湾的筹备机构，调查台湾实际情况，任命陈仪为主任委员。该调查委员会主要工作包括草拟台湾接管计划、研究各项具体问题等。①

草拟接管计划重点在收复台湾的准备上，首当计划如何接收，收复之后又当如何治理，以免临时无措。台湾相关法令方面，民国一切法令均通用于台湾，必要时制颁暂行法规。至于日本占领时施行的各种法令，予以翻译，但其中压榨钳制台民、抵触三民主义及民国法令者悉予废止，其余暂行有效，视事实需要，逐渐修订。经过日本50年殖民统治的台湾，接管后如何改革且归于至当，尤为当务之急；诸如原有行政区域之划分，原有官有、公有及财团所有、日本人私有产业之处理，公营事业之接管与经营，均是其中重点。故台湾调查委员会特于其下分设3个小组——行政区域研究会、土地问题研究会、公营事业研究会——负责研讨并提出方案，以作为草拟计划之根据。

---

① 白纯：《简析抗战时期的台湾调查委员会》，《江海学刊》，2005年第1期。

台湾光复后，将采用何种政治体制、如何建立行政组织等，成为各台籍政治精英关切的议题，不论是否需要过渡性机制，各政治精英均建议台湾应走向民主宪政之路。

谢南光等人建议立即实施民主，制定台湾省宪，作为国内各省宪政之模范，以维持台湾原有之进步与繁荣。郭彝民主张暂行特别组织以便指挥，一面施行“三民主义”，一面加以宣抚；主政设宣抚督使，并设行政长官协同督使总理职务，等一切收复就绪，行政各臻治理之时再撤回督使，令与各省组织相同。黄朝琴认为，台湾虽为祖国行省之一，然受日本殖民统治 50 年，社会、经济、风俗习惯与祖国各省不同，应以 6 年为过渡时期，其间施行实验省制，将总督改为省长，采幕僚长制，以总务长官辅助省长综理全岛政务，不但执行中央法令，监督地方自治，且赋予委任立法权，划定台湾省参议会立法范围，借以维持台湾稳定。待国内宪法公布，自治完成后，始改采新省制。① 各方亦建议，接收与重建台湾，均应采用台籍人士。

中央方面，时任行政院秘书长张厉生建议先成立一过渡性组织，即台湾设省筹备委员会作为准备。经蒋介石批示，该筹备委员会由已成立的台湾调查委员会加以充实，并多招收台籍人士参与，以调查日本过去统治方式及法律、台湾现况及储备人才等，作为接管台湾之准备。②

同时，为健全行政体系，储备优秀干部，陈仪被指定为召集人，在中央训练团举办台湾行政干部训练班，分民政、工商、交通、财政、金融、农林渔牧、教育与司法等不同领域训练 120 名

① 郑梓：《战后台湾的接收与重建：台湾现代史研究论集》，台北：新化图书有限公司，1994 年，第 60—61 页；陈鸣钟、陈兴唐主编：《台湾光复和光复后五年省情》(上)，南京：南京出版社，1989 年，第20—22 页。

② 陈鸣钟、陈兴唐主编：《台湾光复和光复后五年省情》(上)，南京：南京出版社，1989 年，第 28 页。

学员。此外，另招考专科以上毕业生加以训练，储备为银行业务人员。1944 年 10 月 1 日又由中央警官学校在重庆成立台湾警察干部讲习班，选调闽、浙、粤、台籍警官受训。翌年，又在福建设立第二分校，储备台湾各级警务人员，前后共储训了 900 多名警员。

1945 年 3 月 14 日，国民政府正式核定颁发《台湾接管计划纲要》，共计 82 条，内分：通则、内政、外交、军事、财政、金融、工矿商业、教育文化、交通、农业、社会、粮食、司法、水利、卫生、土地等 16 项。① 8 月 15 日，台湾调查委员会修正通过《台湾教育接管计划草案》《台湾警政接管计划草案》《台湾金融接管计划草案》与《台湾地政接管计划草案》。总体而言，台湾调查委员会自 1944 年 4 月 17 日成立后，经过短短一年时间紧锣密鼓筹划，从无到有，除搜集编撰出版数十种、计数百万言的有关台湾的资料外，还培训 1000 多名接收台湾的各类人员，且完成《台湾接管计划纲要》，以及教育、警政、金融、地政等分项接管计划草案的拟定工作，实属不易。这可谓自 1895 年日本侵占台湾 50 年来，中央重新开始认识台湾、重视台湾的新起点。

三、地方选举的筹办

台湾光复之初，为顺应世界潮流，积极筹办地方选举。当时所依据之法律规章，除中央颁布之省参议员选举条例、县参议员选举条例及其附属法规外，台湾省行政长官公署又制定了乡镇民代表选举规则及省辖市区民代表选举规则等。而各种公职人员选举，除乡镇区民代表及村里长外，均为间接选举。

---

① 陈鸣钟、陈兴唐主编：《台湾光复和光复后五年省情》（上），南京：南京出版社，1989 年，第 49—57 页。

受降、各项接收与复员工作如火如荼地进行。11 月 3 日，才抵台不到两周的台湾行政长官陈仪就已在首次举行的“国父纪念周”演讲中，揭示其对台湾的主要理念。这项演讲指出：“建立民意机关，给台胞以参政的机会，日本统治台湾用奴役政策，对于台湾看作日本的奴隶，不是当作台湾的主人，所以各种施政，台胞只能盲从，不能参与意见。日本不许台胞有政治知识，受政治教育，有政治团体，虽然也有地方自治机关，号称人民自治组织，实则是半官性质，不是真正的民意机关。台湾是三民主义的中国的一部分，须实行民治。此后应增进人民的政治知识，提高人民的能力，一面遵照总理遗教，实行地方自治，准备行使四权，省县市乡镇各级民意机关，当尽速成立，务使真正的民意能循合法的途径与机关以表现。既然是为民所治，我们当尊重民意，我们当建立民意机关。”①

为配合国民政府实施宪政国策，遵照其指示，台湾行政长官公署乃积极筹备设立各级民意机关。鉴于国民大会将于 1946 年 5 月 5 日召开，国民政府规定省以下之各级民意机关应于该年 5 月 1 日前全部设立完成。因此，陈仪当局于 1945 年 12 月 26 日公布《台湾省各级民意机关成立方案》，规定于 1946 年 2 月底前各县市政府应成立村里民大会，以选举村里长及乡镇民代表，各市政府选举区民代表。3 月 15 日前各县市一律成立乡镇民代表会并选举参议员，各市政府成立区民代表会并选举市参议员。4 月 15 日前应成立县参议会与市参议会，并选举省参议员，5 月 1 日召开省参议会。

依《台湾省乡镇民代表会组织章程》《台湾省乡镇民代表选举规则》等行政命令，乡镇民代表到省级参议会之选举得以依公

① 《台湾省民意机关之建立》，台湾省行政长官公署民政处，1946 年，插页第 2 页。

布的法令实施。其中，1946 年 2 月 20 日，台北北投镇镇民代表选举投票，正式揭开光复初期台湾地方自治一连串选举的序幕。同年 5 月 1 日，台湾省参议会成立，举行首次大会，由黄朝琴、李万居当选正、副议长。

省参议会于 1947 年增加遴选参议员 6 人，后再遴选 4 人。1948 年后增加山地籍参议员 1 人，前后共计 41 人。省参议员任期原规定为两年，连选得连任，后延长至临时省议会成立为止。

1938 年 7 月，国民参政会成立，是为战时唯一之民意机关。光复后台湾重返祖国行政体系，于中央级民意代表方面，祖国亦视台湾如赤子，即使在战后百废待举之际，仍无差别地安排台湾省的中央级民意代表，以参与中央民意机关。1946 年 7 月，台湾省行政长官公署民政处奉令于一个月内，办竣国民参政员的补选，林忠、林宗贤、罗万俥、林献堂等人当选。制宪国民大会代表方面，1946 年 1 月于重庆举行的政治协商会议中，新增台湾与东北等地代表 150 名，其中台湾分配 17 名。该项国民大会代表亦经投票选举，由台湾各县市参议会及各团体推选，于该年 10 月 31 日，在行政长官陈仪监督下，顺利由台湾省参议员中选出 17 名制宪国民大会代表。

四、国民党台湾省党务的推动

抗日战争全面爆发后，日本在台湾实施“皇民化运动”，台湾同胞赴祖国大陆组织反日团体者益多，这些团体各树一帜，力量分散。1940 年 3 月，蒋介石指示中国国民党组织部部长朱家骅赞助台湾等地的各项革命运动，从敌后削弱敌方势力。

4 月，朱家骅即召开会议，初步决议成立台湾省党部，并与台籍相关人士共商实施办法，台湾省党部因此诞生。由台湾国民党与台湾革命独立党、台湾革命党等台籍抗日人士领导成立的组织于 1941 年联合成立台湾革命团体联合会，后更名为“台湾革命同盟会”,[1] 该会是中国国民党抗日运动的外围组织。

1943 年 4 月，国民党台湾省党部在福建漳州成立，翁俊明为主任委员，谢东闵、林忠、郭天乙、丘念台等为委员，积极展开党务工作。当时，留居大陆的台胞以农业人士居多，技术人才次之，再者为自由职业者。

1945 年 4 月，台湾省党部选出谢东闵为国民党第六次全国代表大会与会代表。然而，战争时期的台湾省党部，因组织松散，各项抗日工作又受中央各不同部门统属，行动及组织不易集中与配合；台湾省党部从事岛外工作经费预算不足，内部组织无法容纳众流。这些因素均限制其工作的开展。

1945 年 8 月，日本宣告无条件投降后，中国国民党台湾省党部于 9 月间迁设福州，中央改直属台湾省党部为台湾省执行委员会，派旅菲华侨王泉笙为主任委员，为中国国民党正式设立台湾省党部之始。王泉笙未曾接事，由李翼中继任主委。10 月 30 日台湾省党部自福建迁台，11 月 2 日抵台，在主任委员下设秘书、组训、宣传三处。

然而，迁设于台湾的台湾省党部在吸收党员与发挥政治影响作用上，已落后于先到的“三民主义青年团”，以及握有政治经济资源的行政长官公署，其中，“三民主义青年团”以宣扬“三民主义”为号召，收揽各方人士，发展颇有成效，其在岛内活动既先于台湾省党部，党团竞争关系的形成与党团摩擦自不难理解。[2]

而在与台湾行政长官公署的互动、党政联系制度上，台湾省党部虽设有省党政联谊会议与县市党政特别小组会议，但与陈仪

---

① 陈鸣钟、陈兴唐主编：《台湾光复和光复后五年省情》（上），南京：南京出版社，1989 年，第 305 页。

② 洪喜美：《光复前后中国国民党台湾党务的发展（1940—1947）》，发表于“中华民国史”专题论文集第三届讨论会，台北：“国史馆”，1996 年。

的互动也不佳，特别是在“二二八事件”后，陈仪与台湾省党部主委李翼中的冲突多于合作。[①] 台湾省党部委员蔡培火曾向中央组织部报告，台湾省党务的缺失有三：党员征求只求量而不重质；党干部人事问题；工作方向计划偏多，为民前锋者少。[②]

直至 1949 年，台湾省党部工作重心多在进行人事整合，也和全国各地同时进行党团合并、重新登记党籍。[③]

第三节　光复初期台湾的经济

一、光复前后经济的凋敝

台湾作为日本军国主义的“南进基地”，随着太平洋战争发展，到了战争末期不免成为美军轰炸的重点，岛上的日本军事设施在大轰炸中被炸成废墟。据 1945 年 6 月国民党中央设计局台湾调查委员会编制的《台湾被炸损失统计表》，美军飞机在台空袭 10000 架次以上，如此大规模攻击难免伤及无辜，对大量民用设施造成误炸。

战后行政长官公署民政处营建局对全省各县公路建筑物状况进行的调查显示，分布于城乡各地的商铺街市、农户民宅等民用公共设施，以及寺庙、教会、学校、医院等设施，在二战中遇袭

① 李翼中：《帽檐述事》，收入“中央研究院”近代史研究所编：《二二八事件资料选辑》（二），台北：“中央研究院”近代史研究所，1992 年。

② 蔡培火：《致陈立夫部长余井塘副部长报告》，1947 年 7 月 28 日，收入张汉裕主编：《蔡培火全集》（四），台北：财团法人吴三连台湾史料基金会，2000 年，第 41—42 页。

③ 任育德：《向下扎根：中国国民党与台湾地方政治的发展（1949—1960）》，台北：稻乡出版社，2008 年，第 52 页。

挨炸的情况屡见不鲜，平民在空袭中亦屡有伤亡。①

由于岛内铁路、公路与港口等基本设施被破坏，交通陷于瘫痪，加上资金与物资匮乏，水利设施失修，农业生产锐减。以主要农作物稻米为例，1945 年产量为 63.9 万吨，而全台湾人口当年最低消费量为 86 万吨，与 1938 年之稻米产量 140 万吨相比较，明显短缺，严重影响人民生活。稻米供需不平衡，造成严重米荒。此外，由于糖厂多数被炸，糖产量亦骤降，1938 年最高糖产量为 141.8 万吨，但在 1945 年时只有 32.7 万吨，对于以糖争取外汇的台湾来说，必然影响政府财政收入。②

工业部门受创情形远比农业更严重，此与日本殖民统治末期积极发展军需工业，后来却成为美军轰炸目标有关。当时日本在台湾投资较多的是水泥、烧碱、肥料、石油炼制、炼铝、冶铁、造纸等耗电量较大的部门。战争转剧，硬件设备遭破坏，原料供需失调，人力资源大量流失，工业产值大幅下降。③

1944 年后，由于战争扩大，军需浩繁，多数民生物资被移作军用，导致民生必需品缺乏。盟军大举轰炸和海上封锁，大部分生产设施遭摧毁，人力、物力损失惨重，生产锐减，外来经济资源的输入亦告断绝，物价腾贵。

总之，光复前后，台湾农工业生产能力明显下降，四分之三的工业设备、三分之二的发电设备及一半的运输网络不能使用，同时又缺乏技术人才，社会经济处于混乱状况，生产衰退，百业凋敝，物资供给严重短缺。

---

① 海峡两岸出版交流中心、中国第二历史档案馆：《台湾光复档案·历史图像》，北京：九州出版社，2005 年，第 167 页。

② 孟祥翰：《光复初期至政府迁台的台湾》，《历史月刊》，1995 年，第 62 页。

③ 侯家驹：《光复初期台湾经济体系之重建》，收入《国父建党革命一百周年学术讨论集》，台北：近代中国出版社，1995 年，第 18—42 页。

国民政府接收台湾之后，实施了统制经济，日本人所留下的230多家公私企业、600余家单位，统统纳入台湾省行政长官公署所属各处局所设的27家公司来经营。例如：专卖局负责有关樟脑、烟草、酒、火柴与度量衡器的产制运销；贸易局垄断了全岛工农产品的购销与输出，举凡能够营利的出产品，几乎全部由贸易局控制。专卖局和贸易局是台湾行政长官公署的利源所在，1946年专卖和贸易两项收入达旧台币20亿元，占全省预算的50％。这是陈仪紧抓住专卖局、贸易局不放手的根本原因。①

二、台湾货币的发行

台湾光复之初，战乱使得台湾省经济基础破坏无遗，财政秩序亟待重建。国民政府鉴于台湾省情形特殊，乃准许施行特别预算，并发行台币，以期安定社会秩序，整理财政，稳定金融，重建经济基础。

行政长官公署于1945年10月下旬公布两种关于接管及处理金融的规定，一为《台湾省当地银行钞票及金融机关处理办法》，一为《台湾省商营金融机关清理办法》。11月7日又公布了《台湾省行政长官公署处理省内日本银行兑换券及台湾银行背书之日本银行兑换券办法》，期以这3项办法先将金融予以掌控，亦可有助于接收及处理。②

光复时，台湾原有的金融机构可分为两大类：一是银行，总行设在台湾省的，有台湾银行、彰化银行、台湾商工银行、华南银行及台湾储蓄银行等5家，总行未设在台湾省的，有日本劝业银行及三和银行；二是其他金融机构，包括台湾产业金库、信用

---

① 张海鹏、陶文钊主编：《台湾史稿》（上卷），南京：凤凰出版社，2012年，第347页。

② 袁颖生：《光复前后的台湾经济》，台北：联经出版事业股份有限公司，1998年，第78页。

组合、农业会所设信用部门、无尽会社（小额信贷机构）、人寿保险公司、财产保险公司、信托公司与邮政储汇机构。

1946年5月20日，台湾省行政长官公署正式接收台湾银行，完成台湾银行改组工作，建立金融中心，并将三和银行及台湾储蓄银行并入，以增强运营力量。继而，自当年9月起，陆续将日本劝业银行改组为台湾土地银行，台湾产业金库改组为台湾合作金库。而彰化银行、华南银行及台湾商工银行等3家银行，亦随之于1947年以新面貌开始运营，并将其分支单位先后予以复业。此几家行库，是光复初期新金融体系之骨干。

当时，大陆因抗战胜利后通货膨胀严重，光复初期的台湾经济受到大陆通货发行与物价急剧上涨的巨大冲击。

国民政府为避免台湾省受到大陆日趋严重的通货膨胀影响，特许台湾地区暂时继续流通旧台湾银行券，于1946年5月由改组后的台湾银行正式发行台币（后称旧台币），以等值予以兑换。但旧台湾银行券在日本殖民统治末期原已急遽膨胀，且物价剧烈上涨，此一兑换，无异将日本殖民统治末期的通货膨胀一并承受。况光复伊始，百废待举，财政极为困难，导致有若干支出不得不借增加通货发行以资挹注。因此，在旧台币时期，通货发行额每年增长数倍。当局乃于1949年6月15日实施币制改革，发行新台币取代旧台币，即新台币1元兑换4万元旧台币。

旧台币的发行虽是为了让台湾不受或少受祖国大陆紊乱的经济情势影响，然而，此一制度根本无法解决台湾与大陆各地贸易、往来所带来的货币问题，也不能避免大陆的法币涌入台湾，进行赚取汇差的投机行为。这使得台湾通过与大陆的汇兑，被卷入恶性的通货膨胀之中。

三、接收日产

日本殖民统治台湾长达50年，重要的工商金融事业被日本人所掌握，故日本在台湾的产业庞大且分布甚广。此外，台湾作为日本南进侵略的基地，部署了许多军事设施，并建有生产武器弹药的军事工厂。在此情况下，台湾的接收与处理工作，要在短期内完成，自然十分艰巨。

台湾省开始接收日产，其私人财产的接收数量繁多且内容复杂，于是 1946 年 1 月在接收委员会下又设置日产处理委员会，内分秘书与会计二室，以及调查、审核与处理等三组，为专门处理日产的总枢纽。17 个县市均成立分会，都有专门人员负责处理。随后，因所接收的日产复杂，事务日繁，乃于 1946 年 7 月 1 日，在日产处理委员会下又成立日产标售委员会与日产清算委员会。前者处理日产的估价标售事宜，后者处理日本、台湾省人民合资企业及金融机构的一切债权债务清算事宜，并颁订《台湾省接收日人财产处理准则》，以资遵循。[①]

由于日产的种类及性质十分复杂，且数量又多，行政长官公署根据实际情况及需要，陆续订定接收日产的相关规定，总数达 19 种，基本可分为 5 类：其一，关于一般接收处理，计有 7 项规定，分别是《台湾省接收日人财产处理办法》《台湾省处理境内撤离日人私有财产应行注意事项》《台湾省日产清算规则》《台湾省日产标售规则》《台湾省日产清算委员会委托清算办法》《台湾省日产委托标售办法》《拨归省公营之接收日产其资产负债处理办法》。其二，关于工业企业，计有 2 项规定，分别是《台湾省各金融机构资产处理办法》《台湾省接收日资企业处理实施办法》。其三，关于房地产，计有 5 项规定，分别是《台湾省接收日人房地产处理办法》《台湾省接收日人房屋缴免租金标准》《台湾省接收日人房屋修缮费处理规则》《台湾省日产破屋比价出售

① 袁颖生：《光复前后的台湾经济》，台北：联经出版事业股份有限公司，1998 年，第 76—77 页。

应行注意事项》《台湾省日产破旧房屋原修缮人承购应行注意事项》。其四，关于存款现金及证券，除散见于上述规定外，尚有4项规定，分别是《台湾省行政长官公署处理省内日本银行兑换券及台湾银行背书之日本银行兑换券特种定期存款存户支取暨抵押借款办法》《台湾省留用日侨存款解冻办法》《台湾省留用日侨存款解冻补充办法》《台湾省集中金融机关日侨存款办法》。其五，关于动产，有《台湾省接收日人动产处理实施办法》。①

从1946年10月到1947年2月底，所接收的日本人财产，总计包括：公务机关的财产共593件，计29.39亿元；企业财产共1295件，计71.64亿元；个人财产共4.9万件，计8.8亿元。总数将近110亿元。②

接收日产分为公有财产、企业财产和私有财产。财产种类包括房屋、土地、仓库及码头、运输设备、船舶、车辆、森林、矿产、粮食、牲畜、机器设备、原料及成品、固体及液体燃料、未完成的工程及设备、图书仪器、标本及模型、家具、器皿、现金、金银及饰物、有价证券、票券及应收账款等。

据1946年5月发布的《台湾省行政长官公署施政报告》，行政长官公署民政处接收日本在台湾的机构物资，包括总督府地方监督课、警务局户口系、文教局援护课、援护会北投援护会馆、警务局卫生课、台湾地方自治协会、总督府评议会、成德学院、财政局税务课地政部分、台湾住宅营团、专卖医院、台北保健馆、台北疗养所、台北养神院、松山疗养院、台北更生院、博爱会本部病院、屏东医院、高雄医院、台南医院、嘉义医院、台中医院、台东医院、花莲港医院、基隆医院及新竹医院等单位的大

① 秦孝仪主编：《光复台湾之筹划与受降接收》，台北：中国国民党中央委员会党史委员会，1990年，第545页。

② （日）刘进庆著，雷慧英译：《战后台湾经济分析》，厦门：厦门大学出版社，1990年，第28—29页。

量资产。

四、公营企业与国民党的“党产”

日产接收之后，接下来是企业部门的接管与重组。根据国民政府经济部资源委员会及台湾省行政长官公署于1946年7月制定的《台湾省接收日资企业处理实施办法》，将其分为公营、出卖、出租及官商合营等方式，但当时究竟以何种方式进行，界线并不清晰，主要由资源委员会与行政长官公署决定。①

据日产处理委员会的报告，对于日产之处理，一部分是拨交政府机关，主要有石油、铝业、钢矿等18家单位划归国营；电力、肥料、造船、机械、纸业、糖业、水泥等42家单位划归国省合营；工矿、农林、航业、各金融机构、保险公司、医疗物品、营建业等323家单位划归省营；规模较小且富有地方性的92家单位由县市政府经营。总计拨交公营的企业工厂共475家。此外，有19家电影院划拨给国民党台湾省党部经营，而各级机关学校之房地产、家具物品车辆等动产，以及原台湾总督府所辖之公产、公营公用企业所附属之动产，也拨交给政府机关。②

金融机构部分，接收后改编之省营银行有台湾银行、台湾土地银行、台湾第一商业银行、华南商业银行、彰化商业银行，金库为台湾省合作金库，人寿保险为台湾人寿保险股份有限公司，财产保险为台湾产物保险股份有限公司，无尽会社为台湾合会储蓄股份有限公司。

国营生产企业包括中国石油股份有限公司、台湾铝业公司、

---

① （日）刘进庆著，雷慧英译：《战后台湾经济分析》，厦门：厦门大学出版社，1990年，第29页。

② 陈鸣钟、陈兴唐主编：《台湾光复和光复后五年省情》（下），南京：南京出版社，1989年，第68页。

台湾电力有限公司、台湾糖业公司、台湾肥料公司、台湾碱业公司、台湾盐业公司、台湾造船公司、台湾机械公司，省营生产企业有台湾省烟酒公卖局、台湾省樟脑局、台湾水泥公司、台湾纸业公司、台湾农林公司、台湾工矿公司。[①] 这些国营与省营企业形成了台湾公营企业的基础。

有关日产接收，从档案里发现国民党接收了台湾全省的 19 家电影院，包括台北市大世界、台湾、新世界、大光明、芳明，台北县罗东镇新生、苏澳镇苏澳、南方澳南方常设馆，台中市台中，彰化市和乐，嘉义市嘉义，台南市延平、世界，屏东市光华，花莲市中华，高雄市光复、寿星，高雄县冈山共乐，花莲县玉里镇新光等戏院。[②]

事实上，接收电影院是由于国民党行宪在即，必须自筹党费。国民党曾于 1945 年第六次全国代表大会第十六次会议通过《关于筹措党费之决议案》，将电影事业列入党营事业范围。故由台湾省党部主委李翼中函请行政长官公署移交接管，并电请中央核示。1946 年 2 月行政长官公署宣传委员会公布《台湾省电影戏剧事业管理办法》，其中规定日本人经营或日本人与国人合营之电影院，由宣传委员会监理或接管。1947 年 1 月 30 日，行政长官公署宣传委员会正式下令将这些电影院交由国民党台湾省党部，由党部成立台湾电影事业股份有限公司经营，以增加党费收入。[③]

---

① 许介鳞：《战后台湾史记》（卷一），台北：文英堂出版社，1996 年，第 12—13 页。改编为省营企业的台湾水泥公司、台湾纸业公司、台湾农林公司、台湾工矿公司，于 1953 年农地改革时，作为地价补偿金的一部分支付给旧地主。其他生产企业至 1989 年推动公营事业民营化之前为公营企业。

② 台湾省行政长官公署宣传委员会发台北、台中、彰化、嘉义、台南、屏东、高雄等市政府，以及台北、花莲、高雄等县政府之函件档案，1947 年 2 月 3 日。

③ 周忠菲：《“台独”的国际背景》，北京：九州出版社，2009 年，第 87 页。

第四节 光复初期台湾的社会与文化

一、去殖民化

日本殖民统治时期，台胞丧失国籍，且有被迫改用日本姓名者。光复后，无论在法理还是事实方面，这一做法均应予更正。在民众欢天喜地庆光复之余，台湾省行政长官公署公布台胞正名归宗办法。于 1945 年 12 月 12 日公布、1946 年 5 月 6 日修正之《台湾省人民回复原有姓名办法》规定，凡台湾民众使用之姓名为日本式者，统准予在三个月内向所在村（里）办公处申请恢复原有姓名，少数民族同胞无原有姓名者，准参照汉族式姓名方式自定姓名。此为“归宗”必先“正名”之基本措施。

1946 年 1 月 12 日《恢复台湾同胞国籍令》公布：“查台湾人民原系我国国民，以受敌人侵略，致丧失国籍。兹国土重光，其原有我国国籍之人民，自三十四年十月二十五日起，应即一律恢复我国国籍。”至于旅外台胞国籍之处理，亦于同年 6 月 22 日由行政院公布处理办法，并由外交部分电各驻外使馆，照知各国政府。由是脱离祖国 50 年之台胞，无分在台在外，共庆得偿归宗之愿。

光复前后旅居各地的台胞约计 10 万人，其中在祖国大陆者约 4 万人，在日本者约 2 万人，在朝鲜半岛者约 2 万人，其他各地约 2 万人。台湾光复消息传来，台胞们莫不欣喜若狂，迫切期待还乡。然而，战后交通未能恢复正常，尤其被日军征用充作军夫军属羁留各地之台胞，一旦日俘集中，生活尚且无着落，遑论旅资之筹措。于是，行政长官公署于 1945 年 11 月 21 日发布公报，对于被征及在日台胞深致关怀。同时，迭电南京陆军总司令部及各战区司令部设法救济，优予待遇。当年12月23日起，在外台胞、被征用之官兵与眷属，总计14800余人，陆续自日本、菲律宾和中国香港等地还乡。

1945年陈仪被任命为台湾行政长官后，于9月2日接受中央社专访时指出，日本人治台湾，对文化思想统制极为严密，想永远奴役台胞，使台胞永远忘记祖国，故台胞能操汉语或使用汉字者甚少。1935年之前，台湾的报纸尚有四分之一篇幅可登中文，其后则完全禁登中文，悉用日文。他到台湾后，非常重视汉语教育，希望实现使台胞明白了解祖国文化之目的；此项工作十分艰巨，然以他在福建推行汉语运动的经验，陈仪认为此工作在台湾可望于四年内完成。①

1945年光复后至1948年间，台湾教育政策中心为光复改制，即以“去日本化”为目标，实施了与全国一致的教育。因此，设立台湾省编译馆，旨在编译和审查教育及学术文化书籍。②

同时，又设台湾省国语推行委员会，以训练工作人员、辅导教学、编审书报等。在学校教育方面，台湾省行政长官公署教育处公布，自1946年8月起开始使用国定教科书、新定教科书及教育处编纂之教科书，已与祖国大陆无异；中等学校教育改进目的在于推行中华文化。而同年9月起禁止教员与学生使用日文，严令须用中文，并预备于两年后停止使用闽南话和客家话。此外，自1946年10月25日起，报纸书刊禁用日文，原有报纸杂志的日文版被废止。

国民党台湾省党部也担负起部分工作，利用在全台巡回宣传“三民主义”的时机，进行汉语学习与编印学习书刊等组训工作，

---

① 宋帮强：《论光复初期的台湾国语运动》，收入杨彦杰主编：《光复初期台湾的社会与文化》，福州：福建教育出版社，2011年，第212页。

② 《台湾省编译馆组织规程》，收入黄英哲、许雪姬、杨彦杰主编：《台湾省编译馆档案》，福州：福建教育出版社，2010年，第27—28页。

在进行党务基础向下扎根之余，去除日本殖民化。

台湾光复后，将城市街道原用“町”及“丁目”之日文名称，一律予以废除。依照发扬民族精神、宣扬“三民主义”、纪念国家伟人、适应地理习惯等原则，重新订定街道名称。城市园林大道及贯通公路系统之主要干线或该地区之主要街道，统称为“路”，其他次要街道以“街”命名。

1945 年 11 月，台湾省行政长官公署公布的《台湾省各县市街道名称改正办法》指出，为去除日本殖民统治观念，特定此办法以作为改正街道名称之依据。凡具有下列情形而设定之街道名称，由当地县市政府成立后两个月内改正：其一，具有纪念日本人物意义者，如明治町、大正町等；其二，具有伸张日本国威意义者，如大和町、朝日町等；其三，明显为日本名称等，如若松町、旭町等。应改正的街道名称，由当地县市政府妥为实施，新名称应具有下列意义：其一，发扬中华民族精神，如中华路、信义路、和平路等；其二，宣扬“三民主义”，如三民路、民权路、民族路、民生路；其三，纪念国家伟大人物，如中山路等；其四，适合当地地理或习惯且具有意义者。此办法也规定，原有之“町”“丁目”等日文名称应立即废除。①

在这一原则下，台北市将路街名称进行更改，并规定街道宽度在 15 米以上者为路，宽度在 6 至 15 米者为街，可通街与路之小街道为巷，巷以下为弄。② 至 1948 年 2 月，全台北市共定名街路 225 条，巷弄 2831 条，多数以祖国大陆之省份及重要城市命名，“中国地图”尽显于台北市街道上。

① 《台湾省各县市街道名称改正办法（1945 年 11 月 17 日）》，收入张海鹏主编：《台湾光复史料汇编（第一编）·政府文件选编（一）》，重庆：重庆出版社，2017 年，第 166—167 页。

② 杨兰洲：《本市建设的回顾》，《台北文物》，1953 年 8 月第 2 卷第 2 期，第 118—121 页。

二、台湾民众社会地位的转变

日本殖民统治时期，台湾民众极端被歧视，上自总督府，下至各州厅市郡，获任用的情况极少，至多只能充任基层公务员。光复之后，台湾省参议会是台湾有史以来第一次由全台人民（间接）选举产生的民意机关。台湾首届省参议员 30 人，清一色为台籍人士，其中有 14 人大专毕业，9 人中学毕业，余者部分为具有汉学深厚根基兼具国际视野之硕彦之士。就经济基础而言，地主与产业世家出身者约占八成。①

由此可见，当时台湾社会的领导阶层，可谓旧地主与知识分子的结合体，不仅拥有雄厚经济与政治资本，且有一定的社会声望，从某种角度而言，离开日本殖民统治的台湾精英总算“有出头天的机会”了。1946 年 5 月与 12 月在省议会举行的第一次与第二次大会中，这些台湾精英分别宣示：“本省光复后，即为中华民国之一部分，本省今后的建设，即为祖国整个国家建设中之一环，本省和祖国成败与共，命运相同……”体现当时台籍精英心向祖国建设台湾的雄心壮志。

总体上看，陈仪当局在光复初期采用的人事政策已经十分顾及本省人士，本省人在政治与民主上享有此前未有的权力与地位。由本省人担任全台宣传机构如报纸与电台的一把手，或担任拥有地方实权的行政首长（包括全台最重要的台北市市长、新竹县县长与高雄县县长等）；新招台籍警官警察等警政人员；各级民意代表，包括制宪国民大会代表、国民参政员、参议员等也均有本省人当选，尤其参议会更全数为台籍人士。

然而，尽管陈仪在台湾施政过程中，吸纳一批台籍志士，但

① 台湾省参议会秘书处编印：《台湾省参议会第一届第一次大会特辑》，第 15、29 页。

在接收的行政、经济等部门内，又留用了部分日本人，不免使台籍人士感到失落。加上非台籍官员的牵亲引戚，导致冗员充斥，以及“同工不同酬”制度，这些做法也与台湾本地精英原本的期望存在着较大的差距。

三、社会振兴的期待与挑战

光复初期，台湾满目疮痍，国民政府接收人员进驻后，迅速地接通全台的电力网，重新运营铁路交通网，农业水利设施亦恢复运作，为岛内人民的生活提供了基础保障。

以电力事业为例，当局接收后即进行电力修复工作，不仅对第二次世界大战期间被破坏的设备予以修复，同时对在日本殖民统治时期开工或因自然灾害被迫停用的电力设施工程，予以重新启动与修复。光复后至20世纪50年代陆续完成了乌来工程、立雾工程、铜门工程、天轮工程、雾社工程、龙涧工程、谷关工程、达见工程等水力发电工程，以及新北部、南部、深澳等蒸汽发电工程。① 当时对台湾电力建设做出重大贡献的代表人物为孙运璇，他于1945年12月抵台，参与台湾电力的复原工作，时任台电电机处代处长的他率领200名外省籍、1000名本省籍及七八十名日籍的台电人员，埋头苦干，修复遭美军大轰炸而被严重破坏的台湾电力系统。

再如交通建设。光复之初，台湾铁路几呈瘫痪状态，全线钢轨磨损长达150公里，枕木腐朽过半，桥梁载重不足者计926孔，锈蚀弹穿者486孔，站场设备及行车保安装置残缺不全，损毁停用机车占全数之48%，破损待修客货车辆占20%，篷货车漏雨者达80%。铁路设备器材来源断绝，日籍路员被遣返，无人可修。

---

① 台湾省文献委员会编：《台湾省通志·卷三·政事志 综说篇》，1972年，第69—80页。

在此困难情形下，国民党当局首重路线修复，诸如路基整修、涵洞疏导、翼墙修补、枕木钢轨及锈蚀桥梁抽换加固，以及行车号志及联锁装置修复等。同时陆续修复一些毁损或停用车辆，以及站场、月台、仓库等铁路硬件设施，以维护旅客与货物的安全。台湾铁路经过整修后，翌年即全线通车。

台湾岛内硬件设施陆续复原，民众的生活渐入正轨，台湾社会迅速地和整个中国社会整合，这种整合，包括了政治、经济、文化教育等各个领域，是全方位的。台湾民众的中国人身份得到了恢复和确认，台湾作为光复的一个省迅速地融入祖国大家庭之中，成为平等而又受到特别呵护的一员。然而，台湾社会的振兴并未如预期，不可避免地受到了台湾社会经过深刻的否定之否定以后带来的冲击。①

由于国民党当局厉行专卖统制经济，剥夺民间企业的经商自由，公营事业无限扩大，致使大批企业破产，商店关门。同时，因战争导致生产萎缩，以及受到大陆恶性经济恐慌波及，虽然台湾采取台币特殊化措施，亦无法断绝与大陆间的经济和超经济关系，通货膨胀随之而来。

国共内战方殷，台湾大批米粮运往大陆，台湾行政长官公署又撤销了粮食配给制度，致使物价齐扬，连台湾大学的学生也无法开伙，校方被迫停课，可见情况至为恶化。②

由于国民政府接收工作的脱节、生产事业的萎缩与停顿以及战争中流落在海外的台胞及被日本人征用之军夫纷纷返台，失业人口亦暴增。生活窘迫又无颜行乞的人甚至走上自杀一途。1946年11月中旬，时任台北县县长陆桂祥于长官公署纪念周上就坦

① 邓孔昭：《光复初期（1945—1949年）的台湾社会与文学》，《台湾研究集刊》，第82—92页，2003年第4期。

② 《警察天地：基隆经警出动监视粮食市场　严密抑制米价上涨》，《台湾警察》，1948年第1期。

白透露："数月来台北县发现自杀案件计 37 件，均系贫苦失业的原因。"① 即便有职业在身者，也可能面临领不到工资的困境。

当时上海《大公报》亦如此评论："台湾光复仅在政治上，台胞的经济地位并无改善，实在光复得十分空虚！再加上，接收下来而生产停顿，物价逼人，生活比从前痛苦加倍，人心就在这个洞中流去了。"② 失业人口的激增，逐渐形成社会的重大压力。而光复后驻台军人的军纪败坏，治安案件频传，社会动荡不安，正说明了"二二八事件"前"山雨欲来风满楼"的景象。

四、国民政府的腐败与社会矛盾

光复后，台湾相继进驻了大批大陆军公教人员、商人和其他人员，这些来自祖国大陆的人士被视为"外省人"。光复初期，在欢迎国民政府机构人员与军队进驻的过程中，台湾人民对于"外省人"是非常友善的。有些店铺遇到"外省"军政人员购物，甚至不收钱，以示友好。③ 然而，由于部分从大陆来的国民政府军政人员不久就有一些"恶行恶状"浮上台面，导致台湾人民对于所谓的"外省人"印象产生了极大的变化。

首先，部分国民政府军政人员在公务机关牵亲引戚，甚至在若干公司、工厂，也利用裙带关系，将一些有为青年摒弃于职场之外。1946 年 9 月 16 日，《民报》社论不客气地指陈："牵亲引戚、营私舞弊的腐败政治，台胞已讨厌了，封建性包办政治是更讨厌的。"④

1947 年 1 月 16 日，《民报》社论又指出："因为本省没有封

---

① 《论本省的失业问题》，《人民导报》，1946 年 11 月 21 日。

② 《我们对台湾的意见》，《大公报》，1946 年 5 月 31 日。

③ 后东升：《台湾光复初期的"台湾人"与"外省人"》，《民族史研究》，2011 年 00 期，第 385 页。

④ 《牵亲引戚》，《民报》，1946 年 9 月 16 日。

建基础，所以从外省搬入的坏种子，亦不易生枝发叶，成为一个组织；现在我们所见的，不外是封建‘作风’而已。而这个作风，在惯于法治生活的本省同胞，却惹出了非常强烈的反动。牵亲引戚，结党成群，以一个机关为地盘，无论是非曲直，‘打折手骨却屈入不屈出’，这就是封建作风了。”①

其次，国民政府在接收时产生了诸种弊端，民间讥之为“五子登科”现象：接收金子、房子、车子、位子、女子，“接收”成了“劫收”。陈仪虽以身作则，劝阻部属贪污腐败，对犯案人员绳之以法，却未严办几个大案，以平息民间的愤怒。1946 年 10 月 26 日《民报》发表社论称：“光复当初，台胞们的热烈兴奋，也是因为待望祖国的怀抱，而情不自禁所致的。老实说：重新相逢的祖国，是使我们失望得很，祖国的政治文化的落后，并不使我们伤心，最使我们激愤的，是贪污舞弊，无廉无耻。”②

据统计，从 1946 年 1 月底到 2 月上旬的报纸，短短十余天内不同贪污案件的新闻报道有六则，已揭露者如此，未曝光者不知凡几。贪污风气造成台湾省民众离心离德，在广大台胞眼里，这些大陆籍官僚打着解放他们的旗号，实际上是来榨取他们的血汗。久而久之，台胞对一些大陆籍官员十分反感。当时的国民党台湾省党部主委李翼中有感于此，曾于 1946 年 7 月 22 日在“国父纪念周”上报告对台湾省政治社会状况的观感，分析官民情感隔阂症结所在，强调应努力协助政府肃贪，借以融洽官民感情。然谈何容易，盖当时已形成系统性贪污，且成为官场政治文化的一部分。

由于战争的创伤及社会的急遽转型，台湾重建面临着巨大困难。行政效率低下，出现贪污腐败的现象，引起广大民众强烈不

① 《封建作风》，《民报》，1947 年 1 月 16 日。

② 《祖国的怀抱》，《民报》，1946 年 10 月 26 日。

满。长官公署的集权体制有利于接收，问题在于，大陆籍官僚垄断了台湾省的主要权力，使得台籍精英参政无门，严重挫伤了他们建设家乡的积极性。陈仪接收日产，建立起庞大的公营经济体系，效率不彰，统制政策束缚了台湾民营企业的发展。陈仪虽竭力保持台湾金融货币系统的独立性，台币仍然大幅贬值，通货膨胀，物价飞涨，原材料缺乏，大批日籍技术人员的迅速撤离，导致工厂普遍开工不足，失业问题严重。滞外台胞返籍，一群经过实战的社会闲散人员，对台湾社会构成巨大的隐患。①

第五节　“二二八事件”及其社会与政治影响

一、“二二八事件”的发生与扩大

1946 年 10 月，蒋介石巡视台湾复员工作时发表谈话称：“……看到台湾复员工作已经完成百分之八十，衷心甚为欣慰……一般经济事业都能迅速恢复，人民都能安居乐业，以台湾的交通经济以及人民生活情形，与内地尤其是东北华北比较，其优裕程度，实不可同日而语。”②

然而事实上并非如此，在蒋介石视台前的同年 1 月 16 日，国民党中央执行委员会早已送了一份《台湾现状报告书》致行政院，内容主要陈述台胞对陈仪当局施政之不满。③ 工人失业，城

---

① 张海鹏、陶文钊主编：《台湾史稿》（上卷），南京：凤凰出版社，2012 年，第 353—354 页。

② 陈鸣钟、陈兴唐主编：《台湾光复和光复后五年省情》（上），南京：南京出版社，1989 年，第 303—304 页。

③ 陈鸣钟、陈兴唐主编：《台湾光复和光复后五年省情》（下），南京：南京出版社，1989 年，第 552—556 页。

市居民破产，大量走私，米粮外溢，粮食恐慌，物价飞涨，民众挣扎在贫困线上，则是台湾当时的写照。至 1947 年初，台湾民众的情绪已濒临绝望的边缘。

“二二八事件”便是在如此背景下发生的，就台湾的政治社会发展脉络来看，可以说，当时台湾省内政治社会精英及人民，对于他们自己应有的地位以及对整个台湾社会发展的期待，与台湾省行政长官公署的施政作为和设计方向产生了严重的摩擦，官民之间的情感隔阂日益加重。

1947 年 2 月 27 日上午 11 时左右，专卖局接获密报称，淡水港有走私船运入火柴、卷烟 50 余箱等，专卖局乃派 6 名查缉员会同警察大队所派 4 名警员前往查缉。但当他们抵达淡水时，仅查获私烟 5 箱。不久，又据密报人说，这些走私货已移到台北市南京西路的天马茶房（该处为当时台北最大的走私货集中地）。

一行人于晚上 7 时 30 分左右抵达现场时，走私者早已逃散，仅查获 40 岁寡妇林江迈的私烟，拟将其全部公私烟和 6000 元台币加以没收。林江迈苦苦哀求，希望还回专卖局制的香烟与现金，围观民众也纷纷加入求情行列。

林江迈进而抱住查缉员不放，其中一查缉员一气之下，用枪管击打她的头部，致林江迈的头部鲜血直流，身旁的女儿也惊吓得哭了起来。围观群众被激怒，有人高喊“阿山不讲理”“猪仔太可恶”① “香烟还来”等，查缉员见势不妙，连忙逃跑，群众则穷追不舍。情急之下，查缉员傅学通开枪示警，却误伤市民陈文溪，陈文溪当晚深夜因伤重不治而身亡。

围观群众一路追至警察总局，要求将 6 名查缉员全数当众处决，以平民愤。专卖局官员闻讯赶至警察总局，表示会惩办查缉

① “阿山”与“猪仔”均为当时某些台湾人对外省人的称呼。

员，但以“刑罪罚恶，律有明文，未予擅便答复”为由，拒绝当众处决凶犯，同时将6名查缉员送至宪兵队予以保护。是夜，群众包围宪兵队，不肯离去。

当晚9时许，另有部分民众涌向台湾新生报社，要求刊登此事，代理总编辑吴金炼因奉有台湾省行政长官公署宣传委员会不得刊登此事的指示，而加以拒绝。群众乃拟以汽油烧毁报社相威胁，吴金炼不得已请社长李万居出面。

李万居应允刊登此事，群众始撤离报社。次日，该报以5号字体刊登百字左右的消息。事件发生时，《中外日报》的周青与吴克泰先后在相关现场目睹了事情发生的经过，两人写了报道，却被采访主任与副社长下令不得刊登。经过周青与排字工人的抗议，才得以付梓，这是关于“二二八事件”的第一篇详尽报道。第二天一早报纸分发到台北市并运往全省各地，均被抢购一空。①

2月28日清晨，更多的群众围住专卖局，聚集在宪兵队门前的群众则开始分头游行，并沿街敲锣号召全市罢工、罢市抗议。

在事件现场的吴克泰当晚借宿于附近的友人家中，亦目睹2月28日的情景：

> 大约是9点来钟的时候，我被一片嘈杂声惊醒。李太太叫我快起来，说事情闹得很大了。走出大街一看，到处是愤怒的人群，口号声、锣鼓声响成一片，整个台北市沸腾起来了，自然形成了总罢工、总罢课、总罢市。酝酿已久的火山，终于大爆发了。任何个人、任何组织都不可能在这么短短的几小时内动员这么多的群众，这完全是群众自发的。

① 吴克泰:《台湾“二二八”事件真相》(上),《军事历史》,2004年第2期,第13页。

游行民众越聚越多，上午10时许，一伙人冲入专卖局台北分局，局内有缉烟警员，群众误认其中一名为前夜之凶手，乃将他与另一名警员围殴致死，进而再殴伤4人，并将局里所存之火柴、烟、酒及一辆汽车、七八辆脚踏车抛至街上焚烧，至次日仍未全熄。当时围观民众达两三千人，宪警随即赶到，但也知难而退，不敢处理。[①]

中午12时许，千名群众高喊“枪毙凶犯，赔偿人命”“废止专卖局”等口号，涌向南昌路专卖局总局。群众有关惩凶、赔偿、取消专卖等诉求遭拒绝后，愤怒情绪高涨，专卖局俱乐部和外省籍职工宿舍被群众捣毁，并有6名专卖局职员被打死。[②]

下午1时许，游行队伍转而向行政长官公署请愿。四五百名群众以锣鼓为前锋，并有人呼口号，由台北火车站向行政长官公署前进。有谓民众因市面缺米，听说公署有食米可领，乃一呼四应，尾随而至，因而声势浩大。为防止发生类似专卖局被围攻的事，行政长官公署紧急调用宪警，当游行群众行至中山路口，尚未到公署广场前，即被配备整齐的士兵举枪阻挡。警备宪兵于公署阳台上鸣枪示警企图驱散群众，孰料机关枪扫射开来，当场死伤数十人，游行队伍被迫撤离。[③]

此一公署前宪警开枪事件，成为局势恶化的关键所在，光复后所积累的省籍矛盾亦随之爆发，于是省民在对抗公署之际，也对外省人进行一连串的暴力行动。

群众虽一时被迫驱散，随即四处会聚，流氓乘势加入，纠集

---

① 《二二八事件经过》，《台湾新生报》，1947年3月4日。

② 何海兵主编：《台湾六十年》，上海：上海人民出版社，2009年，第40页。

③ 赖泽涵总主笔：《二二八事件研究报告》，台北：时报文化出版企业股份有限公司，1994年，第52—53页。

数千人，并结合了请愿的万余群众，各以日语商议后四处散开，守住各处交通要道、公共场所、旅馆商店，不分青红皂白，见到不会讲闽南话或日语的外省人一律殴打，将所有的仇恨全倾泻于不相干的外省人身上。

面对这场大风暴，行政长官公署方面紧急展开应变处置。28日上午，由陈仪召集台北市市长游弥坚、警务处处长胡福相与警备总司令部参谋长柯远芬等举行会议，商讨前一晚之缉私命案事，并决定立即宣示处理办法，派宪警设法解散群众，守护各个机关，然后设法对付流氓。随后，游弥坚、台北市参议会议长周延寿、警察局局长和宪兵团团长张慕陶等前往劝导聚集的民众，然而情势仍然恶化。

到了下午2时许，大暴动开始，在民众拳头、脚底、棍棒之下，无辜的外省人仆地流血，甚至直接毙命，连身怀六甲之妇女与无邪幼童都难以幸免。

愤怒的群众更聚会于中山公园（现今之二二八和平公园），强行占领设于其内的台湾广播电台，向全省听众广播，广播内容主要是批判贪污现象、米粮外运等，并号召民众起而驱逐各地的官吏以求自存。[①]

下午3时，警备总司令部鉴于情势危急，发布“台北市区临时戒严令”，全市顿时笼罩在腥风血雨中。警备总司令部派遣武装军警巡逻市区，且开枪扫射。然而，民众仍包围专卖总局、铁路警察署、交通局等，并与军警发生冲突，不少民众与学生因而丧生。[②]

眼见台北秩序大乱，地方士绅也出面谋求解决之道。28日上

① 赖泽涵总主笔：《二二八事件研究报告》，台北：时报文化出版企业股份有限公司，1994年，第54页。

② 田珏、傅玉能主编：《台湾史纲要》（修订本），福州：福建人民出版社，2012年，第274—275页。

午11时许，烟贩民众代表5人赴行政长官公署向柯远芬请愿，提出5项要求。柯远芬允诺，但由于客观情势变化，并未能平复群众抗争情绪。下午2时，台北市参议会召开紧急会议，决议推选省参议会议长黄朝琴为代表，率市参议员去面见陈仪。参议员痛陈缉私诸种弊端，陈仪的答复颇为含糊，仅应允禁止警员带枪执勤一项。①

晚上7时30分后，广播电台相继播出柯远芬、黄朝琴、周延寿与国大代表谢娥的广播。柯远芬报告下午与民众代表会面经过，并宣布官方依法严办本案的处理原则。黄朝琴与周延寿盼民众静候代表与政府解决问题，谢娥亦劝民众保持冷静，勿杀害外省人。

此外，陈仪亦命宪兵团团长张慕陶求助于台湾省政治建设协会代表蒋渭川，邀请他出来说服民众。张慕陶两次造访，均未能见其面。当晚，蒋渭川回书张慕陶，告知“当尽能力所及而为”。

当时，原于1945年日本投降时前往台湾接收的第七十军与第六十二军已被调回大陆参与国共内战，岛内兵力不足，在台北可使用的兵力仅宪兵连与特务营各一个，陈仪紧急决定自南部调来凤山独立团的一个营，以及自基隆要塞守备队调来两个中队。然凤山独立团远水救不了近火，而前往基隆载运守备部队的汽车兵团副连长魏兆祺却在途中被暴徒用刀杀死，直至深夜，汽车兵团才抵达台北。②

3月1日，全台各地陆续知悉台北发生“二二八事件”，全省一片哗然，南北各地罢课、罢市，乱事蔓延全省，恐怖情形较前一日更甚，而惩凶要求也升级为政治抗争。

---

① 《二二八事件经过》，《台湾新生报》，1947年3月4日。

② 台湾省行政长官公署新闻室编：《台湾暴动事件纪实》，台北：台湾省行政长官公署新闻室，1947年；转引自陈兴唐主编：《台湾“二·二八”事件档案史料》（上），台北：人间出版社，1992年，第235页。

在 2 月 28 日、3 月 1 日这两天，台北市附近的台北县、基隆市，以及新竹与桃园，陆续发生暴动。3 月 2 日以后，暴动蔓延至中南部各县市，台中、嘉义均有发生，情况如出一辙，如攻击及占领县市政府、殴打外省人等。

综观全省各地暴乱行动，性质各不相同，有些地方是武装反抗，如嘉义的民兵、台中的“二七部队”、高雄的青年学生兵；有些只是民众控制警所武器枪械，自行维持地方治安，或要求驻军缴械，以免伤及民众。而各地参与者也相当复杂，有青年学生、地方领袖、失业者、战后退伍返乡之台籍日本兵等，甚至一些地方的流氓亦混迹其中，因此，各有步调，变化多端。这些人中，尤以从东南亚回来的本省军夫占多数，他们参加了日本军队，败兵遣回后，在台湾没有职业，也不知道自己究竟是日本人还是中国人，看见新来接收的政府非常腐败，自是满腔愤怒，群起斗殴。①

二、“二二八事件”处理委员会

事件爆发后台湾各地纷纷成立委员会，商讨如何对付政府。各地的委员会决议先将军警的枪械缴械保管，并将外省人集中管理。因此，从 2 月 28 日起的一周左右时间里，可说是外省人在台湾最悲惨的时期，他们被打时无人捍卫，购买日常用品或受伤就医均无着，直到五六天以后，才有台湾民意代表出来解危。3 月 8 日国民政府军队登陆台湾，外省人在台湾的困境才得以改善。

1 日上午 10 时，台北市参议会邀国民参政员、制宪国大代表及省参议员在台北中山堂召开紧急会议，成立缉烟血案调查委员

---

① 许倬云：《许倬云说历史：台湾四百年》，杭州：浙江人民出版社，2013 年，第 89 页。

会，并推选黄朝琴、周延寿，以及省参议员黄纯青与王添灯、台北市参议员张晴川、国民参政员杜聪明与林忠等人，于中午联袂赴公署见陈仪，提出5项要求：撤销戒严令、释放被拘民众、制止军警开枪、政府派员与民意机关合组紧急处置委员会、由陈仪对民众广播等。陈仪全盘接受，并认为调查委员会应定名为“‘二二八事件’处理委员会”（简称“处委会”）较妥。

同一日上午，台中、彰化等县市参议会召开紧急会议，赞成台北市参议会所提要求，至此，“二二八事件”已非处理单纯的缉私血案与请愿血案，而是全省范围内的政治改革运动。[①]

1日下午5时，陈仪就有关“二二八事件”第一次向全省广播，言辞恳切，向民众呼吁：“缉私烟误伤人命的人，已交法院严格讯办，处以适当的罪刑。一个被打伤的女人，伤势并不重，但我已经为她治疗，并给以安慰的钱，一个因伤死亡的人，我已经很厚的抚恤他了，这件事的处理，我想你们应可满意的。”[②] 并宣示，自午夜12时解除戒严，但集会游行暂时停止，不准罢工、罢课、罢市、殴人等事件发生；因暴动被捕者可交保释放；准许参议员派代表与政府合组委员会，处理暴动事件。[③]

另一方面，台籍精英蒋渭川虽然不是民意代表，因其在台北市的影响力，各方均邀其出面，收拾大局。在警备总司令部、国民党台湾省党部的力邀下，蒋渭川决定出来处理危局。2日上午，他来到行政长官公署，与陈仪共商危机处理之道。陈仪面允蒋渭川所提的4项原则：不向民众追究事件责任，且不处罚任何人；

---

① 张海鹏、陶文钊主编：《台湾史稿》（上卷），南京：凤凰出版社，2012年，第359页。

② 《陈仪对台湾同胞第一次广播词》，收入中国第二历史档案馆编：《台湾“二·二八”事件档案史料》，北京：档案出版社，1991年，第690—691页。

③ 《二·二八起义资料集》（下册），厦门：厦门大学台湾研究所，1981年，第87—88页。

释放事件被捕民众；事件中之死伤者不分省籍一律由政府优厚抚恤医治；督促法院速审缉烟开枪杀人凶手并执行重刑。蒋渭川旋于下午 2 时 10 分，就陈仪所诺向民众广播，并在声明中吁请民众速选出 10 名代表参加处委会。①

下午 3 时，陈仪依与蒋渭川之约，再度向民众广播，内容如下："（一）凡是参加此次事件之人民，政府念其冲动，缺乏理智，准予从宽，一律不加追究。（二）因参与此事件，已被宪警拘捕之人民，准予释放，均送集宪兵团部，由其父兄或家族领回，不必由邻里长保释，以免手续麻烦。（三）此次伤亡的人，不论公教人员与人民，不分本省人与外省人，伤者给以治疗，死者优于抚恤。（四）此次事件如何善后，特设一处理委员会，这个委员会，除政府人员及参政员、参议员等外，并参加各界人民代表，俾可容纳多数人民的意见。"他希望"大家立刻安下心来，赶快恢复二月二十七日以前的秩序"。② 然在陈仪广播后，处委会委员王添灯却继续向民众广播，极力抨击陈仪政府，并把那些杀害外省人及捣毁外省商店物件的人誉为"革命先烈"。

与此同时，处委会在台北中山堂召开首次会议，其目的是协商善后事宜，行政长官公署指派 5 人与会。但现场还挤进了大约 300 名民众旁听，叫嚣煽动，致会议难以进行。委员们则议论百出，提出种种无理要求，会议于 5 时散会。

自此，政府代表被迫退出处委会，而该会也完全被暴徒控制。是日晚，陈仪将此事件被捕民众交宪兵团释放。

3 日上午，处委会召开扩充改组后的第一次大会，会后各方代表 20 余人前往行政长官公署商议。双方于下午 2 时 30 分达成

① 《台湾暴动事件纪实》，收入中国第二历史档案馆编：《台湾"二·二八"事件档案史料》，北京：档案出版社，1991 年，第 237—238 页。

② 《陈仪对台湾同胞第二次广播词》，收入中国第二历史档案馆编：《台湾"二·二八"事件档案史料》，北京：档案出版社，1991 年，第 691—692 页。

6 项协议。军队于 3 日下午 6 时撤回营地集结。地方治安由宪兵、警察与学生、青年组织治安服务队维持。交通亦于下午 6 时全部恢复，民众要保护交通员工。米粮问题，拨出军粮供应。军队撤回后，倘若有人因意气激昂出来，可以抓交法办，柯远芬负完全责任；军队撤回后，民众倘有再发生打人烧物之事，由 20 余名代表负完全责任。市民切勿轻信谣言，南部军队绝不北上。[①]

到了下午 4 时，处委会在台北市警察总局召开台北市临时治安委员会，由台北市市长游弥坚担任主席，会中决议成立忠义服务队。在当晚 6 时以后，这些队员即臂缠白布，正式担任起维持台北治安之责。蒋渭川与王添灯也先后广播说明忠义服务队的情况。另一方面，参谋长柯远芬也向全省广播，宣布有关“武装部队今日下午 6 时撤回营地”等协议内容。[②]

到了 6 日，省参议员王添灯在中山堂一次会议中，宣读准备向中外广播有关“二二八事件”真相全文，以消除各方疑虑。主要内容是说明处委会的目标是“肃清贪官污吏，争取本省政治的改革，不是要排斥外省同胞”。文中提出对事件的处理方式，计有“对于目前的处理”7 条，“根本处理”25 条（军事 3 条、政治 22 条），此即著名的“32 条要求”。

“对于目前的处理”包括：其一，政府在各地之武装部队应自动下令暂时解除武装，武器交由各地处理委员会及宪兵队共同保管，以免继续发生流血冲突事件。其二，政府武装部队武装解除后，地方之治安由宪兵与非武装之警察及民众组织共同负担。其三，各地若无政府武装部队威胁之时，绝对不应有武装械斗行动。对贪官污吏不论其为本省人或外省人，亦只应检举转请处理

---

① 唐贤龙：《台湾事变内幕记节录》，收入邓孔昭主编：《二二八事件资料集》，台北：稻乡出版社，1991 年，第 74—76 页。

② 赖泽涵总主笔：《二二八事件研究报告》，台北：时报文化出版企业股份有限公司，1994 年，第 63 页。

委员会协同宪警拘拿，依法严办，不应加害而惹出是非。其四，对于政府改革之意见，可列举要求条件，向省处理委员会提出，以候全盘解决。其五，政府切勿再动兵力，或向中央请遣兵力，企图以武力解决事件，致发生更惨重之流血而受国际干涉。其六，在政治问题未根本解决之前，政府之一切施策（不论军事、政治），须先与处理委员会接洽，以免人民怀疑政府诚意，发生种种误会。其七，对于此次事件不应向民间追究责任者，将来亦不得假借任何口实拘捕此次事件之关系者。对于因此次事件而死伤之人民应从优抚恤。

“根本处理”分两方面。军事方面，其一，缺乏教育和训练之军队，绝对不可使驻台湾；其二，中央可派员在台征兵守台；其三，在内陆之内战未终息以前，除以守台湾为目的之外，绝对反对在台湾征兵，以免台湾陷入内战旋涡。政治方面共 22 条。其一，制定省自治法，为本省政治最高规范，以便实现《建国大纲》之理想。其二，县市长于本年 6 月以前实施民选，县市参议会同时改选。其三，省各处长人选应经省参议会（改选后为省议会）之同意，省参议会应于本年 6 月以前改选，目前其人选由长官提出，交由省处理委员会审议。其四，省各厅处长三分之二以上须由在本省居住 10 年以上者担任之（最好秘书长、民政、财政、工矿、农林、教育、警务等处长应该如是）。其五，警务处处长及各县市警察局局长应由本省人担任，省警察大队及铁道工矿等警察即刻废止。其六，法制委员会委员半数以上由本省人充任，主任委员由委员互选。其七，除警察机关之外，不得逮捕人犯。其八，宪兵除军队之犯人外，不得逮捕人犯。其九，禁止带有政治性之逮捕拘禁。其十，非武装之集合结社绝对自由。其十一，言论、出版、罢工绝对自由，废止新闻纸发行申请登记制度。其十二，即刻废止人民团体组织条例。其十三，废止民意机关候选人检核办法。其十四，改进各级民意机关选举办法。其十五，实行所得统一累进税，除奢侈品税、相续税外，不得征收任何杂税。其十六，一切公营事业之主管人由本省人担任。其十七，设置民选之公营事业监察委员会，日产处理应委任省政府全权处理，各接收工厂、工矿，应置经营委员会，委员须过半数由本省人充任之。其十八，撤销专卖局，生活必需品实施配给制度。其十九，撤销贸易局。其二十，撤销宣传委员会。其二十一，各地方法院院长、各地方法院首席检察官全部以本省人充任。其二十二，各法院推事、检察官以下司法人员各半数以上省民充任。①

“32条要求”没有把土地分给农民，没有实行8小时工作制的条文，漠视广大工人、农民的利益，反映了台籍资产阶级的诉求，政治上要求当家做主，经济上要发展民营经济，维护台湾的利益与安全。他们把这样的省政改革限定在中华民国的体制范围内，不是排斥外省人，对于一些外省人被殴，深表歉意，政府一半以上或三分之一的职位由台籍人士出任，而非全部，用意在于此。②

7日下午，处委会召开全体大会，除决议通过原有的“32条要求”外，又增列10条，计军事方面2条、政治方面8条，成为“42条要求”。新增10条要求为：其一，本省陆海空军应尽量采用本省人。其二，台湾省行政长官公署应改为省政府制度，但未得中央核准前，暂由处委会之政务局负责改组，并普选公正贤达人士充任。其三，处委会政务局应于3月15日以前成立，其产生方法，由各乡镇区代表选举该区候选人一名，然后再由该县市辖参议会选举之。其四，劳动营及其他不必要之机构废止或合

① 《台湾新生报》，1947年3月7日、8日；唐贤龙：《台湾事变内幕记》，南京：中国新闻社出版部，1947年，第116—117页。

② 张海鹏、陶文钊主编：《台湾简史》，南京：凤凰出版社，2010年，第110—111页。

并，应由处委会政务局检讨决定之。其五，日产处理事宜应请划归省政府自行清理。其六，警备总司令部应撤销，以免军权滥用。其七，少数民族同胞之政治经济地位及应享之利益应切实保障。其八，本年6月1日起实施劳动保护法。其九，本省人之战犯及汉奸嫌疑被拘禁者，要求无条件即时释放。其十，送与中央食糖15万吨，要求中央依时估价拨归台湾省。

与“32条要求”相比，这10条较为激进，挑战南京国民政府对台湾的治权。总体来看，这些要求其实已涉及政治体制的根本变革，提出的方案确实超越了原本因为查缉私烟而发生暴动的处理范畴。台籍精英要求的军事体制改革，将动摇南京国民政府对台湾的军事控制权；政治体制改革，将削弱南京国民政府对台湾的治权，抵触中央集权制度；经济体制改革，如日产归台人管理，撤销专卖局等，将冲击南京国民政府的公营经济政策。

台籍精英蒋渭川等人主张体制内推进省政改革，不赞同“42条要求”。从3月1日，台籍精英介入“二二八事件”的处理，要求节节升高，到9日回到事发前立场，可见台籍精英并没有达成统一的政治诉求，“42条要求”也并非深思熟虑的产物。[①]

三、陈仪为首的台湾当局以及国民党的应对之策

1. 陈仪的应对之策

事件爆发时，陈仪以为可以应付，所以他在最初给蒋介石的报告中说，“由于市民与经济警察之误会发生冲突，虽有少数奸徒乘机滋事，致有死伤，旋即平息”。到了3月2日，陈仪看到群众斗争已如火燎原席卷全省，再次报告由于“奸匪煽动，挑拨政府与人民之间的感情，勾结日寇残余势力，致无知平民协

---

① 张海鹏、陶文钊主编：《台湾史稿》（上卷），南京：凤凰出版社，2012年，第362页。

（胁）从者颇众，祈即派大军，以平匪气”。[1]

事件一波数折，政治改革之声四起，身为台湾省官僚之首的陈仪数度希望蒋渭川能出面安抚民众并制止暴动，而蒋渭川也借机提出政治改革意见。

针对民众代表所提出的处理大纲，陈仪于6日晚间再度广播，提出3点方案：第一点是省级行政机构已考虑改为省政府，将向中央请示，一经核准即可实施，改组后省政府委员、各厅处长要尽量任用本省人士。第二点是县市级行政首长预定在准备手续完成的条件下，于7月1日实施民选；民选前，若有当地人认为不尽责者将予免职。第三点，至于各种措施如何改革，在省方面，俟政府改组后由其决定；在县市方面，俟县市长调整后由他们负责。

陈仪广播后，一般人民的反应良好，以为局势可以好转。不料，此时事件已被某些人利用。由大陆返台青年林谦旺竟广播召集台籍日军，集中武装。处委会亦在台北市福星小学召集台籍警察开会，讨论组织武装。流氓复四出抢夺枪弹及各机关大小车辆，并搜索外省人住宅，借口搜索枪弹，实则抢劫财物。社会秩序极端混乱。[2]

7日傍晚，处委会全体常务委员同赴公署，向陈仪正式提出“42条要求”，但被严词拒绝。8日，该会又派省市参议员代表到行政长官公署向陈仪谢罪，不敢再提此种要求，并发表声明，推翻前一日通过之决议案，内称因参加开会的人数众多，先前通过

---

① 吴克泰：《台湾“二二八”事件真相》（上），《军事历史》，2004年第2期，第16页。

② 柯远芬：《台湾二二八事变之真相》，收入“中央研究院”近代史研究所编：《二二八事件资料选辑》（一），台北：“中央研究院”近代史研究所，1992年，第28页。

之要求未及推敲，致有不当要求出现，“撤销警备总部、国军缴械，迹近反叛中央，决非省民公意”，并呼吁自次日起复学、复工。[①]

但事件发生至此，处委会被部分有心人士利用，不断地升高其政治目标，终于踏到国民党政府的政治底线，强力镇压终不可免。

2. 武装镇压

起初，蒋介石并不认为事件会扩大，所以并无派兵的打算。至 3 月 4 日，民众攻打军政机关，各地的参议会实际上取代了政府。此种情形，蒋介石不能坐视不顾。接获陈仪求兵电函后，蒋介石立刻抽调第二十一军的两个师和驻福州的一个宪兵团限期开赴台湾，执行军事镇压。

据当时驻在江苏昆山的第二十一军副官处长何聘如的文章回忆：“1947 年 3 月 3 日早饭后……即叫我马上到军长办公室去开会……刘雨卿军长手里拿着电稿纸对大家宣读：‘奉主席蒋电令：（一）台湾乱民暴动；（二）该军全部开台平乱；（三）军部及直属营连和 146 师即日在吴淞上船，直开基隆，145 师在连云港集结候轮开高雄，并限 3 月 8 日以前到达；（四）该军到台后归陈长官指挥。”[②]

政府军登陆不到一星期，全台反政府势力崩溃。随后全台各地开始清乡，并实行连坐法，凡知反政府人员或藏有军械不报者，一并治罪。全台可说风声鹤唳，有不明不白被打死者、冤死者、被捕者、受威胁不得不变卖田产者等情形不一而足，人们的恐惧非文字所能形容。

在这波行动中，不少台湾省知名人士遭到杀害，例如台湾大

---

① 中国第二历史档案馆编：《台湾“二·二八”事件档案史料》，北京：档案出版社，1991 年，第 256 页。

② 秦孝仪总编纂：《“总统”蒋公大事长编初稿》卷六（下），台北：台北中正文教基金会，1978 年，第 398 页。

学文学院院长林茂生、淡水中学校长林能通、宜兰医院院长郭章垣、省参议员王添灯、实业家陈炘、画家陈澄波、台湾省教育处副处长兼人民导报社社长宋斐如。[①]

国民党政府为何要出兵镇压？赖泽涵认为当时中央政府的应对之道深为台湾主政者意见所左右。事起之初，陈仪和柯远芬等执掌台湾军政大权者，并未了解台湾社会的情况，以及民众对政治改革、经济生活改善的迫切期待，反而认为该事件纯系“奸党乱徒”借端生事，故对民众或处委会的要求均视之为无理取闹或别有用心。之后，为推卸责任，掩盖擅自处理“二二八事件”不当造成的全台大乱，不顾“二二八事件”的主流在省政改革，夸大事件严重性，以“42条要求”作为背叛国家的证据，并将全台湾省的“二二八事件”定性为暴乱。正是陈仪对“二二八事件”的错误定性，造成军队屠杀民众。

事实上民变事件爆发后，台湾的情报人员就已报告蒋介石，但当时蒋介石正忙于应付共产党，因此指示只要人民要求合理，尽可以退让，[②] 仅同意加派一加强团到台湾，而此系“归建”，主要目的在于防范。后来，由于陈仪等人及情报机构将此事归之于共产党的煽动，蒋介石感觉事态严重，才决定派兵镇压。

为了防止国军滥杀无辜，3月13日，蒋介石命令陈仪：“请

---

① 时报文化编辑委员会：《珍藏20世纪台湾》，台北：时报文化出版企业股份有限公司，2000年，第215页。

② 据柯远芬《台湾二二八事变之真相》[收入“中央研究院”近代史研究所：《二二八事件资料选辑》（一），台北：“中央研究院”近代史研究所，1992年，第18页]称，2月28日午后6时左右，由南京飞来专机一架，携来蒋介石手谕一件，详示处理原则，内容要点：其一，查缉案应交由司法机关公平讯办，不得宽纵。其二，台北市可即日起实施局部戒严，希迅速平息暴乱。其三，政治上可尽量退让，以商谈解决纠纷。其四，军事不能介入此次事件，但暴徒亦不得干涉军事，如军事遭受攻击，得以军力平息暴乱。

兄负责，严禁军政人员施行报复，否则以抗令论罪。”[①] 试图以此保护善良民众，严禁军人滥杀无辜。但在实际执行过程中，枪杀无辜是很难避免的，且认定奸匪暴徒的随意性很大。综观全省的受害者，有因侵犯军警单位而遭击毙者，遭罗织、报复者亦不在少数。

“二二八事件”究竟死了多少人，到今天还没定论。当局过去一直把伤亡人数压低，从数百人到千来人，但民间却加以夸大，有的甚至说约有 10 万人，但一般倾向接受在 1.5 万至 2.5 万人之间。根据赖泽涵走访结果，他评估的死亡人数在 1 万人左右。许倬云认为，受害者其实也应当包括在街上被殴打致死的大陆人士，但一般的统计，却没有将他们列入。[②]

至 2012 年 10 月 12 日财团法人“二二八事件”纪念基金会召开第 8 届第 5 次董事暨监察人会议为止，赔偿金申请案审理统计数字显示，这些年来共受理 2756 件，已审 2728 件，撤回或注销 28 件。其中，成立件数 2266 件，包括：死亡案 682 件、失踪案 178 件（亦即死亡与失踪者共 860 人），以及羁押与徒刑 1406 件。不成立者 462 件，包括：不符法定要件 280 件，证据不足 182 件。审定赔偿金额总计新台币 71.77 亿元，审定赔偿人数为 9705 人。[③] 2013 年，“‘二二八事件’处理及赔偿条件”获得修改，目前赔偿金的申请仍在持续受理中。

四、对陈仪处理“二二八事件”的评价与蒋介石的善后

“二二八事件”的发生，对陈仪触动很大，这一点从其电文

---

① 大溪档案：《台湾二二八事件》，收入“中央研究院”近代史研究所编：《二二八事件资料选辑》（二），台北：“中央研究院”近代史研究所，1992 年，第 163 页。

② 许倬云：《许倬云说历史：台湾四百年》，杭州：浙江人民出版社，2013 年，第 91 页。

③ 《赔偿金申请案审理统计表》，见“二二八事件”纪念基金会网站。

中所提出的善后措施即可看出。陈仪对“二二八事件”处理不力，造成台湾岛内死伤严重，怨声载道，国内外斥责不断。迫于多方压力，陈仪不得不自行提出辞呈，后被调回大陆担任中央政府顾问。但陈仪提出的一些善后措施，却在后来得到实施。

陈仪治台，虽有理想，且握有实权，但由于台湾局面复杂，很难施展其抱负。长官公署秘书长葛敬恩曾指出，当时南京与台湾之间、中美之间、买办奸商与地方行政机关之间、政府内部各派系之间，以及台湾人民与国民党之间均存有矛盾。① 从试图平息事件到最后的武装镇压，这过程是和当时的国内背景有着密切关系的。

“二二八事件”前，台湾政治、经济及社会弊病丛生，危机四伏。中外人士都感到台湾已濒临爆发危机的边缘，但陈仪刚愎自用，粉饰太平，没有从根本上改善台湾的政治和经济体制。

缉烟事件爆发后，陈仪也未能给予及时的解决，将危机控制在最小的范围内，而是认为“二二八事件”是“奸匪勾结流氓”的“聚众暴动”，但“台北不致再有大问题”，其他县市“预计短期间内可望平息”。然而，在实际处理过程中，从“军事不介入”转为“以军力平息暴乱”，在“严惩奸党分子”的名义下，许多台湾民众却成了事件的牺牲品。从危机处理角度来看，陈仪在处理过程中，其处理手段是失败的，“二二八事件”后虽然提出了诸多善后措施，但还是难以抚平民众的创伤。陈仪对“二二八事件”处理的失败，造成当时的台湾社会损失惨重，而且对后世也影响深远。②

---

① 葛敬恩：《接收台湾纪略》，收入全国政协、浙江省政协、福建省政协文史资料研究委员会编辑组编：《陈仪生平及被害内幕》，北京：中国文史出版社，1987年，第116页。

② 王玉国：《浅析陈仪对二二八事件的危机处理》，《台湾研究集刊》，2007年第2期，第78—84页。

事件发生后，陈仪一反过去危机处理的经验，既不依法处理，又不动用公权力，最失策的是对暴民霸占电台攻击政府，甚至号召退伍台籍日军集结等行为，均不加干涉，表现优柔寡断，坐待情况恶化。这与他过去面临危机时的果决相比，简直判若两人。

对陈仪的表现，蒋介石很是不满，在日记中一再批评与谴责，认为是“公洽疏忽无智所致也”①。3 月 16 日，蒋介石在日记中再次写道：“陈公洽主持台湾政事，不自知其短阙，而惟虚矫粉饰是尚，肇此剧变，又不引咎自责，可为以叹息痛恨也。”当晚，蒋介石明确责令“不引咎自责”的陈仪自递辞呈；17 日，陈仪发出请辞电；18 日，蒋介石复电同意，但要其在料理完善相关事宜后及新的台湾省政府成立后离台。4 月 22 日，前任驻美大使魏道明出任台湾省主席。5 月 11 日，陈仪结束了他 18 个月的台湾省行政长官兼台湾省警备总司令部总司令生涯，黯然离台。

事实上，在蒋介石日记中，比较确切记载“二二八事件”的起始日期是 3 月 1 日，当日的《上星期反省录》写道：“台湾群众为反对纸烟专卖等起而仇杀内地各省同胞，其暴动地区已渐扩大，以军队调离台湾，是亦一重要原因也。”

3 月 6 日，蒋介石日记“注意”栏中首列“台湾暴动事件之研究”。同日日记云：“对战局，对台事，忧戚无已。”他也首度对陈仪做出指示：“政治上可以退让，尽可能的采纳民意，但军事上则权属中央，一切要求均不得接受。”

3 月 7 日蒋介石确定处理“二二八事件”的方针，暂以“怀

① 杨天石：《二二八事件与蒋介石的对策——蒋介石日记解读》，收入中国社会科学院近代史研究所编：《民国人物与民国政治》，北京：社会科学文献出版社，2009 年，第 306 页；姜龙飞：《陈仪与台湾二二八事件》（下），《历史与人物》，2010 年 7 月，第 33—38 页。

柔”为基本对策。其日记云：“自上月 28 日起，由台北延至全台各县市，对中央及外省人员与商民一律殴击，死伤已知者达数百人之多，陈公洽不事先预防，又不实报，及事至燎原，乃始求援，可叹！特派海陆军赴台，增强兵力。……善后方策，尚未决定。现时惟有怀柔。”①

蒋介石除决定派海陆军增援台湾外，亦于 3 月 7 日紧急召见从台湾飞来的国民党台湾省党部主委李翼中，听取详细汇报。李翼中向蒋介石述及台湾人民在政治、经济方面的种种诉求，主张尽量满足人民的要求。蒋介石表示，李翼中的意见大致可行，陈仪在广播中对台湾人民的允诺也可以答应，要李翼中与陈立夫拟具“处理办法”。

李翼中提出要点 8 条，其主要者为：改台湾省行政长官公署制度为台湾省政府制；台湾省政府委员及各厅处长尽量任用本省人士；各县市长提前民选；在政府或事业机关任职者，不论本省或外省籍，其职务、官阶相同者待遇一律平等；民生工业中的公营范围应尽量缩小。同日，蒋介石接见李翼中及行政院院长张群、文官长吴鼎昌，表示李翼中所拟要点“略加修改即可”。与此同时召开的国防最高委员会提出几项决议：其一，台湾省行政长官公署应依照省政府组织条例组织台湾省政府；其二，政府应派大员前往该省抚慰；其三，人事调整时应尽量容纳当地优秀人士；其四，经济制度要改革。② 蒋介石也都表示赞同。

3 月 9 日，蒋介石决定派国防部部长白崇禧宣慰台湾，并连

---

① 《蒋介石日记》，转引自杨天石：《二二八事件与蒋介石的对策——蒋介石日记解读》，收入中国社会科学院近代史研究所编：《民国人物与民国政治》，北京：社会科学文献出版社，2009 年，第 302—303 页。

② 大溪档案：《台湾二二八事件》，收入“中央研究院”近代史研究所编：《二二八事件资料选辑》（二），台北：“中央研究院”近代史研究所，1992 年，第 100—104 页。

续两个晚上和白崇禧讨论“台湾方针”。①

3 月 17 日，白崇禧奉蒋介石之命乘坐飞机前往台湾宣抚，蒋经国、李翼中等偕行。当日，首由蒋介石向台湾民众广播，次由白崇禧发布国防部布告。当日下午，白崇禧又发表“宣字第 1 号”公告，揭示中央处理“二二八事件”的基本原则，主要包括：

有关地方政治制度之调整，其一，改台湾省行政长官公署制度为省政府制度。其二，台湾省各县市长提前民选。在县市长未民选前，由省府委员会依法任用，并尽量选用本省人士。至于台湾地方人事调整方面，台湾警备总司令部总司令以不用省主席兼任为原则，省府委员及各厅处局长尽以选用本省人为原则，无论本省人或外省人员，其待遇一律平等。在经济政策方面，对于民生工业之公营范围，应尽量缩小；行政长官公署现行之经济制度及一贯政策，其与国府颁行之法令相抵触者，应分别修正或废止。

白崇禧视察基隆、高雄、屏东、台南、台中、彰化、新竹各县市，前后 5 天，与地方政府及民意代表交换意见，获取对“二二八事件”的感性认识，研拟善后具体方针。他站在南京国民政府的立场上，对台胞的一些过激行为提出善意的批评，宣示宽大处置方针，安抚民众。经过白崇禧的宣慰，台胞的损失得以减少。②

5 月 16 日，魏道明就任省主席后，其改善措施共 8 项，包括：在台湾省政府 14 位省府委员中，聘了 7 位台籍委员，占全数的一半，以补救省籍歧视问题；宣布解除戒严，结束清乡，停

---

① 《蒋介石日记》，转引自杨天石：《二二八事件与蒋介石的对策——蒋介石日记解读》，收入中国社会科学院近代史研究所编：《民国人物与民国政治》，北京：社会科学文献出版社，2009 年，第 304—305 页。

② 张海鹏、陶文钊主编：《台湾史稿》（上卷），南京：凤凰出版社，2012 年，第 370 页。

止新闻、书刊及邮电检查，结束岛内戒严管制；将专卖局改为烟酒公卖局，除烟酒维持公卖外，其他如樟脑、火柴、木炭等开放民营，增加台湾同胞的谋生机会；裁撤贸易局，改设物资调节委员会，改正官商勾结弊病；鼓励买卖自由，解除文具、书籍和印刷品的统制，开放商业自由买卖；解除煤炭内销管制，允许民营企业经营煤矿；颁布低粮价制度，由当局规定每户人家的标准粮，粮商必须在标准内供应，否则一律严办，保证民食不至于匮乏；对“二二八事件”受难公教人员进行抚恤。[①]

五、“二二八事件”对台湾社会的消极影响

“二二八事件”是一场官逼民反的悲剧，加深了台湾民众与国民党当局之间的矛盾。它不仅极大地伤害了台湾同胞的爱国心，玷污了祖国大陆的形象，也给在台大陆籍人士留下了恐惧的阴影，造成了长期的省籍隔阂。另外，由于国民党在大陆自顾不暇，政权危在旦夕，白崇禧等人的善后措施未得到根本落实，也使得“二二八事件”造成的伤痛在短时间内无法淡化。在台湾历史上，再也找不到第二个政治事件，能如此强烈地冲击台湾人民的价值观念、思想方式与生活态度，对台湾历史及台湾人民的影响可谓既深且巨。

1. 人民视政治为畏途

紧随着“二二八事件”后的清乡与报复行动，造成台湾民众相当大的心理恐惧。主政人员以种种借口随意处决民众，实为该事件中最难为人们所谅解处。尽管到 1950 年 5 月 23 日开始停止逮捕并释放毫无关联的人，但自此以后台湾人民对政治参与的热情大大减退。

---

① 《魏道明在台湾各界庆祝省政府成立大会致词》，收入《台湾省政府档案史料汇编：台湾省行政长官公署时期》（三），台北：“国史馆”，1999 年，第 492—495 页。

以省参议员选举为例，事件前的省参议员选举，应选名额仅30名，候选人多达1180人，而事后第一届省参议员选举，应选名额增加为55名，候选人却只剩140人。台湾人民的参选热潮急速下降，且在选举后的省参议会上，出席率很低，发言也都变得很消极。大屠杀虽然停止，但民众犹如惊弓之鸟，尤其知识分子的恐惧感尚存，从此不敢参与政治性活动。

整宗事件最为悲惨的莫过于台湾本省精英受株连死亡者很多，致使刚刚萌芽的地方自治不易实施，造成政治断层。而紧接而来的“白色恐怖”政治，更使得黑道流氓、土豪地痞逐渐进入地方政坛，政治一再败坏。

事件结束两年后，国民党政府在大陆与共产党的军事斗争全面溃败，退守台湾后，宣布全面戒严，在岛内实行专制，所有不满与反抗之声都被压抑着。

2. 经济上的破坏与重建

光复后的台湾社会受到全球经济萧条与岛内实施的管制制度影响，生产与经济原已不振。而“二二八事件”发生时人力资源破坏、公私财产损失，使得经济更加凋敝。

“二二八事件”后，国民党政府对台湾经济制度进行检讨，将原有管制制度下的专卖局改为公卖局，目的在于缩小烟、酒专卖范围，扩大台湾的民间经济空间，鼓励民间经营；裁撤贸易局，改设物资调节委员会，并使之取消谋利的职能。

然而，“二二八事件”后至国民党败退台湾，国民党政权控制整个社会文化与经济制度，政府借管制法规所垄断的市场特权或借经济理由所创设的事业单位，都难逃被执政党工具化的命运。

另一方面，国民党在大陆政治、经济、军事局势的恶化，使台湾经济不断受到大陆经济崩溃带来的冲击和影响。在台币发行初期，台币对法币尚能维持固定的汇率关系，但战后大陆通货膨胀剧烈，影响了台湾金融。1948 年 10 月底，台币对法币汇率进行多次调整，从 1∶40 跃升至 1∶72。同时，台湾重建需要大笔资金，不得不多发钞票，加剧了物价上涨。法币的快速贬值动摇了台币的地位，也打击了民众对台币的信心。

陈仪因“二二八事件”引咎辞职，接替者魏道明虽然在任内无大过，但通货膨胀剧烈，为台胞所诟病。就施政能力而言，陈仪独断专行，有的放矢，敢作敢为。魏道明擅长调和，易为各派接受，但在行政能力上却无力阻止台湾的恶性通货膨胀，缺乏力挽狂澜之术。[①]

① 张海鹏、陶文钊主编：《台湾史稿》（上卷），南京：凤凰出版社，2012 年，第 382 页。

第二章

戒严时期国民党的威权统治

第一节　国民党在台湾的生存与发展

一、蒋介石退守台湾

内战末期，在军事惨败、分崩离析的窘境下，蒋介石不得不另谋退路，安排史地学者出身的张其昀组成小组进行研究分析，决定退守台湾。将台湾作为其立足点的主要原因是当时共产党尚无强大的海空军，台湾海峡的天险，能隔开台湾省与大陆；如能在台湾厉兵秣马，足可将之作为未来反攻大陆的基地。

于是，蒋介石选择台湾作为退路。首先，他精心进行人事布局，于 1948 年 12 月 29 日任命陈诚出任台湾省主席，蒋经国为国民党台湾省党部主委；任命汤恩伯为京、沪、杭警备总司令，以固守上海。其次，抢运国宝，将故宫博物院国宝改运台湾。再次，于1948年12月1日深夜将上海中国银行所存黄金、银元与美元等，分三批抢运至台湾。

黄金总数共约450万两，在国民党退守台湾之初，主要用在三方面：一是以80万两黄金作为发行新台币的准备金，稳定当时面临恐慌的台湾经济；二是维持撤退到台湾的80万军队之军需，以及做好对付解放军渡海攻台的应战准备；三是支应从大陆撤退赴台的100多万公教人员与难民的生活所需。①

蒋介石于1949年6月24日至台北视察，8月1日选定草山（今阳明山）设立“总裁办公室”。12月5日，“代总统”李宗仁借口养病流亡至美国。12月7日，国民党政府各机关迁设台北；12月10日开始办公。1950年3月1日，蒋介石在台北宣布“复行视事”。

二、党务改造

退台之前，蒋介石由于忙于军事及政务，而将党务授权他人处理。但身为党政军最高领导人的蒋介石并非不清楚党务弊端，派系分立已经影响党政运作，且有害领导威信。

在蒋介石40年代后期的日记里，他对于党政党务的基本思考已经成形，即面对党务运作、国共战事与党内对其领导权威的挑战所导致的领导威信的下降，通过改造，将党权集中于最高领导人，由领导人肩负整顿干部与改造的责任。只是对于改造的路线与干部来源，是要外求还是内寻，尚未明确。1949年的下野也使蒋介石认识到集权于自己，已是今后发展方向。②

---

① 许正：《1949年数百万两黄金抢运台湾秘闻》，《文史月刊》，2014年第2期。

② 高学军：《试析国民党在台湾的党务改造运动》，《齐齐哈尔大学学报（哲学社会科学版）》，2001年第2期。

事实上，从1950年初至蒋介石正式推动国民党改造的几个月时间，岛内暗潮汹涌。相关论著及蒋介石日记内容显示，蒋介石要由上到下改造，且不容党内乱象持续，以建立有组织、有纪律的党，使党政配合顺畅，服从最高领袖之领导。其间他曾一度借到外地视察之机远离台北深思。3月1日蒋介石召集陈立夫、黄少谷、谷正纲、陶希圣、郑彦棻等人于南投日月潭涵碧楼，讨论党务改造方案。

1950年五六月间，蒋介石已认定台北政坛纷争与陈果夫、陈立夫兄弟领导的CC派有关，必须有所处置。6月朝鲜战争爆发后，来自大陆的军事威胁相对减少，蒋介石乃下定决心清除既有党务势力。

蒋介石首先致函陈果夫，以家长式口吻表示陈立夫不堪大任，不能令其参与党务。

从1950年6月起，凡是国民党中央党部呈送给蒋介石的文件，蒋介石均退还不阅。国民党中央常委会几次开会，蒋介石也拒不出席，全体中常委只好被迫辞职。蒋介石一看时机已到，立即召见陈立夫，问其对改造党务的想法，陈立夫自知大势已去，遂坦言：大陆失败，党、政、军三方面都应有人出面承担责任，而党的方面应由他和陈果夫负责，因而他们兄弟不宜参加党的改造。蒋介石听后正中下怀，却默默不语。陈立夫只好自请离台，立即得到蒋介石的批准。

7月12日，以吴稚晖为首的215名中央委员联名上书蒋介石，请他领导改造。蒋介石遂下令免去陈果夫“中央财务委员会”主任的职务，裁撤了由陈果夫任理事长的“中央合作金库”、由陈果夫任董事长的“中国农民银行”，只保留名义，设保管处。如此，便一举削去了CC派三大经济支柱。

7月22日，国民党中央常务委员会临时会议重新讨论并修正了1949年7月18日通过的《本党改造案》，并中止第六届中央执行委员会行使职权。

8月4日，陈立夫以参加“道德重整会议”的名义全家离台赴美。翌日，国民党成立以陈诚、蒋经国等16人组成的改造委员会，正式接掌中央党部的职权，作为改造核心机构，改造委员会秘书长成为蒋介石的幕僚长，以蒋介石为最高领袖，完成党内世代交替。国民党改造运动自此启动。

9月1日，改造委员会宣布《本党改造纲要》，开始进行改造。改造工作强调争取知识青年、农民、劳工，以党组织决定一切；规定党员限期重新登记、编组，以小组为党基本单位及活动中心，确立秘密活动方针，诉诸“以组织对抗组织”，以求增进党组织效率与权力集中；整并中央及地方党务组织，强调破除派系观念。在各级民意机构成立党团，以实施政策、领导人事及管理党员；以党内各级改造委员会作为决策机关。

1951年2月1日，改造委员会通过《反共抗俄总动员纲要》，推动“反共抗俄总动员运动”，以党作为政治、文化、经济、社会的领导中枢。1952年10月10日，国民党召开第七次代表大会，选举成立第七届中央委员会，蒋经国当选中央常务委员，改造告一段落。会中重订党章，确立“革命民主政党”属性；通过“反共抗俄基本论”作为基本指导思想，诉诸革命手段实现终极的民主目标。

蒋介石从改造开始，即另成立新组织代行中央执行委员会职权，召开第七次代表大会时，更大幅度裁减中央委员、中央常务委员，重新建立精而简的人事。这种停止现有体制运作，建立新体制以收束中央与地方各级组织、整顿人事的行为，使中央到地方的指挥变得顺畅。当蒋介石能够自由决定人选，他人无从置喙，且下属权力基础也须仰赖他的扶植时，他已经达到党务改造现阶段的基本默认目标。而采用体制外、非制度性的手段，也成为蒋介石行事的重要特色。

当局有效统治范围的缩小，使得国民党台湾省党部地位大为上升，党领导人也对党部主委、书记长等高级人士的任命高度重视。国民党改造委员会成立时，干部组成已体现中央派系替代现象，由团派（特别是蒋经国系）主导，也适度安排部分人选。而蒋介石也不惜亲自出面处理省党部人事问题，借以展示其领导权威。

国民党改造完成后，CC派不再于党权核心扮演主导角色，其他派系亦受到一定程度的压制，加上党内权力的世代交替，这些均有助于蒋经国进入党内权力中枢，从而奠定蒋介石、蒋经国父子在台湾统治之基础。①

另外，蒋介石在变更中央权力中枢之前，即已开始加强中高级干部的训练。1949年7月，蒋介石就成立了“革命实践研究院”，拟定挑选党政军干部标准，希望通过“革命实践研究院”的训练，“使学者能发挥其蓬勃之朝气，坚忍不拔之决心与再接再厉之奋斗精神”。②

蒋介石通过对权力核心的调整，精心配备所挑选的人员，使其地位得到巩固，在台湾的地位更加不可挑战。党务改造运动为年轻而富有学识才干的年轻人提供了机会，使其政治地位得到跃升，为其以后的政治地位奠定了基础。整体而言，党务改造使受训干部的面貌有一定改观，为短期内克服混乱、完成改造提供了保证。③

在现代威权体制的掌握下，国民党当局依“动员戡乱时期临

---

① 高学军：《试析国民党在台湾的党务改造运动》，《齐齐哈尔大学学报（哲学社会科学版）》，2001年第2期。

② 曾景忠、梁之彦选编：《蒋经国自述》，北京：团结出版社，2005年，第210页。

③ 张海鹏、陶文钊主编：《台湾史稿》（下卷），南京：凤凰出版社，2012年，第393页。

时条款”取得统治权力，另一方面通过地方选举的实施，扶植地方派系，取得地方政治势力的效忠。此时期的国民党政府，为巩固其统治，在政治上仍压抑异议分子的声音，由此开启“白色恐怖”时代。

三、技术精英的崛起

威权体制的结构虽以领袖为主导，但也因为长久以来拥有一批精英型的领导阶层辅佐，蒋氏父子才得以巩固在台湾的政治基础。

台湾当局的工作人员和领导层之中，有不少是从大陆撤退到台湾的。他们是来自城市的文化、科技和学术精英，其总数虽不及当时大陆整体精英的十分之一，但对于人口相当于大陆百分之一的台湾而言，其发挥的作用就不同了。他们和本省精英共同的努力，使得威权体制下的台湾在经济、文化与学术各方面都取得了可观的进展。[①]

长期以来国民党内部派系斗争频仍，然而退守台湾后，其领导精英却能团结一致。因为党政合一的体制增强了政权规范与约束个别官员的能力，人事稳定且高层人事不多，权力核心稳定且能削减个人野心，更重要的是国民党要员们深刻意识到，不团结就将面临覆亡命运。[②] 同时，国民党对于离开核心的政治精英多有优渥的安排，如到公营或党营事业担任监事或顾问一职。[③] 这

① 许倬云：《许倬云说历史：台湾四百年》，杭州：浙江人民出版社，2013 年，第 103 页。

② 庞建国：《“国家”机构与“国家”政策：台湾经验对新兴工业化国家的意涵》，收入庞建国：《台湾经验的理论与实际》，台北：幼狮文化事业公司，1993 年，第 145 页。

③ 程丽娜：《当代台湾地区精英嬗变研究——以政治转型为视角》，华东师范大学 2011 年博士学位论文。

种人事任命，让“下了台”的精英们仍心向国民党。

一般来说，国民党败退台湾之初的精英主要为大陆时期党务、军务、政务的人才。以国民党改造委员会为例，其中的16位改造委员多在党务与政务方面有所历练，且与蒋介石有着师生与部属关系。其次是20世纪50年代之后崛起的技术官僚。蒋介石很早就提出经济建设干部应由学校培养的技术人才担任。高层开始甄选具有理工、经济等专长的精英，这些官僚促使国民党采取“计划性的自由经济”。1950年陈诚第一次“组阁”，技术及知识精英比例超过一半。在以技术官僚为主的行政体系运作下，加上当时美国的援助，台湾度过了经济危机。

20世纪50年代末期，渐崛起于台湾政坛的财经决策精英，以尹仲容、严家淦等为代表。

尹仲容将单纯运用美援的机构转变成推动经济全面发展的实权机构。当时，美援、金融、贸易、经济设计与执行等权责，全在尹仲容一人身上，故他能大刀阔斧，从事多项重大财经改革，建立现代化经济制度基础，这成为开创20世纪60年代台湾经济高速成长局面的关键因素。

尹仲容于1963年逝世，但其生前的努力为台湾经济发展奠定了良好基础，后继者严家淦循着原有政策向前迈进，继续推动台湾经济的工业化进程。

严家淦任台湾省财政厅厅长时，即展现出卓越的才华，深得蒋介石与陈诚信任。后接任财政部门负责人，一直参与财经决策，对台湾经济贡献甚多，国际誉其为台湾经济的“百科全书”。后蒋介石重用严家淦“组阁”，可见台湾当时认识到经济发展为台湾发展的动脉，唯有高速发展才能推动台湾进入现代化之林。

严家淦不辱使命，由他延揽的财政决策官员均为学有专长的技术官僚，包括财政部门负责人陈庆瑜、经济部门负责人杨继曾、“国际经济合作发展委员会”副主委李国鼎、“中央银行”总裁兼“外贸会”主委徐柏园、“中国银行”（后改为“中国国际商业银行”）董事长兼政务委员俞国华等。其所组成的财经班底，成为台湾经济发展的舵手，在20世纪60年代使台湾经济建设成为举世瞩目的“奇迹”。

四、狭隘的“本土化政策”

1969年7月，蒋经国调任行政管理机构副负责人，跻身行政决策之列。长期深入民间，接触台籍地方政治精英的经历，让蒋经国深刻认识到，国民党政权要在台湾生存发展，必须立即改变人才甄选政策，放弃20世纪五六十年代以外省人与台湾人分任“中央”与地方人事的二元化甄选政策，改采“本土化政策”，加速精英整合。

所谓“本土化政策”，指的是选拔在台湾成长的新一代政治精英，即所谓“青年才俊”，将其吸纳至国民党领导阶层，而非狭义的只是重用台籍人士。这批新一代精英的特征是年龄在50岁以下，拥有研究生以上学历，具备专门知识或技术。由于他们是在台湾土生土长的，对台湾这块土地的情感高于上一代，自然对建设台湾也充满了使命感。

20世纪70年代初期，在蒋经国的主导下，当局于台北阳明山“革命实践研究院”开办“国家建设研究班”，训练人员，将他们纳入党务、政务、军务系统，其中，台湾省籍人士的比例大大提高。1972年6月，蒋经国接任台湾地区行政管理机构负责人后，更大幅增加台湾省籍“阁员”的比例，从11%升到29%。重要的政治职务包括行政管理机构副负责人、内政部门负责人、交通部门负责人，以及台湾省主席、台北市市长等，均由台籍人士出任，自此，国民党精英结构有了转变。

中央常务委员会是国民党中央重要领导机构，通常每星期开会一次，代表中央委员会审议各种决策事项，负有极为重要的任务。1976 年，中央常务委员会改组，台籍常委从原先的 3 人增为 5 人，不仅显示台湾当局重用台籍优秀人士的政策，而且谢东闵、蔡鸿文、林挺生、林金生等均为基层行政工作出身，此亦看出台湾当局重视基层的安排。

1978 年，谢东闵被选为台湾地区副领导人；同年由孙运璇所组织的新“内阁”中，陆续有台籍人士“入阁”。1979 年，国民党十一届四中全会又新增台籍中央常委林洋港、邱创焕、李登辉、洪寿南等 4 人，加上原先 5 位中央常委，中央常委全体总人数 27 人中，台籍中央常委共 9 人，使得国民党产生结构性变化。

据统计，从蒋经国接任行政管理机构负责人以来，在中央常务委员会或“内阁”成员中，台湾省籍人士比例不断上升，到 1988 年 1 月蒋经国去世为止，台籍中央常委与“阁员”比例各占了 48%与 40%。[①] 1987 年，台籍人士黄尊秋、林洋港分任台湾地区监察机构负责人与司法机构负责人。这一连串人事政策使得国民党领导阶层结构产生由量变到质变的效果。

蒋经国出于巩固国民党在台湾统治的目的，在用人政策上做了许多工作。不过，蒋经国主导的国民党“本土化”改革举措，主要还是威权政体本身多吸纳了台籍精英进入政治运作之中，而它与社会的关系并未改变。换言之，这一措施只是面向社会精英而非广大民众的局部权力结构开放；它是“台湾化”而非“自由化”，但这一过程为后来的政治转型打下了党政方面的基础。[②]

---

① 曾淑芬：《中国国民党党务菁英的流动》，《成功大学社会科学学报》创刊号，1989 年，第 181 页。

② 张海鹏、陶文钊主编：《台湾史稿》（下卷），南京：凤凰出版社，2012 年，第 502 页。

第二节　威权政治的建立与运作

一、威权统治结构

国民党退守台湾以来，蒋介石与蒋经国父子掌握了国民党政权党政二元体系的最高职务；当局的权力中心也一直是以蒋氏父子为党最高负责人的威权结构。党的中央常务委员会虽充当协调党政系统及安全系统的权威，但最终的决策者却是党主席。

台湾当局的一切政策都由一党执政的国民党来决定；而国民党的决策，又源自其中央常务委员会（前身为中央改造委员会）；中央常务委员会则听命于蒋介石。1954 年 3 月，当局为了要使"动员戡乱"军事计划与行政部门相配合，将"机要室资料组"改为"国防最高会议"，其统治权力更为扩张。[①] 9 月 5 日，蒋经国被任命为"国防最高会议"副秘书长，掌握相当大的权力，并通过"国防最高会议"辖下的"国家安全局"，统摄各情治机关。

1960 年，为了不受仅得连任一次的限制，"国民大会"修改"动员戡乱时期临时条款"，让蒋介石有权一直担任最高领导人。1966 年 3 月，"国民大会"第四次会议，增订"动员戡乱时期临时条款"第四、五项，使所谓的"国家安全会议"成为决策部门，原本应具决策功能的行政管理机构成为执行部门。

威权时代的台湾，以党主席为中心的中央常务委员会构成"决策中心"，以台湾地区领导人为中心的政府构成"执政系统"。这两大系统的高层人士常是重叠的，以使决策与执行能顺利地协

---

① 当年 7 月 16 日出刊的《自由中国》杂志，以社论《民主宪政的又一试金石》一文，主张"国防组织法"尚未经立法部门审议通过，不应有"国防会议"之组织。

调合作。

就形式而言，国民党主席、台湾地区领导人和行政管理机构负责人是当局最主要的领导。其中，国民党是协调并“合法化”整个制度的灵魂，因此又以国民党主席最为重要；党主席往往兼任台湾地区领导人或行政管理机构负责人，以控制政府的实际运作。

二、“戒严令”与“动员戡乱”体制

国民党退守台湾后，面对内忧外患的局面，先从内部改造着手，进行党的改造，巩固党主席的领袖地位。进而，通过“戒严法”与“动员戡乱时期临时条款”的实施，建立了党政一体的现代威权体制，以维持公权力与内部安定。

1947 年 2 月 28 日，曾因香烟缉私案引发“二二八事件”，由台湾省警备总司令部发布“台北市区临时戒严令”；至同年 5 月 16 日解除。1949 年 5 月 19 日，任台湾省主席兼台湾省警备总司令部总司令的陈诚以“台湾省警备总司令部布告戒字第壹号”颁布“台湾地区紧急戒严令”。

“戒严令”宣告自同年 5 月 20 日起在台湾省全境实施戒严，基隆、高雄两港宵禁；除基隆、高雄、马公等 3 处港口外，封锁其余各港。戒严期间，扰乱治安者可处死刑。划全省为台北市、北部、中南部、东部、澎湖等 5 个戒严区。至 1987 年 7 月 15 日解除戒严为止，台湾地区共持续了 38 年又 56 天的戒严。[①]

1947 年 7 月 4 日，国民政府国务会议通过以“处字第 722 号”训令发布的“全国总动员”案，7 月 19 日公布施行“动员戡乱完成宪政实施纲要”，使全国进入“动员戡乱时期”，并在各地

---

① 金门、马祖、东沙、南沙地区则自 1948 年 12 月 10 日至 1992 年 11 月 6 日为戒严时期。

先后宣布戒严。

1948 年 5 月 10 日，“动员戡乱时期临时条款”公布施行。其第一条规定，总统“得经行政院会议之决议，为紧急处分，不受宪法第三十九或第四十三条所规定程序之限制”，赋予总统进行紧急处分及戒严不受宪法约束的权力，同时建构“中华民国动员戡乱体制”的依据。

事实上，蒋介石于台湾首次依“动员戡乱时期临时条款”动用“紧急处分”权，是 1959 年 9 月 1 日。1959 年 8 月 7 日，台湾省中南部遭遇水灾，人民财产与台湾经济受到重大损失。为了减轻水灾的影响，应付财政经济上面临的重大变故，并加速推进水灾后的重建工作，蒋介石于 9 月 1 日依据该临时条款发布“紧急处分命令”，并规定自命令公布之日起，至 1960 年 6 月 30 日为期 10 个月中，授予行政机关变更税法与预算，以及有关主计与审计条令的权力，使重建计划如期完成。计颁布紧急处分事项 11 项，包括各项课税及电力交通等事业加征复兴建设捐等。

在当时背景之下出于社会需求动用“紧急处分”权或许情有可原。然而，此后“动员戡乱时期临时条款”又数次修正，对体制造成极大破坏。1960 年，为满足蒋介石三连任之需求，冻结有关规定，使蒋介石连任无次数限制。1966 年，更授权蒋介石设置“动员戡乱”机构，决定“动员戡乱”大政方针，并授权其调整行政机构及组织。1972 年，创设增额民意代表增补选制度，以补强长期未改选的“万年国会”。

1991 年 4 月 8 日第一届“国民大会”第二次临时会议决定废止“动员戡乱时期临时条款”。同年 5 月 1 日，“动员戡乱时期”宣告终止，沿用 43 年的“动员戡乱时期临时条款”同时废止。

依“戒严法”，当局于 1949 年 5 月 27 日发布相关行政命令，实施军事管制。戒严之接战地域，其行政及司法事务均移归军方，改由该地最高司令官掌管。而许多刑事案件（尤其是叛乱、

“匪谍”、结伙抢劫等重大犯罪）被告，纵非军人，仍须依“陆海空军审判法”（后改为“军事审判法”）受军事审判，对人民自由影响极大。军事审判系由军事法庭为之，审判往往不公开，而且一审判决终结，不得上诉，至多仅能以复核（后改为覆判）方式救济。此外，依“戒严法”规定，受军事审判之平民，于解严后，得声请再审，但 1987 年宣布解严时，“国家安全法”又明文排除当事人寻求司法救济的权利，改以金钱补偿或赔偿。

此外，台湾省警备总司令部、台湾省保安司令部、台湾地区防务部门乃至其他行政机关，亦于戒严时期发布了许多涉及人民权利义务的行政命令，例如：“台湾省戒严时期防止非法集会、结社、游行、请愿、罢课、罢工、罢市、罢业等规定实施办法”（1949 年）、“台湾省戒严期间新闻纸杂志图书管制办法”（1949 年）、“台湾省戒严时期邮电检查实施办法”（1952 年）、“台湾省戒严时期取缔流氓办法”（1955 年）、“戒严时期台湾地区各机关及人民申请进出海岸及重要军事设施地区办法”（1968 年）等，大幅限制人民人身、言论、新闻、秘密通信、集会结社、迁徙等各项自由权利。

“动员戡乱”体制下，直接根据“临时条款”授权制定的法令极少，只有“动员戡乱时期自由地区增加中央民意代表名额办法”“动员戡乱时期国家安全会议组织纲要”等，大多数冠有“戡乱时期”或“动员戡乱时期”的条令并非由其授权制定。然而，这些条令却对人民权利施加很大限制，例如“惩治叛乱条例”（1949 年）、“戡乱时期检肃匪谍条例”（1950 年）、“戡乱时期贪污治罪条例”（1963 年）、“动员戡乱时期检肃流氓条例”（1985 年）、“动员戡乱时期国家安全法”（1987 年）、“动员戡乱时期集会游行法”（1988 年）等。

为了政治安全与经济稳定，台湾当局不仅在政治与社会、文化上限制人民的公民权与基本人权，也在经济上实施统制经济。

同时，又通过农会与工会系统，加强对于农民与工人的社会控制与动员。执政的国民党也利用20世纪50年代初的党务改造，通过党、政、军、青、特等系统的改革与强化，而巩固对台湾社会的控制。①

三、“万年国会”

1947年选出来的第一届“中央民意代表”，直到1992年才全面改选，任期长达45年，被民众讥讽为“万年国会”。

依1947年国民政府公布实施的“中华民国宪法”，“国民大会代表”任期为6年，“立法委员”为3年，“监察委员”为6年。1948年3月，这些代表在南京正式报到，召开集会。

1950年，第一届“立法委员”任期即将届满。依规定，须于1951年5月6日前完成第二届选举。为了应对此一变局，台湾地区行政管理机构于同年12月27日建议蒋介石咨商立法机构，由现任“立法委员”继续行使职权一年。

1953年9月，台湾地区行政管理机构进一步处理任期即将届满的“国民大会代表”问题。不过，“审度目前情势”，选民无法行使选举权，致无法办理选举。依据规定，“每届国民大会代表之任期，至次届国民大会开会之日为止”。在第二届“国民大会代表”未能依法办理选举集会以前，第一届“国民大会代表”自应适用该规定。此一意见经蒋介石核准后，于同年9月23日以代电通知“国民大会”秘书长查照。

另外，修改后的“动员戡乱时期临时条款”也规定，第一届“中央民意代表”将等到“戡乱”结束才进行改选。

1969年后，当局曾拿出少数席次，以“增选、补选”与“增

① 龚宜君：《移入政府的渗透能力（1950—1969）：改造后国民党政权社会基础的形成与巩固》，台北：台湾大学社会研究所博士论文，1995年，第99页。

额选”的方法来补救“代表”和“委员”老成凋谢的问题，而现任者仍继续留任。

1978年，施明德以笔名“许一文”在《这一代》杂志发表《增设“中央”第四“国会”刍议》，文章中首先提出“万年国会”一词。次年“美丽岛事件”后，施明德以“涉嫌叛乱”被告，在军事法庭审讯时，他侃侃而谈，对检察官指控的罪行一一提出辩解。在被问及“办杂志的目的何在”时，他表示，台湾的民主化有四大障碍：党禁、报禁、“戒严令”和“万年国会”。党禁方面应该有反对党来促进民主进步，报禁使得社会是非不明，“戒严令”剥夺了人民享有的基本人权，“万年国会”使人民30年来失去了参政的机会。①

从此，“万年国会”成为党外人士讥评“长期不改选的国会”之用语。民进党朱高正更引用《论语》，批评资深“民意代表”为“老贼”。而每当开会时，老“国代”提着点滴、尿袋，或者开会打瞌睡的负面形象，更是屡屡透过媒体画面放送到全世界。

从1949年到解严为止，台湾的政治结构是“特殊时代”的“特殊安排”。一方面，蒋氏政权通过“戡乱时期”的非常条例，以威权体制维持政权的稳定；另一方面，又必须依靠1947年选出来的“国民大会”和“立法院”，以不断延长“万年国会”的方式，维持其统治的合法性。

四、“自治选举”的建立与发展

在这一时期，地方势力通过选举参与地方政治治理，也成为台湾政治精英参与政治的主要方式。

---

①《施明德涉嫌叛乱　军法审讯问答纪要》，《联合报》，1980年3月21日第5版。

究其背景，盖光复后，台湾民众已拥有脱离殖民地可自己当家做主的心态，对地方自治机关的权限，以及自身参与渠道，都抱有较日本殖民统治时期更高的期待与标准。因此，民众对当时所谓“民意机关”组成，乃至于地方首长的派任，无论是相关权限还是产生程序，都表现出相当程度的不满。而这些不满，就化为文字呈现在“二二八事件”中“二二八事件”处理委员会所提出的32条要求中。“二二八事件”平定后，国民政府也似乎倾向放宽台湾本省政治精英的政治参与，白崇禧赴台宣抚时，曾表示要尽速在台湾实施县市长选举，即被视为重要的政策宣示。

不过，直到1949年1月陈诚就任台湾省主席后，省政府才开始积极规划实施以行政命令作为依据的地方自治。同年8月15日，台湾省政府聘请对地方自治具有研究及深切了解地方实际情形的省参议员及专家学者，共29位成员，成立台湾省地方自治研究会，以张厉生为主任委员。该会从成立开始，历时4个月又6天的研讨，向台湾省政府提出“台湾省调整行政区域草案”“台湾省各县市实施地方自治纲要草案”“台湾省县市议员选举罢免规程草案”“台湾省县市长选举罢免规程草案”等草案。

1950年4月，台湾省政府正式公布“台湾省各县市实施地方自治纲要草案”，作为“省县自治通则”公布前，实施地方自治的基本依据。在此后近一年时间里，台湾省政府共制颁了17种地方自治规定，初步形成比较完整的地方自治制度体系。①

1950年7月2日，台湾地方自治开始实行。8月16日，“台湾省各县市行政区域调整方案”通过。9月8日，该方案正式施行，全台湾省共设立16个县、5个省辖市、1个管理局、6个县辖市、234个乡、78个镇、42个省辖市区。此后，即按新的行政

① 何海兵主编：《台湾六十年》，上海：上海人民出版社，2009年，第62—63页。

区域进行选举。自 1950 年下半年至 1951 年上半年，台湾省各县市及民意代表通过选举产生。

国民党在台湾推行地方自治制度，给予人民“有限度”的民主，在一定程度上加强了国民党在台湾统治的社会基础，对稳定台湾的社会秩序具正面意义。同时，通过实施地方自治，也为国民党培养了大量的本省籍政治人才，在维持和巩固国民党对台湾的统治上，起了相当重要的作用。①

第三节　“白色恐怖”

一、“白色恐怖”的时代背景

国民党退守台湾之初，为了更有效地控制台湾，巩固“复兴基地”，以“反共抗俄”为基本政策，若有人敢质疑此政策，便被认为是“匪谍”或“为匪宣传”，必须肃清。

台湾当局采取的全面“制叛防谍”措施，是通过两套互为表里且相辅相成的规定来施行的。其一是 1949 年 6 月 21 日公布施行的“惩治叛乱条例”，其二是 1950 年 6 月 30 日公布的“戡乱时期检肃匪谍条例”，此为戒严时期“防共”的两大峻法。其他尚有如“国家总动员法”“戒严时期出版物管制办法”“非常时期人民团体法”等等，逐渐形成一个极其严密的控制体系。

“惩治叛乱条例”亦可说是压制异议人士的特别刑法。该条例于 1949 年 5 月 24 日在南京通过实施，全文共 13 条。其规定与罪刑法定主义的刑法基本原则有所抵触，人权相当容易受到侵

① 何海兵主编：《台湾六十年》，上海：上海人民出版社，2009 年，第 64 页。

害，加上案件由军法机关审理，涉案的一般平民便无法取得司法体系下应有的保障。

1950年4月14日通过的“惩治叛乱条例修正案”，对“叛徒”采取更严厉的处分，可没收其全部财产。由于该条例是“动员戡乱时期”政府处理政治案件时常引用的法律，许多“政治犯”家的财产因此遭到没收。

1950年6月公布的“戡乱时期检肃匪谍条例”为戒严时期侦办与审理“匪谍”相关案件的主要依据之一。条文共15条，其中规定：其一，“发现‘匪谍’或有‘匪谍’嫌疑者，无论何人均应向当地政府或治安机关告密检举”。其二，“人民居住处所有无‘匪谍’潜伏，该管保甲长或里邻长应随时严密清查”。其三，“各机关、部队、学校、工厂或其他团体所有人员，应取具二人以上连保切结，如有发现‘匪谍’潜伏，连保人与该管直属主管人员应受严厉处分”。其四，“治安机关对于‘匪谍’或有‘匪谍’嫌疑者，应严密注意侦察，必要时得予逮捕”。

相关单位对于涉有“匪谍”嫌疑、知情不报，或被认为思想有问题者，常常径行逮捕、拘押、处理，被捕人家属无从得知涉案人的行踪处所，侦讯的结果亦有未通知家属的情况，因此不无遭诬陷、无辜受牵连者。

二、“白色恐怖”的执行

1949年，台湾当局建立所谓的“政治行动委员会”，成为肃清在台共产党的机构，被赋予很大的权力去执行情报及安全方面的任务。后又成立了“情报工作委员会”，负责协调指挥国民党党、政、军、宪、特、情等机构。1950年，“政治行动委员会”改为“机要室资料组”，由担任“总政治作战部”主任的蒋经国一手操持，并接管“情报工作委员会”。

为了整合各行其是的情治系统，20世纪50年代中期，更成立了所谓“国家安全局”统摄各情报机关，包括警备总司令部、“法务部调查局”（原“中统”）、“国防部情报局”（原“军统”）等，直接向蒋介石负责。同时，蒋经国重新将各情报单位的工作范围加以明确：“法务部调查局”负责进行社会调查，以防止经济犯罪、贪污和漏税为主；“国防部情报局”负责对大陆进行“情报搜集”和建立特务网；其他情报单位以防共、防岛内“暴乱”的调查为主，以方便协调与指挥。①

一般而言，情报机关所使用的社会控制手段，一是建立“细胞组织”并进行监视。保安司令部、宪警机关与情报机关早已发展出细密部署的“细胞组织”，在不同阶层普设所谓的“细胞”或“线民”，构成台湾严密的谍报网。这些“细胞”潜入台湾各机关、学校、工矿、社会团体及地方各阶层，进行侦查监视。

二是电话监听与邮电检查。在1973年之前，“机要室资料组”设有“监听小组”，由工作人员将监听的电话写成书面资料上交，可谓是“领袖的耳目”。邮件与电报亦为监控内容之一，以1952年至1954年这3年间为例，就检查出45件（共82人）叛乱案件、22件（共36人）危害治安案件、6656件“心战黑函”，以及检扣大陆信件12.25万件。直至20世纪80年代初，台湾本岛的村里、学校、工厂、农会、县市议会、报社或同乡会等还都布满了“线民”。②

三是建立所谓的“黑名单”，先后由“机要室资料组”“国家安全局”进行“分歧分子”“台独分子”“匪嫌分子”之资料搜集与登记工作，并建立“安全资料中心”，达到“防谍肃奸、巩固

① 何海兵主编：《台湾六十年》，上海：上海人民出版社，2009年，第61页。

② 高明辉口述，范立达整理：《情治档案——一个老调查员的自述》，台北：商周文化事业股份有限公司，1995年，第189页。

安全”的目标。

据调查，从 1949 年的“四六事件”，到 1960 年 9 月 4 日的雷震案，10 年之间，岛内一共发生了上百件政治案件，约 2000 人遭处决，8000 人被判重刑。其中，除了不到 900 人是真正共产党地下党员之外，其余 9000 多人都是冤案、错案、假案的牺牲者。①

蒋经国运用庞大的情治系统，控制民众甚至政要。在必要的时候，不惜制造冤假错案，为蒋介石政权及自身权威扫除障碍。他在为蒋介石排除异己、以威权钳制社会的同时，尽管落下了“特务头子”的恶名，但自己也羽翼渐丰。②

第四节　反体制运动的萌发与兴起

一、雷震案

台湾在经历“二二八事件”以及 20 世纪 50 年代“白色恐怖”的威权统治后，百姓们普遍不过问政治，更遑论反体制之类的运动。

20 世纪 60 年代起，自由主义者雷震等人以及通过地方选举产生的本省社会精英，联合起来开展一项“中国民主党”组党运动，让台湾的民主运动一度进入高潮。

这波隐于市的反体制声音最早来自一份半月刊杂志——《自由中国》，该刊物原计划于 1949 年在大陆创办，后因国共内战影响，几位筹备人士跟着国民党来到台湾，而于该年 11 月 20 日在

---

① 《远望》杂志第 25 期，1989 年。

② 张海鹏、陶文钊主编：《台湾史稿》（下卷），南京：凤凰出版社，2012 年，第 423—424 页。

台北创刊，由胡适担任发行人。创刊之初，曾获得当局的支持。雷震等人期待中国国民党朝向民主自由发展，然当局却逐渐走向强人威权统治，杂志不时刊登有违当局政策的言论，社方与当局的关系因而由交融转向紧张、摩擦，进而对抗。

1960年，蒋介石担任领导人两任届满，不得再连任，乃通过大法官解释及修改“临时条款”以遂其意。《自由中国》发表多篇文章予以反对，双方的对立更趋尖锐。

另因雷震与在野人士筹组的中国民主党的计划即将成熟，9月4日，台湾警备总司令部以“涉嫌叛乱”为由，拘捕雷震与该刊编辑傅正、经理马之骕、兼职会计刘子英等4人。这是“白色恐怖”时期较受瞩目的政治案件之一。

从20世纪50年代初期开始，《自由中国》先后在敏感的领导人连任、反攻大陆、政体、“修宪”、反对党等问题上发表了不少与台湾当局相左的言论，影响巨大。[①] 台湾当局将雷震主持的《自由中国》半月刊涉嫌违法的言论分为6类：

其一是“倡导反攻无望”。1957年8月1日，该刊第17卷第3期谈《反攻大陆问题》，文内提及，“官方在‘反攻大陆’这个大帽子之下，利用人民的这种心理状态，遂得以畅所欲为。这几年来，人权自由受到严重的妨害，政治向着反民主的道路发展，其故在此。结果所及，‘反攻大陆’尚在毫无端倪之时，我们已经先失去了自己所有的”。

该文又指：“而马上就要回大陆这一假想，又是颇为渺茫。一个国家的一切做法都是建立在这样一个渺茫的假想之上，这是太不稳健了。一群人在这样一个渺茫的假想之上活动，哪里会生死以之，全力以赴？”

---

① 田珏、傅玉能主编：《台湾史纲要》（修订本），福州：福建人民出版社，2012年，第285页。

其二是“主张美国干涉台湾内政”。1958年3月16日，《自由中国》第18卷第6期刊登社论《中国人看美国的远东政策》，文内有：“假若美国今后改换一个方式，把这种经济援助的重心，不专放在各国的政府上面也放在各国的人民，或严格规定凡接受美援者，必须遵守国内言论自由，保障人权，一切案件公开审判，经济政策符合平民大众利益，及司法独立等为前提条件，那我们相信东南亚各国没有一国的人民会反对这种干涉。”

其三是“煽动军人愤恨政府”。1957年8月16日第17卷第4期社论《我们的军事》内有：“但军人生活的困难，内心的苦闷，实已相当严重……任其发展下去，我们军事将成一个什么样子，真可以使你想起来发抖!”又如在1959年1月1日第20卷第2期《革命军人为何要以“狗”自居?》、1960年5月1日第22卷第9期中《谈军人待遇与生活实况》等文均是。

其四是“为共匪作统战宣传”。1958年10月16日第19卷第8期社论《认清当前局势展开新运动》内有：“于是乎台湾一天一天地走向孤立的道路。这种统治的结果，使整个政治机能愈来愈僵固，政治的格局愈来愈狭小。”又如1960年2月16日第22卷第4期《护宪乎？毁宪乎？望国大代表作明智的抉择》、1960年5月16日第22卷第10期《殷海光致雷震先生一封公开的信》等文均是。当局认为该杂志煽动人民，颠覆“政府”，“另组政府或投向其他政权之阴谋”，蓄意已久。

其五是“挑拨本省人与大陆来台同胞间感情”。1958年10月1日第19卷第7期社论《台湾人对陈内阁的期望》内有：“在中央各院部会中竟没有一个台湾人，这是不是能够使台湾人相信我们已经恢复了国家主人翁的地位呢?”

其六是“鼓动人民反抗政府流血革命”。1960年5月16日第22卷第10期社论《反共不是黑暗统治的护符》内有：“自古至今，统治者太专横、太霸道、太自私，以致叫人忍无可忍的时候，大家就要冒着生命的危险来反抗的"；同一期《我们为什么迫切需要一个强有力的反对党》，内有："国民党如果执迷不悟，自私自利，那末只有等待着再革命吧！再流血吧！"

《自由中国》杂志在雷震等被捕后随即停刊，之后"中国民主党"组党运动亦告沉寂。

二、岛外"台独"主张的滋生

"二二八事件"后，许多人离开台湾，分成两条路线发展：其一，先后在日本与欧美等地组成"台湾独立运动"团体；其二，少部分追求社会主义（或共产主义）者，则来到大陆。由于1949年两岸分治后，后者与岛内接触机会减少，对台湾内部政治环境的影响不大。而前者，随着海外留学生激增，势力持续发展。

岛外"台独"运动初期最著名的是廖文奎、廖文毅兄弟。1947年2月25日，廖文奎、廖文毅兄弟离台返沪。3月1日，他们从上海《大公报》上得知台湾发生了缉私血案。3月10日，廖氏兄弟向南京国民政府请愿，要求妥善处理"二二八事件"。

随后，在美国的影响下，廖氏兄弟改变立场，并于6月在上海成立"台湾再解放联盟"。7月，廖文毅又向美国特使魏德迈递交《处理台湾问题意见书》，要求"台湾的归属问题必须尊重台湾人民的意志，举行公民投票来决定"。

12月4日，针对这一问题，魏道明在台湾省参议会做施政报告时指出，这些言论"污蔑本省的同胞，想脱离祖国，愿意受外国的统治"，"这是一种国际政治的阴谋，目的是在企图分割台湾，使台湾脱离祖国"。他强调："台湾的问题，是早已确定了。就国际的立场来说，开罗会议宣言已经指明"，"就事理上来说，凡是失去的物品，应当物还原主"，"再就人情来说，台湾的光复是这次我国抗战几千万军民流血所换来的。这几千万死难的军民，早已确定了台湾重归祖国，就是今天六百余万台省同胞的意志，也早说决定了”。魏道明从国际法的角度阐述台湾回归祖国的正当性，论证了即将召开的对日和会改变不了台湾属于中国的事实。

从历史事实看，台湾是中国的一部分；从国际法的角度看，1945 年 10 月台湾光复，是在履行《开罗宣言》《波茨坦公告》的安排；广大台胞对“托管”“独立”坚决反对，坚持台湾是中国一部分的立场。[①]

1948 年，廖氏兄弟前往香港。随后廖文毅转往日本，鼓吹“台独”。1965 年，他接受国民党当局游说，放弃台独活动，返回台湾。

廖文毅返台后，在日本的“台独”运动逐渐式微。20 世纪 70 年代起，随着旅美台湾留学生增加，部分留学生成了“台独”主力军，岛外“台独”运动的大本营转移到美国，并扩展到加拿大及欧洲。1979 年后，出现更多“台独”团体。至于在台湾，在威权统治下，“台独”为当局最为严重的禁忌，敢于公开主张者，微乎其微。直到 20 世纪 70 年代中期，才有台湾基督教长老教会突破禁忌；到了 90 年代，随着政治上的解严，“台独”主张渐成气候。

三、保钓运动与校园风潮

1968 年联合国亚洲经济开发委员会发表一份报告指出，钓鱼岛附近 20 万平方公里海域，可能蕴藏丰富石油。从此，有关钓鱼岛主权议题备受关注。

钓鱼岛位于台湾本岛东北，以琉球海槽与琉球群岛自然隔

---

① 张海鹏、陶文钊主编：《台湾史稿》（上卷），南京：凤凰出版社，2012 年，第 379—380 页。

绝。包括钓鱼岛、黄尾屿、冲北岩、冲南岩、北小礁（岛）、南小礁（岛）、赤尾屿等。钓鱼岛为列屿中最大者，与黄尾屿同于明嘉靖年间即确认不属琉球，清初刊于中国地图。钓鱼岛历来是中国的领土，日本觊觎之心由来已久。

1970年8月10日，日本对钓鱼岛海底资源主权问题提出异议。12日，美国驻日本大使馆发言人宣称：钓鱼岛“是琉球群岛的一部分”，“美国政府决定归还日本”。9月10日，日本外务大臣也宣布钓鱼岛主权属于日本。对此，台湾当局发表声明，指出钓鱼岛的主权归属中国。行政管理机构负责人严家淦也公开表示台湾当局决心维护钓鱼岛列岛应有的权益。一时间，各界纷纷呼吁维护钓鱼岛主权。“国民大会代表全国联谊会”认为，钓鱼岛无论就国际法、地理关系或历史关系而言，均属中国领土之一部分，应坚持立场，并尽速在该群岛建立行政区，推行行政建设工作。台湾省议会也通过动议，要求当局维护钓鱼岛列岛的主权。

钓鱼岛问题引起了极大的震撼。中国旅美学生毅然提出“中国领土不容再断送，中国主权不容再丧失”的口号，揭开了“保钓运动”的序幕。

1971年1月29日至30日，美国各地华人成立的“保钓委员会”组织台湾地区留学生3000多人，在芝加哥、旧金山、洛杉矶等城市举行“保钓”示威游行。其后，又迅速波及美国50多座大城市近百所大学。[①]

4月9日，美国国务院发表声明，表示尼克松总统和日本首相佐藤荣作达成协议，美国将琉球以及包括钓鱼岛在内的“南西群岛”，于1972年交还给日本。在台湾，4月12日，台湾大学贴出了第一张校园大字报，标题是“钓鱼台是我们的”。之后在台

---

① 张海鹏、陶文钊主编：《台湾史稿》（下卷），南京：凤凰出版社，2012年，第512页。

湾大学校园，到处都贴满了保卫钓鱼岛的标语和布条，学生也开始热烈地讨论起来。4 月 13 日，从台湾大学哲学馆的楼顶垂下了一个布条，上书“中国的土地可以征服，不可以断送；中国的人民可以杀戮，不可以低头”，掀起了台湾保钓运动的序幕。同年 12 月 30 日，中华人民共和国外交部重申钓鱼岛为中国领土，声明美日协定完全是非法的。

台湾保钓运动开始后，台湾大学学生成立保卫钓鱼岛委员会。6 月 17 日，在美国和日本正式签订移交文书前 12 小时，数千名台湾学生上街游行，分别向美国及日本大使馆递交抗议文书。同年 12 月，23 位台湾大学、台湾政治大学等校学生（包括王杏庆、马英九等）在报端共同发表《我们的呼吁》一文，并要求当局进行行政改革。

同一时间，香港、旅美侨界与留学生也展开抗议，掀起保钓运动，青年学子捍卫中华民族的情绪因此被激发起来。除台湾大学外，台湾政治大学、台湾师范大学、台湾清华大学、台湾交通大学等知名大学纷纷发起“自强爱国运动”。学生爱国运动转化为校园民主运动。

面对美国与台湾关系的转变，以及保钓运动的冲击，部分学生认为应该要求对威权体制进行变革。岛内爱国运动逐渐向政治革新方向发展。20 世纪 70 年代初台湾党外杂志和党外势力逐步复苏。1971 年秋天，提出“代联会主席由台大全体学生普选”的反对派候选人王复苏，第一次击败亲国民党的学生，当选台湾大学代联会主席。之后，代联会开始在校园推动“言论自由在台大”等座谈，并控诉校方对于社团刊物的打压与控制。

这群以改革为诉求的台湾大学学生不断要求当局推动政治革新，于同年 11 月举办“民主生活在台大”座谈会，12 月举办“全面改选中央民意代表”辩论会，并将全文先后刊登于《大学杂志》上。1972 年至 1973 年，大学生组织社会服务团，以及以服务农渔村为目的的“百万小时奉献运动”。这些行动甚至影响到了乡土文学运动。

面对反对派势力的日益壮大，1972 年，《中央日报》连续 6 天刊登以“孤影”为笔名的文章《一个小市民的心声》，批判台湾大学学生运动，鼓吹社会稳定。12 月，在参加台湾大学举办的“民族主义”座谈会后，台湾大学学生钱永祥、教授陈鼓应与王晓波等人先后被警备总司令部约谈；随后发生 13 位台湾大学哲学系教授被解聘的“台湾大学哲学系事件”。台湾当局的反扑，使校园改革热潮不得不降温。

总体而言，保钓运动已经让一个时代的青年从书本与知识中走出来，开始介入社会现实，并朝着政治化趋势前进，从而为 20 世纪 70 年代的改革敲响了钟声。文化上，保钓运动掀起了当时台湾社会回归现实的文化风潮；政治上，部分亲国民党学生后来成为国民党新一代政治精英，另外一部分人则加入当时的党外势力。

四、党外势力的崛起

“党外”一词大量使用，且具有强烈的“与国民党抗衡”的意义，约自 20 世纪 70 年代开始。该词成了不属于国民党或站在反对立场的政治人物的自称，演变到后来，“党外”成为台湾政治发展史上一个专有名词。党外运动，一般指台湾民主进步党成立之前，在野人士以类似政党形式进行的反体制运动。因当时国民党当局实施戒严，剥夺人民集会与结社自由，其中亦包括组织政党。反对派人士在尚未成立政党前，以“党外”为名，推动民主运动。

雷震筹组“中国民主党”，曾掀起 20 世纪五六十年代反体制运动第一波风潮，这波风潮后因雷震被捕而停止。

“中国民主党”组党运动的失败，固然是由于当局的镇压，但从组党运动的外部来看，有政治环境的局限，也因社会经济条件的匮乏与国际大环境，皆有利于统治当局针对反对势力采取铁腕手段；而从内部因素而言，群众资源的缺乏，使得动员力量极为有限，而高层领导人之间的不和谐，更抵消了动员力量。组党运动失败后，反对运动的空间更为狭窄，一直到20世纪70年代才兴起新一波反对运动，即党外运动。

党外运动背景与当时台湾环境有很大关联。其一，由选举而造就的社会政治运动开始发展。20世纪70年代，因“国大代表”逐渐老化，蒋经国上台前曾修订“动员戡乱条款”，增加了“中央级”民意代表改选，而“中央”公职选举的开放，也让新一代异议人士有了一展身手的舞台。例如1969年曾两任台北市议员的黄信介，在康宁祥等人的助选下当选民意代表；而康宁祥本人也在1972年当选民意代表。

其二，1972年蒋经国担任台湾地区行政管理机构负责人之后，在政治上营造开明气氛，知识分子找到了可以发声的平台，通过《大学杂志》等报刊发表革新言论。选举增加也让无党籍人士及站在反对立场的政治人士，慢慢通过选举凝聚在一起。

党外运动初期目标在组党，其后通过《台湾政论》等党外杂志，配合党外运动，向国民党要求民主法治；并通过参与选举，寻求发展空间。1979年8月创刊的《美丽岛》杂志以“共同来推动新生代政治运动”为发刊词，准确点出了党外运动的主要内容。

第五节　台湾与美国的关系及其军事战略

一、20世纪五六十年代台湾与美国的关系

1949年初，美国国家安全会议（NSC）指出，美国对台澎政策

是：防止两地落入共产党手中，用隔离的方法避免大陆的“混乱”扩散到两地；立场上对台湾维持灵活态度；谨慎地设法维持与可能成为台湾领袖的本土人接触，以便对台湾人的自治运动加以利用。[①]

随着国民党在军事上、政治上的溃败，1949 年 8 月，美国国务院发表《中美关系白皮书》，可说几乎放弃了国民党政府。但是，1950 年 6 月，朝鲜战争爆发，美国总统杜鲁门立刻指示第七舰队巡防台湾海峡。美国也开始将对台军援纳入美国与盟邦的“共同防御互助计划”之中。1951 年 3 月，美国国务院同意在台湾设立军事顾问团。

朝鲜战争结束后，面对新中国政权日渐巩固强大，台湾当局感到极大的不安与忧虑，蒋介石迫切希望和美国之间的关系能以条约的形式固定下来。1954 年 12 月，台湾与美国签订“共同防御条约”，台湾被纳入东亚反共围堵防线的集体安全体系。

1955 年 1 月，艾森豪威尔向美国国会提交“关于台湾海峡正在发展的局势”特别咨文，宣称“如台湾及澎湖群岛落在不友好者手中”，则势将“严重地扰乱”太平洋地区“力量的平衡”，并“在西太平洋的岛屿锁链中造成一个裂口”，使美国和“自由国家”的利益受到损害。[②]

1955 年 1 月 28 日，美国国会通过“授权总统在台湾海峡使用武装部队的紧急决议”（又称“台湾决议案”）。该案授权总统，在“他认为对确保和保护台湾和澎湖列岛不受武装进攻的具体目标是必要的时候，使用美国武装部队”。[③]

---

① *Draft Report by the National Security Council on the Position of the United States With Respect to Formosa*, Jan. 19, FRUS, 1949, Vol. 9, pp. 271—275.

② 何海兵主编：《台湾六十年》，上海：上海人民出版社，2009 年，第 257 页。

③ 国务院台湾事务办公室研究局编：《台湾问题文献资料选编》，北京：人民出版社，1994 年，第 928—929 页。

20 世纪 50 年代，虽然台湾曾发生抗议美国将奄美群岛交还日本以及“五二四事件”（又称“刘自然事件”），但均不影响台湾与美国的关系，显见当时台湾是美国遏制中共政策下不可缺少的一环。

1965 年 7 月，谈判长达 11 年的“美军在华地位协定”签订，美军单位及人员继续在台湾受到优厚的待遇。而美国与台湾地区领导人之间的互访也持续着，包括 1960 年 6 月美国总统艾森豪威尔曾到台北访问，尼克松、约翰逊、汉弗莱等在其担任副总统期间均曾分别访问台湾，而台湾地区副领导人陈诚、严家淦亦曾访美。

二、台湾军事战略与台海危机

国民党军队退守台湾后到 1978 年，海峡两岸一直处在军事冲突状态，因此，对大陆的军事战略亦成为台湾当局的施政重点。

1949 年 5 月，蒋介石命令胡琏兵团和刘安琪兵团分别撤退至金门、海南岛，继而，刘安琪兵团再行撤退至金门。7 月 23 日，蒋介石在厦门召开军事会议，部署台湾的防御，并对军队进行整编。与此同时，蒋介石也希望美国能援助国民党军队，但美国无意干涉台湾局势，也不向国民党军队提供任何军事援助。

1950 年 6 月，朝鲜战争爆发后，蒋介石认为这是“反攻大陆”的好时机，要求参加联合国军队，出兵朝鲜，计划从东北进入大陆，夺回对大陆的控制权。该计划被美国总统杜鲁门否决。10 月 10 日，蒋介石号召台湾全体军民“建设台湾，反攻大陆”，同时将军事战略定调为“反攻大陆”。1952 年，国民党召开第七次代表大会，任务之一就是“制定反攻大陆方案”，做好军事上的相关准备。1953 年元旦，蒋介石又提出“军事第一，反攻第一”的总体战略指导思想，大量财政开支用于军队建设，整军备战。1954 年 12 月 2 日，台湾当局和美国签订“共同防御条约”，虽然“反攻大陆”的行动受到条约的限制，但直到1972年之前，“反攻大陆，收复失地”始终是国民党的基本政策纲领。在“反攻大陆”的口号下，台湾当局于20世纪五六十年代数次进行军队的整编，依美军模式调整军备，并派员至美国受训，在这些年间，共有近万名军方技术骨干赴美学习。

另一方面，台湾当局不断通过游击战、心理战和派遣所谓“敌后人员”前往大陆，进行破坏行动。自1949年以来，曾从事137次大小突击战，并连续在福建、粤东各地散发传单，或从金门岛向大陆放出装有传单与糖果、香烟的竹筒及气球。台湾媒体曾报道，以1962年为例，当年3月至12月之间，共有873人自台湾派往大陆，其中大部分仍留在大陆。① 在1962年间，台湾当局曾在大陆策动过156次破坏事件，破坏的目标包括金矿、铁道、造船所、电力公司及粮仓等。

在两岸军事冲突时代，与厦门一水之隔、距离不到10公里的金门便成为战略要地。② 20世纪50年代台海之间发生的两次军事危机，金门都首当其冲。

1954年7月，朝鲜战争停战后，为了防止美国长期将台湾作为反共基地，使台湾问题固定化，也为了打击国民党对大陆尤其是东南沿海的侵袭，台湾问题被提至突出位置。9月3日开始，中国人民解放军发动了对金门等岛屿的攻势，向金门连续发炮5000余发，台湾当局以炮火回击，6日起出动飞机轰炸厦门大嶝。双方军事冲突不断，揭开了“第一次台海危机”的序幕。

---

① 刘宗周：《活跃在大陆上的反共游击队》，《联合报》，1963年3月29日第11版。

② 自1948年12月10日，国民党政府颁布“戒严令”以来，金门始终处于戒严状态。即便在1991年5月1日，台湾的“动员戡乱时期临时条款”被废除，金门因仍属战地，而进入“临时戒严”。1992年11月7日，金门县才解除戒严。

战火旋扩大至一江山与大陈等岛屿。台湾当局与美签订“共同防御条约”后，更激化了台海军事冲突。1955 年 1 月 18 日，解放军华东军区部队由军区参谋长张爱萍统一指挥进攻一江山岛，这是解放军首次陆、海、空三军协同作战。经过一天战斗，攻占一江山岛。继而，国民党海军在美国协助下，于该年 2 月 8 日至 2 月 11 日，将大陈岛军民船运撤退至台湾。13 日至 26 日，解放军陆续进驻大陈岛及附近岛屿。8 月，中美第一次谈判在日内瓦举行，第一次台海危机结束。

“第二次台海危机”起于 1958 年 8 月 23 日开始的金门炮战（又称“八二三炮战”）。国共双方以隔海炮击为主要的战术行动，因此被称为“炮战”。8 月 23 日自傍晚 6 时半起到 8 时半止的两小时中，解放军向大小金门发射了数万发炮弹；国民党军队亦予以还击。

此次炮击行动，除打击国民党军队，以示惩戒外，对美国有这样几种用意：以台湾海峡的军事行动牵制美军，减轻中东压力；回应美国的敌视态度，以集中炮击其协防的国民党占据地区引起美国重视，促使其慎重制定外交政策；反对美国“划峡而治”、使两岸永久分离的企图；摸清美国底牌，探知其支持国民党的程度和避免直接卷入的底线。①

此后，至 10 月 5 日，解放军共向金门射击炮弹 47 万余发，金门防卫司令部副司令官吉星文、赵家骧、章杰等中弹阵亡。10 月 6 日，解放军宣布以美军不护航为条件暂停炮击 7 天，同时要求美军撤出台湾及台湾海峡。13 日晨，继而宣称停止炮击两周。此后，中国政府对金门炮击进入停停打打阶段。毛泽东为国防部长彭德怀起草《告台湾同胞书》，宣布将双日停止炮击金门机场、

---

① 张海鹏、陶文钊主编：《台湾史稿》（下卷），南京：凤凰出版社，2012 年，第 444 页。

料罗湾码头、海滩和船只的规定，推广到其他一切地区的军事目标，逢双日都不打炮；并揭露美国惧怕国共重新接近，从而妨碍他们孤立和托管台湾的阴谋。① 1979 年 1 月 1 日美国与中华人民共和国建交，同日国防部长徐向前发表《国防部关于停止对大金门等岛屿炮击的声明》，历时 21 年的金门炮战正式画上句号，第二次台海危机结束。

第六节　戒严时期的教育、文化与社会

一、党国一体化思维

1949 年国民党退守台湾后，蒋介石反思失利的原因，认为其根本在于教育，遂自 50 年代开始进行了一连串教育改革。国民党当局也依循着蒋介石历次演说及著述所阐释的概念，在 1950 年初期以“一个方向，两种方法，三个步骤”的步调，“深耕实施”。“一个方向”是指将教育重新纳入总动员体制，“两种方法”是利用教科书改革及大专联招，“三个步骤”是修改规定，将退台初期的临时措施合法化等。

1950 年 4 月，台湾省政府委员会即通过“非常时期教育纲领实施办法”，建议当局实施“三民主义文化运动”，订定“非常时期防谍办法”，订立各校“劳动服务办法”“高中以上学校军训及军事管理办法”，订定协助“地方自治办法”及推广“社会教育办法”等各项措施，推行三民主义及“反共抗俄”思想。

该建议提出后，台湾省政府教育厅遂在当年 5 月颁布了“台

① 《毛泽东外交文选》，北京：中央文献出版社、世界知识出版社，1994 年，第 488 页。

湾省非常时期教育纲领实施办法”，要求各级学校实施。同时，台湾地区教育部门颁布了“戡乱建国教育实施纲要”，加强“三民主义教育”。台湾当局同时通令各级学校应严禁方言，在大众传播媒体中也限制方言节目的播出。

1958年，台湾大学哲学系教授殷海光曾为文批判当时教育，指出在背后控制台湾教育的原则有两个，其一是“党化教育”，其二是狭隘的“民族精神教育”，这两个原则互相渗透，互相支持，互相作用。而厉行党化教育者挟其无可抗拒的政治优势和一两顶“大帽子”，控制学校机构，树立党团组织，并掌握大部分教职人员，进而规定课程，灌输党化思想。[①]

二、文化政策

台湾光复后，为清除日本殖民文化的遗毒，推行中国语文运动、恢复中华文化成为优先考量。在文学表现上，继承新文化运动以来的白话文传统；而在文学精神上，从源头上继承了中华文化。威权统治时期虽在意识形态领域有诸多争执，但总体而言，中华文化是台湾文化政策与文学发展的主轴。

这一时期的文化政策主要是“反共文学”和“文化复兴”。“反共文学”虽然是由台湾当局主导，并在军队中大力推动的，但在开展中，却产生了相当多的以怀乡为主题的文学作品。这些军中作家的技巧或许不足，文笔或许稍显稚嫩，但他们以朴素之笔述其军中经历，流露的不仅是自身的坎坷，更有半个世纪以来经历战乱的沧桑与思念大陆故土的情怀，也让读者感同身受。

“文化复兴”即“中华文化复兴运动”，是台湾当局于20世纪六七十年代主打“精神动员运动”的文化政策之一。1966年11月12日，蒋介石于阳明山中山楼落成时发表演说，确定每年

① 《我们的教育》，《自由中国》第18卷第2期，1958年1月16日，第3页。

11 月 12 日“国父诞辰纪念日”同时为“中华文化复兴节”，以保卫中华文化道统，发扬中华文化精神。

1967 年 7 月 28 日，“中华文化复兴运动推行委员会”（简称“文复会”）成立，这是国民党退守台湾后设置的第一个官方文化机构。蒋介石亲任会长，重要干部均由党政要员兼任，经费与实际会务工作亦由党政方面协助配合。具体工作也集中在加强民族精神教育、推行中文、发扬儒家传统文化上，包括推动古籍今注今译、在学校课程中增加以四书为主的中国文化课程。同时在社会上推行民众生活须知与礼仪范例，从食、衣、住、行、育、乐等方面，教导民众如何过上现代化与合理化的生活。这些对维护和弘扬中华民族传统文化不无助益。

三、延长教育年限

台湾六年制国民教育始于 1943 年，1944 年台湾学龄儿童的就学率约为 71%。1945 年国民政府接收台湾，依据《中华民国宪法》第二十一条规定，对六至十二岁学龄儿童实施小学教育，小学毕业后的教育为初级中学，分为公立和私立两种，皆以联考方式招生。[①]

为改善台湾教育品质，1964 年台湾地区教育部门研拟一项“志愿升学方案”，计划将义务教育年限延长，并打算以八年的时间渐次研究改革的方案。然评估后于次年喊停。

1967 年 6 月，蒋介石在“国父纪念月会”上指示：“要继耕者有其田政策推行成功之后，加速推行九年义务教育计划。”蒋介石认为，世界各国，民智大启，不能再满足于六年义务教育的现状，而当前社会经济发展的成果，已可以保障九年义务教

---

① 张海鹏、陶文钊主编：《台湾史稿》（下卷），南京：凤凰出版社，2012 年，第 851 页。

育的实施。①

后蒋介石依照“动员戡乱时期临时条款”第四项，以命令形式规定：国民教育年限，应延长为九年，自 1968 年起，先在台湾及金门地区实施。② 紧接着，由教育部门草拟“九年国民教育实施条例草案”，于 1968 年 1 月 27 日正式公布。

“九年国民教育实施条例”全文计十六条，其中规定九年义务教育分为两阶段，前六年为小学，后三年为中学，小学当年毕业生由主管教育行政机关分发所在学区中学入学。教育课程采取九年一贯制，应以民族精神教育及生活教育为中心。中学继小学之基础，兼顾就业及升学准备需要，除文化陶冶学科外，加强职业科目及技术训练。经费由地方税内筹措，校地来源取自拨用公地、收回公地或都市计划保留用地等。1968 年秋天正式实施九年义务教育。这一措施的实施，提高了台湾的教育水平，也奠定了 20 世纪 70 年代台湾经济起飞时中级技术人才的人力资源基础。

四、思想禁制体系的形成

20 世纪 50 年代，思想禁制体系的形成主要来自台湾当局对于图书、新闻、方言与歌曲等方面的管制。

1. 书禁与报禁

台湾省实施戒严后，依“戒严法”及“台湾省戒严期间新闻纸杂志图书管制办法”，在各港口交通站，对旅客所携带的印刷品实施严密检查，借此杜绝“反动”书刊入台。1949 年 6 月 21 日，当局又公布了“惩治叛乱条例”。8 月后陆续发生数起所谓

① 《“总统”昭示加速推行九年义务教育计划等》，《经济日报》，1967 年 6 月 28 日第 5 版。

② 《“总统”主持“国家安全会议”决定国教延长为九年》，《经济日报》，1967 年 8 月 13 日第 5 版。

“叛乱分子”案件，一项肃清岛内“反动”思想书刊的行动也随之进行。保安司令部以“稳定戡乱情绪”为名进而清除“反动”书刊，台湾省政府公布“反动思想书籍名称一览表”，查禁图书制度从此展开。

1951 年 7 月，台湾省政府颁布管制命令，规定中文书刊须申请核准后凭证申请结汇，方可入台，而未经核准不得私运擅销。同年 9 月，当局又通饬各县市政府及治安机关相关具体实施办法，对于未经申请入台书刊如未经销售处所加盖戳记者，一律不准发售，违则决予没收。直到解严前，未经许可之书刊均不得入台、销售，此举严重影响学术自由，亦让台湾当局借此进行思想管制。

之后，台湾当局分别出版“查禁图书目录”与“报刊图书审查标准表”，依此前后列出的书单共 665 种，种类从文学作品、政治、经济、文化、教育、戏剧、音乐到游记等无所不包。查禁高峰大约在 1952 年至 1953 年间。据国民党中央委员会党务报告资料，以 1952 年 1 月至 1953 年 3 月为例，全台查禁图书 3.83 万册，进口检扣 4786 册，合计 4.31 万册，也就是平均每个月查禁 2875 册。①

图书查禁行动更扩及各级学校的藏书，由于当时台湾学校所存供学生阅读的书刊多为大陆出版，1953 年 10 月，台湾省教育厅通令各学校，针对校内收藏的图书进行全面检查，将一些内容涉及“违反国策”“诋毁政府”“鼓励阶级斗争”“影响儿童心理言论”的图书封存，送各县市政府转教育厅销毁。

在限制图书之外，台湾当局又分别于 1952 年和 1958 年修订了“出版法”，使行政机关对出版事业及出版物的印行，获得了

---

① 蔡盛琦：《1950 年代图书查禁之研究》，《“国史馆”馆刊》，2010 年 12 月，第 26 期，第 86、100 页。

管理与干涉权，对事前的登记、事中的审查、事后的扣押与惩罚，都有所规定，甚至可以变相地封闭报刊。

为管制新闻，报禁成为当时钳制言论的另一利器。首先是“限张”。早在 1947 年，国民政府颁布“各地报纸减缩篇幅暂行办法”。旋及，以“全国总动员”为名实施“新闻纸、杂志及书籍用纸节约办法”，缩减报纸篇幅，规定：“各地报纸于新闻及广告之编排，应力求节约篇幅，原在一张以上均应于本办法公布后自动缩为一张；其原在二张以上，不得超过二张。”① 此乃报禁限张制度化之始，但当时台湾地区报业规模并不大，影响有限。真正在台湾落实“限张”政策，是国民党退守台湾后。1950 年上半年，当局禁止外纸进口；同年 3 月起，由纸业公司配售全省各报用纸，掌握了全台报刊纸张的来源。12 月 1 日，通过台湾地区行政管理机构下令，将台湾各报限制于一张半以内。

继而进行的是报纸数量的控制，即“限证”政策的推动。“新闻纸、杂志及书籍用纸节约办法”中，对各地杂志数量亦有所限制。1951 年，通过台湾省政府的施政准则规定：“恪遵节约用纸办法之规定，对新声请登记之报刊严格限制。”同时，“为节约用纸，将台北、台中、高雄等市停刊逾限及逾期尚未发行之报刊，依法注销登记”②。

不仅“限证”，也“限印”，即新闻纸须在所登记之地印刷，在他地出版发行，必须重新申请登记。此举以行政权限制报业的发展区域，并使报业企业在发展时必须付出更高的成本。在报禁解除前，台北规模较大的报纸如《联合报》《中国时报》等，都

---

① 《纸张节约》，《大公报》，1947 年 9 月 6 日第 2 版。

② 台湾省新闻处编：《新闻业务手册》，台北：台湾省新闻处，1952 年，第 24—25 页；台湾省民政厅：《台湾省政府公报》，1951 年春字第 63 期，1951 年 3 月 16 日，第 981 页；台湾省新闻处：《台湾省政府施政报告》，1951 年 6 月，第 187 页。

须报社使用各种便捷的交通工具，以“抢时间”方式将报纸尽早呈现在读者面前。

通过上述禁制政策，国民党政府不仅针对图书，亦对新闻刊物进行管制。从报刊发行人的资格、新闻刊物的报道内容，到对“不当”言论的围堵等等，均列入台湾当局把关的范围。

2. 禁方言与禁歌

光复后，为去除日本殖民影响，恢复中华文化，台湾当局曾于1946年成立台湾省国语推行委员会，推动汉语。1950年8月，台湾省政府再度申令不得使用日文，以延续前一政策。后又规定：其一，日本歌曲，除无歌词的欣赏音乐以外，其他均不准在公共场所、商店播唱；私人播唱亦不准用扩音器向外播送；电影院放映影片，可播送当天片内歌曲，但不准用扩音机向外播送，更不准播送其他日本歌曲。其二，公教人员于办公时间外，私人交谈使用日语虽未明文禁止，但各机关应积极从推行汉语着手，设立员工汉语补习班，养成自动说汉语的习惯。其三，餐馆菜单，禁用日文。其四，利用汉语注音符号代用日文（译音），可由各县市“国语推行委员会”自行办理。[①]

另外，以闽南方言所唱的传统戏曲或歌曲，也从20世纪50年代初期起被禁止。例如：1952年8月，台南县政府曾下令查禁由新竹县竹林书局印行的方言唱本，包括：《黑猫黑狗歌》《剑仙狐狸斗法歌》《哪吒闹东海歌》等11种，因“内容荒谬”，应予查禁。[②] 两年后，同一家书局出版之《雷峰塔乌白蛇歌》《六十条手巾歌》《薛平贵王宝钏》《问路相褒歌》《吕蒙正彩楼配歌》等，又以“内容荒谬”为由被台湾省政府通令查禁。[③]

---

① 《取缔日文日语　禁播东洋歌曲　教厅补充规定四点》，《联合报》，1954年5月1日第3版。

② 《南县府查禁荒谬方言歌曲唱本》，《联合报》，1952年8月24日第5版。

③ 《乱唱吕蒙正　禁歌王宝钏》，《联合报》，1954年10月15日第3版。

在推行“国语”期间，台湾各主要道路及城市乡间较显眼之处，皆会树以“人人说国语”或“请说国语”等广告牌进行宣传。1973 年，教育部门核定台湾省各县市“国语推行指导委员会组织章程”，并公布“国语推行办法”，所有教育单位包括小学每一个班级都要设立“国语推行委员会”，严格禁止使用方言。

1970 年，布袋戏首度被搬上电视屏幕，以《云州大儒侠》为剧名的布袋戏曾经让台湾电视公司收视率高达 97%，几乎每天中午播出时间一到，大家就盯着电视屏幕观赏。但因节目以闽南话进行表演，虽按当局要求加入“中国强”的角色，最后还是难逃停播命运。

台湾当局还颁布“广播电视法”，减少闽南话节目时数，规定闽南话节目不得多于 15%；在每晚 7 时至 10 时“黄金时间”内，闽南话节目播演时间不得超过 1 小时，并分为 3 个单元，每单元包括广告在内不超过 30 分钟，两个单元之间，以其他节目间隔，避免连续播演。

1961 年，警备总司令部在没有任何预警下通令查禁 257 首歌曲，市井小民喜爱的《三年》《假正经》《我要你的爱》《双双对对》等全部遭禁。

警备总司令部查禁这些歌曲的十大理由是：其一，意识左倾，“为匪宣传”；其二，抄袭中共宣传作品之曲谱；其三，词句颓丧，影响民心士气；其四，内容荒谬怪诞，危害青年心理；其五，意境诲淫，妨害善良风化；其六，鼓励狠暴仇斗，影响地方治安；其七，曲词狂荡，危害社教；其八，反映时代错误，使人滋生误会；其九，文辞粗鄙，轻佻嬉骂；其十，幽怨哀伤，有失正常。①

加上 1949 年保安司令部查禁的 237 首，合计是 494 首，由台北市社会教育科执行。1973 年 11 月，新闻部门又从警备总司

---

① 《警备总部查禁歌曲 257 首》，《联合报》，1961 年 6 月 1 日第 3 版；《我们缺乏代表民族性的歌声　从警总查禁二百余首歌曲说起》，《联合报》，1961 年 6 月 2 日第 2 版。

令部的手中接管歌曲查禁的工作，到1979年2月28日，又有438首歌被查禁。

在查禁一些不合当局政策的歌曲之余，戒严时期也有“爱国歌曲”在各级学校及大众媒体中传唱。由警备总司令部和“总政治作战部”印制“爱国歌曲”目录，发给各歌星人手一册。当时若不配合演唱的歌星，当局就不发给证照，也就无法从事公开演出。这些歌曲的内容除了宣扬时政之外，也有不少是对祖国大陆山河的眷恋。

需要特别指出的是，国民党当局所推行的禁方言、禁歌并推广汉语的一系列政策，其历史背景是在20世纪五六十年代，其目的在于去除日本殖民主义在台湾的影响，恢复中华文化。然而，国民党当局未能把握文化管理的适度原则，进而在推行以上政策过程中留下了负面、消极的影响。

第三章

台湾经济的复苏与成长

经济发展的分期有三种方式：一是以经济政策与重大经济事件为依据，即所谓“政策分期”；二是以经济发展速度的指标为依据，常见的是以地区生产总值等指标，即所谓“发展速度分期”；三是“综合分期”，即其分期依据不止一个，而是综合分析各项主要经济指标与各相关经济政策及事件等因素，予以分期。本章采综合分期法，将 1949 年后台湾经济发展分下列各期来探讨：

第一，1949 年至 1952 年的复原后期。相对于 1945 年至 1949 年的复原前期，[①] 1949 年以后，败退台湾的国民党进行土地改革、币制改革，并调高利率与利用美援以稳定物价，发展工

① 一般将 1945 年台湾光复后百废待兴至 1952 年经济趋于稳定期间，划分为“经济复原期”，但 1949 年国民党撤退至台湾之前与之后，台湾经济环境有极大差异，经济政策亦有极大不同，故以 1949 年的中国历史重大转折点为界，分为“复原前期”与“复原后期”。

业。到 1952 年底，工农业生产已达战前水平，台湾基本上已从战后混乱的经济中复原。

第二，1953 年至 1959 年的进口替代时期。1953 年是台湾经济发展的关键年份，从该年起，展开四年经济建设计划，发展劳动力密集型轻工业，以取代进口，是进口替代时期。

第三，1960 年至 1972 年的出口扩张时期。本阶段继续实施四年经济建设计划，自上阶段末期开始采取一连串财经措施，改善投资环境，鼓励投资。以拓展对外市场为重点，达到稳定与成长的双重目标。

第四，1973 年至 1979 年的第二次进口替代时期。因两次“石油危机”，台湾推动扩大内需政策，进行“十大建设”，是第二次进口替代时期。

第五，1980 年迄今，经济自由化与科技导向时期。80 年代开始推动经济自由化与国际化政策，是迎接全球化经济时期，包括解严后的经济发展及两岸经贸交流。此部分将在后面相关章节加以论述与分析。

第一节　经济复原期（1949—1952）

一、货币改革

1949 年，通货膨胀是台湾经济面临的最为严峻的问题。此问题可追溯至抗战时期，由于长期战争与战争末期受到美军激烈轰炸的破坏，台湾民穷财尽，物资极端缺乏，生产力低下，税收无着。当局以大量发行通货应对需要，在 1945 年至 1949 年，通货发行额上升了 3407 倍；同一时期，台北市趸售物价上升了 3728 倍。[①] 1946 年 1 月至 1947 年 2 月，米价上涨 3.8 倍、面粉 4.4 倍、猪肉 2.2 倍、糖 21.3 倍、布 5 倍，[②] 通货膨胀像失控的云霄飞车，使金融与经济濒于崩溃边缘。

陈诚任台湾省主席后，于 1949 年 6 月 15 日公布“新台币发行办法”，实施币制改革。依据新台币发行办法，以旧台币 4 万元兑换新台币 1 元，初期发行量限制为 2 亿元，以黄金、白银、外汇及可换取外汇的物资为准备，并规定新台币兑汇美元的汇率为 1 美元兑新台币 5 元。至此，恶性通货膨胀的梦魇才渐消除。

新台币发行初期，物价得到短暂的稳定，但在财政赤字及银行信用扩充难以控制的情况之下，新台币发行量在 1949 年底已突破 2 亿元限额，当年 12 月达到 2 亿 9300 万元，1950 年底则达 5 亿 8400 万元，1951 年底为 9 亿 4000 万元，1952 年底则高达 13 亿 3600 万元，所谓的“限额发行”早已名存实亡。[③]

在发行新台币的先后，国民党当局也采取若干紧缩性措施，包括制定“台湾银行黄金储蓄办法”、发行“爱国公债”、发行“节约储蓄券”、抛售储存战时物资、处理日产及整理财政收支、严格控制预算等，但效果不大。

财政赤字与银行信用不断扩增，物价随之上扬。1949 年下半年，物价上升了 82%之多；1950 年前三个月，物价又继续上涨了 34%，物价涨幅甚大，使政府疲于应对。1950 年 3 月，“中央银行”配合政府控制物价的政策，推出优利存款以吸收剩余资

---

① 王作荣：《台湾发展初期的通货膨胀与对策》，收入高希均、李诚主编：《台湾经验四十年（1949—1989）》，台北：天下文化出版股份有限公司，1991 年，第 104 页。

② 黄秀政、张胜彦、吴文星：《台湾史》，台北：五南图书出版股份有限公司，2002 年，第 282 页。

③ 王作荣：《台湾发展初期的通货膨胀与对策》，收入高希均、李诚主编：《台湾经验四十年（1949—1989）》，台北：天下文化出版股份有限公司，1991 年，第 111 页。

金。一个月期的优利存款利率是 7%，按复利计算，年息高达 125%。这样高的利率，为 1949 年银行定期存款利率 18%的近 7 倍，已接近当时的物价膨胀水平，对大众具有吸引力，故能引导流动中的货币回笼，对抑制通货膨胀发挥了极大作用。①

1950 年 3 月底各种储蓄性存款总额为新台币 600 万元，约等于当时货币供给额的 1.7%。到 1950 年 6 月底，储蓄性存款已增至新台币 2400 万元，约等于当时货币供给额的 7%，物价也在 5 月底差不多完全稳住，6 月甚至出现少许下降。

因台湾银行利息负担太重，且以为物价已经稳定，自 1950 年 6 月起，利率降为月息 3.5%，至该年 10 月又调降为 3%，大众停止将储蓄存入银行，甚至开始将款项提出。至 1950 年 12 月底，储蓄存款的总额，已由 9 月底的高峰 3600 万元，降为 2600 万元。待 1951 年 3 月，台湾银行又将存款月息由 3%调高为 4.2%，相当于年息 64%，民众始乃安心地将储蓄存入银行。至 1952 年 3 月，储蓄性存款总额已达 2 亿 7100 万元，约合当时货币供给额的 31%，物价因此趋于稳定。直到 1952 年底，存款利率才再降至月息 2%，存款余额为 4 亿 5700 万元。

这项以高利率吸收货币回笼的措施，颇受国际重视，美国联邦储备委员会官员欧文等人认为这是一项成功的政策。

至 1952 年底，台湾工农业生产大致恢复战前水平，恶性通货膨胀也已受控制，混乱的局面已逐渐好转。在美国的协助下，自 1953 年起，台湾开始实施第一期四年经济建设计划，迈入下一阶段的进口替代时期。

国民党当局对抗通货膨胀成功的原因，很难说是某一措施奏效，而是动用了各项措施，包括物价管制、配给重要物资、对外

① 谢森中、施遵驿：《金融政策的迈向国际化》，收入高希均、李诚主编：《台湾经验再定位》，台北：天下文化出版股份有限公司，1995 年，第 128 页。

汇与贸易的价格及数量加以限制、整顿税制、严格控制预算支出、缩小财政赤字、紧缩货币供给量、全力恢复生产、增加物资供应以及善用美援等等。

二、土地改革

“二二八事件”的爆发削弱了台湾当局的统治基础。地主为了应对和抵制国民党当局的粮食征收政策，通过提高地租等方法将一部分负担转移给佃农，进一步加剧了农民的贫困化和阶级关系的紧张。在台湾岛内，由于通货膨胀和稻谷征收加剧了农民的贫困，农村治安渐趋恶化。1948 年仅占农户总数 11.7％的地主竟然拥有台湾耕地总数的 56％，而占农户总数 88.3％的农民却只拥有耕地总数的 22.4％。[①] 农村阶级矛盾的激化，加重了社会危机，台湾地主阶级已经成为国民党政权稳定执政的一大不稳定因素。

土地改革就是国民党在生死存亡的危急关头所采取的自上而下的改革，其迫切目标并非彻底的土地改革，而是一种缓和当时与农民阶级之间的紧张关系，维护台湾稳定的温和改革。[②]

1949 年至 1953 年的土地改革，是启动台湾经济发展的第一步。台湾实施土地改革的先后顺序是：第一，先农地再市地；第二，先保佃农再扶植佃农；第三，先公地再私地。在此原则下，陆续推动土改政策：首先，于 1949 年实施“三七五减租”，用以解决部分租佃问题。其次，自 1951 年起分 9 期实施“公地放领”，以扶植自耕农。接着，于 1953 年 1 月公布“实施耕者有其田条例”及“台湾省实物土地债券发行条例”，将地主出租之耕地征收后，放领给现耕佃农或雇农。

① 范爱军：《台湾经济研究》，济南：济南出版社，1995 年，第 7 页。

② 林长华：《战后美台经济关系概论》，北京：九州出版社，2001 年，第 26 页。

“三七五减租”为“耕地三七五减租”之简称，即佃农对地主缴纳的地租，一律不得超过正产物全年收获总量的375‰，副产物则全部归佃农所有。在台湾土地改革历史上，此项政策具有最显著的成效和重要的地位。

1949年4月15日，台湾省政府颁布“台湾省私有耕地租用办法”，规定是年第一期农作物收割缴租，仅按每年正产物的375‰；4月17日，成立“台湾省推行‘三七五’地租督导委员会”，作为推动该办法的组织机构。1951年5月25日，立法机构通过“耕地三七五减租条例”，确定佃农对地主缴纳地租，一律以不超过主要作物正产品全年收获总量的375‰为准。

“三七五减租”具有下列特点：其一，大幅减轻佃农负担。据调查，原来佃农租地耕作应缴给地主的佃租都在收获农作物的一半以上，台北、台中、台南等7个县市为56.8%，新竹一带更达70%以上。其二，租约不得少于6年，以书面订立，地主不得任意中止。其三，乡镇（区）公所成立租佃委员会，调解欠租纠纷，勘查灾欠，议定减租之额度。其四，兼顾地主权益，如佃农欠租达两年总额可终止租约。其五，收获量如逐年增加，超过标准产量的部分，全部归佃农所有。

“三七五减租”减轻了佃农的佃租负担，保护其耕作权，但有地主以“权利金”逼使佃农解约来对抗减租，到1952年6月，解约件数多达3.5万件。① 但整体而言，减租确实起到增加农业生产和农民收益、改善佃农生活、安定农村社会之效。

“公地放领”主要是将光复后从日本殖民当局及日本人私有的耕地接收后转换为公地的土地，放领给承租农民。放领的地价为土地全年正产物收获量的2.5倍，分10年平均偿还，不计利

① 黄秀政、张胜彦、吴文星：《台湾史》，台北：五南图书出版股份有限公司，2002年，第283页。

息，承领之年起免缴地租。

1951年5月20日，行政管理机构为扶植自耕农，通过了“台湾省放领公有耕地扶植自耕农实施办法”，将公有耕地，除公营生产事业机构业务上必须保留者以外，一律以最优厚的条件，放领给现耕农民（包括半自耕农、佃农、雇农、转业农）。至1952年2月底止，第一期公地放领，已使台湾省5.5万户佃农变成了他们亲手耕植田地的新主人。

第一期放领的公有耕地总面积超过3.65万甲[①]，但由于都市计划范围内的土地必须保留，以及收入不稳定（水利条件不好）或须重新划分测量的耕地要暂时保留，所以耕地总面积实为2.69万甲。全省22个县市都有，每户平均得0.5甲。[②]

“耕者有其田”是指地主除保留其部分出租耕地，其余耕地由当局接收，并行放领。对地价的补偿，则以实物土地债券七成及公营事业（台湾水泥、台湾纸业、台湾农林、台湾工矿等四大公司）股票三成搭发。如此，既可以不用发放现金，以免加重通货膨胀，也可将地主原来冻结于土地的资金，引导入工业领域，以促进工业化的发展。

这项政策的实施依据，是1952年11月通过的“实施耕者有其田条例草案”。该条例则于1953年4月正式公布，主要原则如下：其一，内容悉以适合台湾省实况为准，如土地面积及耕地等则标准等，以期便于施行。其二，所有出租其耕地之地主，一律得保留其出租耕地七则至十二则水田3甲（其他等则之水田及旱田按标准折算），以维持地主生活，超过3甲部分一律征收。共有耕地、公私共有之私有耕地、当局代管之耕地等，一并征收，转放现耕农民承领。照草案估计，台湾全省征收面积可达17万

① “甲”为面积单位，1甲约0.97公顷。

② 理非：《佃农庆时世　耕者已有田》，《联合报》，1952年3月23日第2版。

甲以上。其三，征收耕地之地价，依其主要作物正产品全年收获总量之2.5倍计算，以公营事业股票及实物土地债券各半补偿之，辅导地主将其土地资金转移于工业，以促进工业建设之发展。其四，实物土地债券年利率4%，分10年均等偿清，承领耕地之农民，亦分10年以实物缴清承领地价，同按年息4厘加收实物利息。

根据这些规定，应行放领耕地之现耕农民，仅需缴纳年收获量的2.5倍就可以承领土地，农民的地租从37.5%降低到25%。如此一来，原为土地资本家的地主既保留了生活必需的农地，还能采用实物债券支付，不受通货膨胀的影响，还可以把资金转化为工业资本，推动了岛内当地资本投资工业产业及金融贸易等领域。而农民提高购买力，也给消费经济带来活力，但在10年期内农民不得自由出卖这块土地，因而被束缚在土地上。因此也有人认为，“土地改革在很大程度上保护了地主尤其是大地主的经济利益”①。

“三七五减租”与“公地放领”政策在1952年执行完成；“耕者有其田”政策于1953年开始，1954年完成。这几项政策均效果显著。综观土地改革政策，不但彻底改善农民生活，消除地主与佃农之租佃关系，使农民经济得以独立，也达成农民拥有土地的愿望，提高其对农地经营改善的意愿，间接提高了农民政治及社会地位。同时，地主转移土地资金7.6亿元，投资于工业，当局开放台湾水泥、台湾纸业、台湾农林与台湾工矿等四大公司为民营，促进工商业发展。

土地改革使国民党初步稳定统治，而推动土地改革，“农复会”发挥了很大的作用。

---

① 茅家琦主编：《台湾三十年（1949—1979）》，郑州：河南人民出版社，1988年，第43页。

“农复会”全名是“中国农村复兴联合委员会”，为美援机构之一。国民党退守台湾后，土地改革办法的拟定与政策的执行等技术协助工作，“农复会”都派专家参与、指导，并且在经费方面予以补助。如改革计划需要雇用的人员最多之际高达3.3万人，其人事经费就是由“农复会”补助的。可以说，少了美援或“农复会”，台湾很难在短期间内完成农地改革。

台湾土地改革的实施，是改变台湾经济及社会结构的决定性因素。全省自耕农及半自耕农在总农户数中所占比例，由1949年的61%增加为1953年的92%；佃农耕地在总耕地面积中所占比例由41%减为10%，使台湾农业结构向家庭农场制度方向发展。

土地改革对工业发展的贡献，主要在于创造了物价稳定的投资环境，提供资本，以及增加市场购买力等。另一方面，土地改革使台湾地权得到平均分配，让国民党赢得民心，同时还打击了台湾有钱有势者的地位，成功巩固了国民党政权在台湾的统治。总的来说，通过土地改革，国民党政权成功摧垮了台湾本土的经济势力，重新构建了自己的政权结构。

三、经济技术官僚兴起

随美援到达台湾的还有美国大批驻台官员和专家顾问，他们与主持台湾经济发展的技术官僚群体形成了密切合作的关系。何谓“技术官僚”？一般的看法，是指拥有专业背景的中高阶层官员，这些官员可能自身没有任何政治背景，但在其专业领域中有着崇高的地位或具备丰富的知识，并能够运用他们的专业知识在决策上解决问题。美国对这一群体一向予以支持与扶植。在“美援会”“农复会”“经安会”等运用美援的机构中，都是由技术官僚与美方人员配合，党务官僚根本插不上手。台湾很多重要经济政策的制定，如土地改革、发展民营工业、外汇改革、奖励投资等，都有“美援使团”人员参与。可以说，台湾专家学者型的技术官员的崛起使国民党的构成发生蜕变，并成为推动台湾经济起飞的关键性力量。

对台湾财经决策最具影响力的技术官僚，有严家淦、尹仲容、俞国华、李国鼎、孙运璇和赵耀东等人。这些技术官僚，在台湾经济发展过程中，都扮演了重要的角色，成为缔造台湾经济奇迹的灵魂人物。

兹择其要者，简介如下：

1. 理财专家严家淦

严家淦（1905—1993），字静波，江苏吴县（今苏州）人，上海圣约翰大学化学系毕业，理财专家。1949 年在台湾省财政厅厅长任内，宣布改革币制，扬弃了不断贬值的旧台币，而代之以新台币。同时，坚守财政收支平衡原则，不以发行通货为理财的主要手段，一面整顿税收，一面控制支出，解救了当时的财政颓势，为战后混乱的台湾社会建立了一套稳定的币制。

1950 年 2 月，严家淦升任台湾地区经济部门负责人兼“美援运用委员会”副主任委员。同年 3 月，改任财政部门负责人，严密地推行预算制度，并整理各项财政法规，废除苛杂，实施有效的各项税捐统一稽征条例。

1954 年，严家淦调任台湾省政府主席。1957 年 9 月，出任台湾地区行政管理机构政务委员，兼“美援运用委员会”主任委员，及“经济安定委员会”副主任委员，全盘负责全台经济建设计划的策划，次年再出任财政部门负责人，致力于建立一个以直接税为中心的租税体系。

严家淦在其 40 年公职生涯中，参与并见证了台湾每一阶段的建设和发展，包括战后经济的重建、产业结构的转型、制定经济发展的策略。其最重要的改革就是新台币的发行，也因此他被称为“新台币之父”。另一项重要的改革，是将复式汇率改为单一汇率，促进侨外资赴台投资。他任人唯才，延聘李国鼎、徐柏园、俞国华等，在台湾经济史上扮演了重要角色。①

2.“台湾工业化之父”尹仲容

尹仲容（1903—1963），名国墉，初字仲固，后改仲容，湖南邵阳人，南洋大学电机系毕业。20世纪50年代台湾经济政策改革以土地改革、发展私营经济、改革外汇制度和十九点财经改革计划为主要内容。陈诚、尹仲容、严家淦、杨继曾是这几项经济政策改革的重要推手，李国鼎、王作荣等后起之秀亦贡献颇多，对之后台湾经济起飞起到重要作用。②

尹仲容主张采取计划性的自由经济，扶植民营企业。自1958年4月12日起，他对外汇贸易做了一连串的改革，重要的有：其一，调整汇率，使接近新台币的真实价值；其二，实施单一汇率；其三，取消进口物资预算和贸易商申请限额办法，并简化申请审核手续；其四，“外贸会”业务重心由进口管制转变为出口发展。

这一系列措施刺激了台湾的出口贸易，因而带动了整个经济的繁荣。特别是工业发展，稳定了进口品的价格和供应量，消除了行政上的困难和不健全现象，使台湾经济的内外关系得以正常化，建立了新台币的对外信誉。

1955年，尹仲容因“扬子公司案”去职。两年后复职，蒋介石对其信任与倚重仍然不减。

1962年12月26日，尹仲容因急性肝炎住院，蒋介石数度询问病情。1963年1月24日尹仲容去世当天，蒋介石感伤地在日

---

① 郑巧君：《“严家淦先生与台湾经济发展”国际学术讨论会会议纪要》，《国史研究通讯》，第6期。

② 汪小平：《台湾经济政策改革缘起探讨（1950—1960）》，《台湾历史研究》，2016年第1期。

记上写下："尹仲容今晨病逝，台湾经济发展失一健儿矣！"[①]

3. "财经重臣"俞国华

俞国华（1914—2000），浙江奉化人，清华大学毕业，曾在美国哈佛大学研究院进修，英国伦敦大学政治经济学院深造，后获美国圣约翰大学博士学位。1951 年任国际货币基金副执行董事，参与国际经济金融实务。1955 年返回台湾，出任"中央信托局"局长，统办全台采购业务，承办公务人员保险业务。1961 年出任台湾中国银行董事长，兼任台湾中国产物保险公司董事长，积极拓展对外金融业务。

1969 年至 1984 年，俞国华出任"中央银行"总裁，在任内有效规范银行债信贷款，维持货币供给额稳定增加，抑制两次石油危机所引发的物价飙涨；成立外汇市场，新台币汇率由市场供需决定；实施利率自由化，订定银行利率调整要点，加强银行公会议定利率之功能；成立银行同业拆款中心，便利银行同业间准备金调节。1977 年兼任"经济建设委员会"主任委员，负责整体经济决策及规划各项发展计划，并对台湾经济的快速转型提供政策引导。

俞国华于 1978 年 10 月接任台湾地区财政部门负责人，其重要任务乃是筹措九年义务教育所需的庞大经费。为谋经济稳定，俞国华舍弃发行公债之途，执行增加货物税计划，一面增辟新税，一面提高税率，以达成预算平衡。他同时建议成立"赋税改革委员会"，进行赋税改革，获得许多具体成就，现今台湾实行的所得税制度及加值型营业税都是当年所奠定的基础。

4. "台湾科技之父"李国鼎

李国鼎（1910—2001），江苏南京人，中央大学物理系毕业。

---

① 郭岱君：《蒋介石与尹仲容的改革因缘》，载世界新闻网，2011 年 12 月 11 日。

1953 年起，李国鼎任职于台湾地区行政管理机构“经济安定委员会”，其后该会数度易名，他为历任秘书长，以迄副主任委员，致力经济建设业务，尤其是台湾工业发展投资规划工作。

1965 年起李国鼎历任经济部门负责人、财政部门负责人。1976 年改任“政务委员”，仍负责应用科技研究发展与经济建设规划的具体工作。1976 年 11 月，台湾地区行政管理机构成立“应用科技研究发展小组”，由李国鼎担任召集人。

1979 年 5 月，台湾地区行政管理机构通过“科学技术发展方案”，由李国鼎邀请外国专家学者担任科技顾问，并成立科技顾问组，由岛内专家予以支持，对于科技工业的发展多所襄赞。其所推动发展的重点科技包括能源、材料、信息、自动化、光电、生物科技、乙型肝炎防治、食品加工、灾害防治、环境保护、同步辐射、海洋科技等。1979 年成立“资讯工业策进会”，李国鼎又为推动计算机信息工业和推广信息教育不遗余力。

5. “发展工程师”孙运璇

孙运璇（1913—2006），山东蓬莱人，哈尔滨工业大学电机系毕业。1967 年孙运璇出任交通部门负责人，任内开始规划北回铁路、中正机场、台中港、苏澳港、铁路电器化、南北高速公路等重要交通建设。1969 年改接掌经济部门，当时的台湾经济已发展到一个阶段，若要升级，则必须摆脱劳动力密集型的发展模式，提升科技水平。因此他推动两项计划，一是成立工业技术研究院，一是发展集成电路制造，为日后台湾进军大规模集成电路及计算机业打下扎实的基础。

在孙运璇担任经济部门负责人 8 年多的时间里，他不但抑制物价的飙涨，还全力推动各项经济建设计划，拓展贸易，发展资本、技术密集工业，使台湾经济在危难中持续发展。

1987 年，孙运璇出任台湾地区行政管理机构负责人，一方面继续推动各项经济建设，包括辟建新竹科学园区，通过“科学技术发展方案”“加强培育及延揽高级科技人才方案”，成立“同步辐射中心”，成立“中美贸易小组”，开放与东欧五国直接贸易等。

6.“铁头部长”赵耀东

赵耀东（1915—2008），江苏淮阴人，武汉大学机械学系毕业，美国麻省理工学院硕士。赵耀东在越南办过纺织厂，创办了“中国钢铁公司”，一生从事企业经营，到退休年龄时却临危受命，出任台湾经济部门负责人，成为政治人物。

在其任内，赵耀东大力整顿公营事业，先后果决地撤裁了6家亏损累累的公营事业，被不甘遭撤裁者的电话恐吓，被民意代表质询痛骂，但赵耀东仍坚持其所为。

1982年2月12日，赵耀东在无预警的情况下，宣布禁止1533项日货进口，以抗议日本政府对于台日贸易赤字漫无止境增加现象的视若无睹。此举震惊台湾，也使日本开始正视台日贸易逆差的问题。

赵耀东任经济部门负责人时，向企业宣称自己是“董事长的董事长”，要企业有困难就来找他。当时，在能源危机冲击下，岛内不少企业经营摇摇欲坠，他向蒋经国报告“要走险棋”，争取凡是中小企业有外销订单或过去有外销实绩的，不需担保品就可向银行借款；如果发生坏账，银行只赔10％，剩下90％由政府的信保基金来负担。这一措施解决了中小企业资金困难问题。

对台湾经济发展贡献突出的技术官僚，当然不止以上人士，其他尚有沈宗瀚、王昭明、王章清、叶万安等等，无法一一列举。综观他们的教育背景，多为理工及财经出身，勠力从公，清廉自持。例如，1950年尹仲容主动赴日，成功争取对日贸易的恢复，事后写信给友人称：“百年苦乐由他人，我如不一心一德，发奋为雄，作些可令人钦服之事，终必无幸也。”①

以“经济技术官僚”称呼尹仲容、李国鼎那一代开创台湾经济局面的财经官员，其实无法呈现其全貌。比较贴近现实的说法，应该是将他们看作以经世为职志，以实业救亡图存的知识分子，甚至是中国最后一代接受传统士大夫教育的知识分子。②

这一批技术官僚具有中国传统士大夫的特质，他们读古书、用毛笔批公文，更重要的是，他们承继了中国知识分子自鸦片战争以降的救亡图存使命感。他们认为救亡图存不是为发展而发展，而是为救亡图存赶上西方而发展。他们继承了中国近百年来在帝国主义的压迫下，为救亡图存所发展出的中华民族意识，也背负着迫切的使命感。

四、美援支助与经济建设

1948 年 7 月，中美签订《中美关于经济援助之协定》。依照此协定，美国核援中国政府第一期经济援助 2 亿 7500 万美元，动用了 1 亿 7000 余万美元后，国民党败退台湾，经济援助就此停顿。基于对台湾战略地位的认识，美国政府开始酝酿对台政策。经过政府各部门和军方的广泛讨论，美国国家安全委员会于 1949 年 3 月 1 日召开会议，讨论并形成“NSC37-5”号文件。该文件的结论包括：国务院应加强与台湾的联系，尽快拟订派员赴台计划，与台湾长官接触；在获得台湾长官的“保证”后，美国代表可向台湾方面表露“美国政府准备向台湾提供经济援助”，以帮助台湾发展“自立自治”的经济，并着手安排美国驻华经济合作管理组派员赴台勘察；在开始阶段，应尽量少暴露美国官方

① “尹仲容 1950 年 9 月 17 日致谭伯羽函”，收入沈云龙编著：《尹仲容先生年谱初稿》，台北：传记文学杂志社，1972 年。

② 瞿宛文：《台湾经济奇迹的中国背景》，《台湾社会研究季刊》，2009 年第 74 期，第 69 页。

在台的活动，并“不遗余力地阻止大陆难民进入台湾”。[①] 在这份文件中，美国第一次提到援助台湾之事。这一时期美国的基本目标是“不让台湾和澎湖落入共产党手中”，而达成此项目标的“最实际的手段是把这些岛屿与中国大陆隔离开”。[②] 1950 年 6 月朝鲜战争爆发后，美国继续援助台湾当局，延续到 1965 年，余款则用至 1968 年。

从 1951 年至 1965 年，台湾合计运用援款为 14 亿 8220 万美元，平均每年约 1 亿美元。其中，非计划型援款主要用于商品物资，如小麦、原棉等援助，用以解决当时严重的物资短缺，因而缓解了通货膨胀的压力。计划型援款则用于经济建设，如电厂、交通、农工业发展援助。其中，大部分用于电力、交通运输等公共设施，石门水库及德基水库即是；其余部分则用于农工业发展，公民营企业兼顾。例如台塑便是在此政策扶植下，发展成竞争力极强的国际企业的。

美国援助台湾，并非直接给现金，而是提供台湾需要的物资。国民党当局将商品物资出售后获得的新台币，专款存于台湾银行；并提出对等金额存入该账户，称为“相对基金”。相对基金部分，有三分之一用于军事，其余用于农业、工业、交通运输、公共卫生、教育、公共行政、社会福利等项目，涵盖一个发展地区所亟须发展的项目。美援物资及相对基金对当时外汇缺乏、物资短缺、通货膨胀严重的台湾，产生巨大的安定效果。

台湾方面所提出的申请美援计划，均是在详细了解台湾本身所需之后提出的，亦多得到美方响应，少有计划失败及物资浪费等

---

① 苏格：《美国对华政策与台湾问题》，北京：世界知识出版社，1998 年，第 97—98 页。

② 资中筠：《历史的考验——新中国诞生前后美国的对台政策》，收入中美关系史丛书编辑委员会主编：《中美关系史论文集》第 1 辑，重庆：重庆出版社，1995 年，第 354 页。

情况。李国鼎曾指出：台湾执行的美援案子，成功率在九成以上。

在20世纪50年代台湾仍相当贫穷的情况下，美援发挥了举足轻重的作用。总结其作用有以下数端：

其一，平抑物价。美国经济援助直接增加当时的物资供给，缓解物价上涨的潜在压力。同时，由于出售美援物资获得的新台币及相对基金存款，也有抑制货币供给额增加的作用，间接促进物价水平的稳定。所以50年代台湾得以维持相对稳定的物价，美援是其中重要因素之一。

其二，促进经济发展。美援对台湾后来的经济发展，也有相当之影响。依台湾当时财力，很难迅速重建或发展有关电力、通信、道路、港口等基础设施。在整个50年代电力固定资本形成毛额中，美援金额就占了一半；交通运输固定资本形成毛额中，美援也占了四成，可见美援对基础设施的建设帮助很大。

其三，帮助科技移转。美国经济援助创造了重要的科技移转的机会，并支持了50年代的进口替代政策。

在美援支持下，部分经费用于改善基础设施，为民营企业提供了一个良好的投资环境，使台湾经济政策逐步向鼓励民营企业发展。

另一方面，国民党当局利用美援，通过化解军事危机、填补财政赤字、提供控制资源、提高行政效能等方式，强化了国民党当局的统治。[①] 同时，美援过度强调军事目的，保护了部分公营事业的生产，而美元与新台币的汇率取代了过去的汇兑关系，成为影响台湾物价的因素之一。

但必须注意的是，从政治方面来说，美援的运作使美国能够达成有利的政治、军事目的。从短期的政治、军事目的出发，美援的基本角色是遏制共产主义，加强前哨基地的军事防卫力量，

① 文馨莹：《经济奇迹的背后——台湾美援经验的政经分析（1951～1965）》，台北：自立晚报社文化出版部，1990年。

其援助形态以军援为主。从这个角度来看，军援是美国在受援地区进行的世界性的安全投资，这种援助有助于提升美国政府在国内外的威望，从而也使受援方更加愿意与之进行更为广泛的合作。① 对于台湾而言，美援对于台湾政治方面的影响更加深远。正如托马斯·戈尔德所言，美援的首要目标是协助国民党政权维持政治和经济的稳定。② 尽管美国曾公开指责国民政府贪污腐化，不得人心，但是美国在台湾尚无法找到能够取代其统治又不致破坏当地稳定的领导人，因此，美援在注入台湾的同时，成为帮助台湾当局稳固在台统治的有力手段。

美援的目的不是以受援方的经济政治发展为前提，而是通过美援来对受援方进行政治、经济、文化渗透，以加强这些国家和地区对美国的依赖，最终使这些国家和地区按美国设想的方向发展。总之，美国的政府援助，本质上是为美国自身的政治、经济、军事利益服务的，正如美国学者所说的："虽然美国政府在公众和全世界面前标榜这是美国无私的人道主义的体现，可事实上，美国自身的利益才是最重要的。"③

第二节 进口替代时期（1953—1959）

进入20世纪50年代，尽管台湾经济恢复基本完成，物资供应紧张的局面有所缓和，通货膨胀的威胁已经减轻，物价上涨的

① 杜继东：《美国对台湾地区援助研究（1950—1965）》，南京：凤凰出版社，2011年，第185页。

② Thomas Baron Gold, *State and Society in the Taiwan Miracle*, New York: M. E. Sharpe, 1986, p. 69.

③ Peter. J. Schraeder, *Intervention into the 1980s: U. S. Foreign Policy in the Third World*, Lynne Rienner Publishers Inc., 1988, p. 83.

幅度有所下降，经济开始出现稳定的态势。但这只是一种低水平的维持，经济形势依然严峻。军事开支庞大，人口快速增长，工业资源缺乏，外汇短缺，仍是台湾面临的现实问题。因此，台湾选择了以开发岛内需求为导向的“进口替代”战略，即通过发展进口替代产业，促进经济增长。

一、以农养工

“进口替代”战略下的台湾农业发展，主要是为工业的恢复和发展创造条件。国民党当局在台湾的经济发展策略，采取农工业均衡发展基本原则，即“以农业培植工业，以工业发展农业”。首先，农业资本移出，流向工业部门；其次，产业技术改造，增加农业剩余；再者，农业出口赚汇，协助工业起飞。

农业培植工业政策的执行，首先要引导农业资本移向工业。农业资本的外流，又可分为两个部分，一是有形的资本流出，二是无形的资本流出。有形资本流出方面，以土地改革为主要方式，在土地改革中向地主征收土地，而支付工业与企业股票。无形资本流出，是指不利交易条件所引起的资本流出，此外还有政府对米、糖及其他主要农产品的征集所导致的资本流出。

有关农业部门与工业部门的资本流动，有研究指出，从 1950 年至 1969 年，台湾农业部门外流资本达新台币 43.4 亿元，这期间农业净增资本仅为新台币 10 亿元左右，同期工业资本净增值则达新台币 293.4 亿元。①

农业资本的移出虽然挤压了农业发展空间，但这一时期技术的进步，对农业发展产生较大影响。1954 年起，当局鼓励进口农业机械并进行推广；1956 年开始进一步发展农用机械的“进口替

① 张翰璧：《台湾全志》卷九《社会志・经济与社会篇》，南投：台湾文献馆，2006 年，第 67 页。

代”。农业机械的大量使用，提高了农业生产力，尤其是甘蔗收获作业机械化，使蔗糖产量大幅提高，从而使出口增加，赚取大量外汇。再如，持续了近 20 年的肥料换谷制度，促使农民使用化学肥料以提高单位面积产量。从 1947 年至 1965 年，台湾使用化肥总量增加 36.9 倍，化肥的使用，提高了土地利用效率。

为适应农业机械化作业与改善水利灌溉系统，台湾当局又对许多农地进行重划。为提高农业生产，还引进推广新品种，并加强对外农业技术合作，每年派人出去进修或研习。建立一套农业试验、研究、推广体系，许多农作物品种获得改良，特别是水果的改良成果，尤值得称颂。

有关 20 世纪 50 年代台湾农业技术的改良，有文章回顾称：农业学者沈宗瀚，时任“农复会”主任委员，蒋彦士则为秘书长。他们把农田当办公室。蒋彦士在 20 世纪 40 年代期间，每到周六就跳上火车，直奔台南的农场或嘉义朴子的玉米研究中心，主持育种改良，后来育成享有盛名的“台南五号”玉米。谢森中那时 30 岁出头，在“农复会”中负责农业经济研究，三天两头就坐上“农复会”的旅行车，领着大学生颠簸在乡间石子路上，向农民做调查，以作为改良农业环境，如建造石门、白河、曾文水库灌溉系统的基础。①

正因当年台湾这些农业专家的努力研发，农业技术更臻进步，使得台湾光复后农业迅速发展，而为社会提供了足够的低价粮食，对稳定物价做出贡献，也为工业起飞准备了大量的剩余劳动力与资金。

台湾以农养工政策的另一项实践是当局鼓励农产品出口，以赚取外汇，支持工业生产物资及技术的进口。

---

① 天下编辑：《走过从前，回到未来》，台北：天下杂志，1988 年，第 21 页。

1952年至1969年，台湾农产品及其加工产品出口共赚取29.3亿美元的外汇，占这一期间外汇收入的一半，为60年代开始的工业起飞做出贡献。

50年代，台湾出口的农产品主要是糖、米，其次是香蕉。为保证蔗糖出口稳定，实施保证价格制度：由公营的台湾糖业公司与蔗农签订收购合同，甘蔗收获后，由台湾糖业公司糖厂加工，出糖后农民分得55%的糖。若砂糖市价低于保证价格，则由台湾糖业公司以保证价格收购。

以农养工政策执行的结果，使农家与非农家所得差距逐渐扩大。以1960年为分水岭，城市与农村收入呈倒V字形变化，亦即50年代两者的差距逐渐缩小，1960年以后，城市与农村收入差距逐渐扩大。①

除了收入差距扩大，劳动力亦从农业部门移往工业部门。1950年至1965年，农村劳动力迁移平均每年6万人，提供了工业发展所需的劳动力。到20世纪60年代末期，台湾农业发展已完成其支持工业发展的使命，但也导致农业部门的发展相对于工业部门，显得十分缓慢。② 20世纪70年代开始，乃有“加速农村建设重要措施”等，以当局资本补贴及农业外的工资收入支撑农业部门。

从效果看，1953年至1968年，台湾的农业生产迅速发展，年均增长5.2%，对台湾岛内经济发展的贡献率达到26.3%，农业在国民生产总值中所占比例为年均30%。③ 农业经济的迅速发

---

① 张翰璧：《台湾全志》卷九《社会志·经济与社会篇》，南投：台湾文献馆，2006年，第68页。

② 陈玉玺著，段承璞译：《台湾的依附型发展》，台北：人间出版社，1992年，第138—140页。

③ 王键：《战后日台经济关系的演变轨迹》，北京：台海出版社，2009年，第209页。

展，有力地推动了台湾经济发展。农业对于工业的贡献非常突出。主要体现在：第一，通过农产品出口创汇，支持工业资本积累；第二，通过农业剩余劳动力转移，促进劳动密集型工业的扩张；第三，通过“肥料换谷制”，扶植肥料工业发展。①

二、启动六期“四年经济建设计划”

20 世纪 50 年代二战后的整体世界经济都处在恢复和发展时期，台湾也在美国的大力援助下，经过最初四年的恢复进入了经济的初级发展时期。为配合美援的实施，加快岛内经济的发展，台湾连续制订第一、二期四年经济建设计划，大力推行进口替代战略，从效果来看，其经济意义是极为显著的。

台湾负责规划、监督、考核经济计划的单位是行政管理机构下的“经济建设委员会”，其前身是“美援会”，虽多次变更名称，但除了短暂时期的层级降低外，它都是台湾最高的经济规划单位，委员为财经部门首长，曾有“小内阁”之称，尹仲容、蒋经国、俞国华、赵耀东都曾出任此一单位的首长。

1952 年，当台湾农工业生产已恢复到光复前的最高水平时，台湾当局为有效运用美援，并使往后经济建设能有计划地推进，遂自 1953 年起推行第一期四年经济建设计划。

第一期四年经济建设计划自 1953 年至 1956 年实施，主要目的在配合美援运用，迅速扩大农工业生产，改善运输系统，以求对内充裕物资，稳定物价，对外争取更多美援。计划重点一是增加农工业生产，二是促进经济稳定，三是改善国际收支。

第二期四年经济建设计划自 1957 年至 1960 年实施，仍以农工业生产与交通建设为主要内容，但包括的范围扩及外汇、金融、财政等部门，其总体目标在于扩展出口、提高所得、增加就

① 李非：《台湾经济发展通论》，北京：九州出版社，2004 年，第 70 页。

业、平衡国际收支，形式上已初具现代经济计划的规模。计划重点一是增加农业生产，二是加速工矿业发展，三是扩大出口贸易，四是增加就业机会，五是改善对外收支。

在这两期经济建设计划期间，农业方面，施行“公地放领”和“耕者有其田”，制定肥料换谷制度，引进洋菇、芦笋、香蕉、菠萝等经济作物，发展食品加工产业以赚取外汇。

工业方面，发展进口替代工业，实行高关税、进口管制及设厂限制等保护台湾产业发展措施。公布实施“外销品冲退原料税捐办法”以及“外汇贸易改革方案”，积极鼓励出口。同时，设置第一个工业区六堵工业区。

财政方面，公布实施“外国人投资条例”及“华侨回国投资条例”，实施综合所得税，公布施行“各项税捐统一稽征条例”，实施平衡财政收支10项节流措施，实施“外销品退税办法”，订定“财政收支划分法”，实施“奖励投资条例”。

金融方面，公布“外汇贸易改革方案”，将多元复式汇率简化为二元复式汇率；颁布“十九点财经改革措施”，加速经济发展；成立“证券管理委员会”，专责管理证券发行；实施外汇管制与复式汇率制度，达成促进出口与限制进口目标，以维持对外收支的平衡。

在这期间发展起来的产业，包括肥料、水泥、玻璃、纺织、木材及其制品、塑料原料及其制品、人造纤维、自行车、缝纫机、电气用品，大多为当时台湾所迫切需要而生产技术要求不高的产品。

随着台湾经济进入起飞阶段，台湾又连续制定第三、四、五、六期四年经建计划，大力推行出口导向战略，促使台湾经济迅速发展。至20世纪70年代末期，台湾成为亚洲地区经济发展最具活力的“四小龙”之一。在台湾战后经济发展历程中，台湾连续实施的六期“四年经建计划”具有不可替代的重要影响。

三、发展劳动力密集型轻工业

日本殖民统治时期，日本人主导台湾工业化的目的，在于提高农业生产力，增加糖、米对日本的输出，为日本的“南进政策”提供物质基础。当时，台湾工业主要为食品业，包括菠萝罐头、制盐、制茶等，这些经济发展形态都是在日本的殖民统治下以殖民扩张的目的发展起来的，目的在于供应日本本岛的需求。20 世纪 30 年代中叶，日本积极南进，台湾为适应日本军需转而重视与军备有关的产业，包括金融、机械、造船、水泥及化学等。

光复后，台湾承袭抗战末期日本军需工业体系，一时之间仍无法摆脱国防工业与战时经济的统制色彩。国民党败退台湾前，由台湾省行政长官公署发布的“五年经济建设计划要点”，其中有明显的计划经济及“节制私人资本、发达国家资本”之“国有化经济政策”意味。

在制订第一期四年经济建设计划中，国民党当局依据三个客观条件拟订当时的工业发展策略：第一，物价尚未完全恢复稳定，必须增加生产以供应超额需求；第二，国民党退守台湾后，人口突然增加，失业问题相当严重，必须迅速增加就业；第三，对外收支巨额逆差，经济发展所需外汇甚为短缺，必须节省进口，力求拓展出口。

因此，国民党当局决定优先发展需要资金不多、技术要求不高、建厂时间短的劳动力密集型民生轻工业，一方面以台湾生产代替进口，供应需要，缓解超额需求的压力，稳定物价，另一方面节省外汇支出，创造更多的就业机会，减轻失业的压力。

当时，负责经济建设计划的尹仲容于 1953 年 10 月 25 日在《中央日报》上发表《台湾工业投资的来源与通货膨胀》一文，说明了台湾发展工业的理由：“普通对于理财的方法，总不外开源与节流。依据目前情形，我们不但不能节流，而且还要逐渐增加支出，所以不能不从开源方面着想。开源就是增产，尤其是工业发展方面。……几年来我们修复并扩充日本人遗留下来的旧有工业，建立新兴的工业，便是执行这一政策的具体表现。四年工业建设计划的拟订，工业委员会的设立，更足表示政府对这一政策的如何重视，及发展工业在整个经济开发中占如何重要的地位。”

1953年12月30日和31日，尹仲容又于台北各大报纸上发表《台湾工业政策试拟》，指出：“在现在情况下，台湾工业发展，在时间上必须求快速，在资源上不能有浪费，但此两点，决非自由放任之经济所能做到，而必有赖政府积极参加经济活动，订立完善计划，并监督其执行。……此处所谓计划，仅是政府以其统筹全局的地位，从整个经济利益着眼，决定某一时期内，工业发展之方向，及发展之目标，即某些工业应该优先发展，某些工业属于次要，可以暂缓发展，及某些工业在某一时期内，应发展至何种程度，发展极限定在何处。”

第二期四年经济建设计划，工业发展政策大致追随第一期经济建设计划的方向，不过，工业发展的领域，已不再单纯限于民生必需品进口替代产业的发展，而扩大至非民生必需品的进口替代产业，及其他新兴工业之建立。

在第一、二期四年经济建设计划期间，民营事业的四大主角是食品、纺织、水泥、造纸。此外，合板、平板玻璃、味精、化学品、电器业等规模逐渐扩大，后成为工业生产的主流，而且在台湾市场饱和后，逐渐变为出口产业。

在国民党当局政策引导下，民营企业开始发展，企业家陆续出现。例如，1953年，28岁的张国安，与庆丰行黄继俊一起从事制造业，后来发展成三阳、庆丰集团。林挺生的大同公司，所生产的电风扇，在1954年外销到菲律宾。裕隆公司严庆龄，也在 1956 年 10 月 10 日制造出第一台自制吉普车，轰动一时。1957 年，尹仲容及化工专家严演存，说服王永庆、赵廷箴生产 PVC 塑料粉，带动塑料工业发展。

公营事业方面，20 世纪 50 年代，国民党当局将糖业、电力、肥料作为当时工业发展中的战略基础及主导产业部门。其中，糖业是赚外汇的主力，一度占出口总额的 49%，重要性可以想见。电力事业作为能源部门，是经济发展的基础和关键，成为当局投资的最大重点，20 世纪 50 年代使用了最大比例的美援资金在电力建设方面。1954 年，电力投资占了 69.1%的美援资金。肥料工业对农业，尤其粮食生产影响重大，50 年代肥料年产约 20 万吨，可满足台湾 30%的需求，也发挥了进口替代的作用。60 年代利用美援增设新厂，迅速扩大生产规模，1964 年自给率攀升到 79%。

在有计划的推动下，50 年代台湾的工业生产显著发展，1953 年至 1960 年期间，工业生产产量平均每年增加 11.9%，与同时期的其他地区比较，表现极为突出。

四、进口替代政策

这一时期，国民党当局主要发展农业及劳动力密集的轻工业，在贸易方面，采取对内导向政策。

所谓对内导向的贸易政策，是指在出口薄弱及外汇严重短缺的情况下，重点放在进口管制，以便将有限的外汇作最有效的运用，并保护弱小工业的发展。因此，多种关税及非关税保护措施纷纷被实行。

从 1954 年起，蒋硕杰、刘大中等就不断提议，以大幅贬值汇率、提高银行利率，来稳定经济、累积资本、发展贸易。1958 年 4 月，台湾当局公布了“改进外汇贸易方案”和“外汇贸易管理办法”等规定，对外贸政策进行了一系列重大改革与调整。

改革的重点：一是台湾将复式汇率改为单一汇率，废除了不同进出口货物适用不同汇率的制度；二是放宽进口限制，降低进口原料的各种税收；三是鼓励出口，实行外销退税制度，设立外销推广基金，实施保税工厂与保税仓库制度，实行外销低利率贷款与外汇提留制度等。

这些政策措施极大地促进了台湾产品的外销，将台湾经济发展从过去的进口替代时期，推进到出口扩张时期，随后台湾产品出口持续扩张，不仅改善其对外收支，也促进经济成长。因此出口被视为台湾经济成长的引擎，对台湾经济发展的成功具有关键性的影响。

这次外汇与贸易改革的成功，有赖两个条件配合：一是物价稳定，一是储蓄增加。如果物价继续膨胀，则贬值后的汇率，很快就失去鼓励出口的作用；如果储蓄不增加，则贸易差额的改善必将因资源不足而引起物价膨胀。

20 世纪 50 年代，台湾虽然每年约有 1 亿美元的支持，但外汇短缺的现象仍十分严重，同时通货膨胀亦未完全得到控制，再加上当局对通货膨胀的恐惧心理，外汇政策出现以下现象：复杂的直接外汇管制、数量很多的复式汇率与汇价偏低，即新台币高估。这些都对亟待起飞的台湾经济造成严重的阻碍，非加以突破不可。但在害怕引起通货膨胀的心理压力下，台湾决策当局始终不敢对当时的汇率结构作重大改变，直到尹仲容看到经济学家王作荣所提出的经济平衡公式：生产＋外援＝消费＋建设，即供给＝需求，才产生了信心，同意外汇贸易改革。从此，汇率趋于真实化，约在 1961 年，汇率已单一化为 1 美元兑 40 元新台币。此后不久至 1973 年，新台币兑美元始终稳定地维持此一汇率，形成了台湾物价最稳定、经济增长率最高的“黄金十年”，由此可见汇率适当而稳定对经济发展的重要性。王作荣曾对这一改革予以高度评价，认为“不要小看这项改革，这是一次改变台湾经济前途、脱出困境、使台湾经济起飞、创造台湾经济奇迹的起跑点”①。

进口替代产业在这种保护之下，利润大幅增加，生产设备快速扩充，产量急速增加。农产品加工和棉纺业成为20世纪50年代轻工业的发展主力。例如，1951年尹仲容提出：“进口布，不如进口纱；进口纱，不如进口花。”花即指“棉花”，意指进口棉花自行纺纱织布。这句话把“进口替代”的精神传神地传输给老百姓。另外，当时台湾的重化学工业虽然只占整体工业生产的25%左右，但是生产效率有相当程度地提升，其中的石油、煤制品更渐渐地崭露头角。

进口替代策略有效地为台湾当局解决了外汇问题，并扶植了以制造民生必需品为主的轻工业。这一策略的实施，使台湾经济实现了初步发展，为20世纪60年代以后的出口导向战略奠定了基础。但也由于台湾市场狭小，进口替代工业的发展有其极限，到了20世纪50年代末期，很多轻工业已出现设备大量闲置的现象，必须寻求出口以维持这些产业的发展，因此，开启了下一阶段的出口扩张时期。

第三节　出口扩张时期（1960—1972）

进入20世纪60年代后，进口替代工业因岛内市场的饱和而产量过剩，工业增长速度随之减缓，无法吸收更多的就业人口。同时台湾经济面临许多新问题。面对新形势，为改善经济困境，台湾顺应世界经济潮流，开始采取出口导向战略，以岛内过剩的

① 王作荣：《壮志未酬：王作荣自传》，台北：天下远见出版股份有限公司，1999年，第138页。

轻工业品出口代替传统的初级农产品，台湾走上了出口扩张的经济发展新阶段。

一、制定财经改革措施

进口替代末期开始，国民党当局连续推出数项关键性的措施，其目的在于清除阻碍经济发展及扭曲市场机能的因素，其中，最重要者除对外贸易改革措施之外，当属 1960 年推出的“十九点财经改革措施”及“奖励投资条例”，这些措施促成了经济成长与稳定的双重目标。

1. 财经改革措施

当时的美援对安定台湾经济固然具有重要贡献，但台湾经济的发展终不能长久依赖美援。因此，1959 年底，美国国际合作总署驻台湾安全分署署长郝乐逊建议台湾应采取 8 项财经措施，有效利用美援以实现自给自足。“美援会”根据此 8 点建议，后由尹仲容等人拟定，增修为“十九点财经改革措施”，1960 年公布实施。[①]

“十九点财经改革措施”的内容，涵盖经济发展、预算、金融、外汇等 4 个方面，完成期限大多为一至两年。目的在抑制物价膨胀，加速经济发展、建立现代化财经行政体系，鼓励民间投资，创造有利的投资环境，以求自力发展，为美援终止做准备。其内容包括奖励储蓄、创设资本市场、经济活动正常化、扶植民营事业、鼓励投资、改善投资环境、成立公用事业费率委员会、冻结军费、改善租税制度、调整公务人员待遇、建立“中央银行”体系、单一汇率、鼓励出口等。

由于事先规划了上述各项有力措施，故 1965 年 7 月美援停止后，台湾经济不但未见衰退，反而因储蓄、投资与出口的大幅

① 《展开经济发展的新局面》，《联合报》，1960 年 9 月 15 日第 2、3 版。

增加，带动整体经济的蓬勃发展，成为当时世界上少数几个高度发展的地区之一。

在推动“十九点财经改革措施”的同时，台湾陆续推出第三期、第四期、第五期四年经济建设计划，以及“十年长期经济发展计划”，为台湾的经济发展打下了扎实的基础。

其中，第三期四年经济建设计划，实施年份是 1961 年至 1964 年，其政策规划如下：首先，发展外销工业。在已有的工业中，挑选若干生产规模、设备、技术及管理均能符合或接近国际水平，质量与成本可与外国竞争者，继续发展，将其产品逐渐转向外销市场，包括纺织、塑料原料及其制品、玻璃、水泥、造纸、夹板、炼铝等工业，以及研拟发展石油化学工业。其次是发展能源工业，包括电力、燃煤、石油产品等。接着发展重工业以及造船、汽车等工业，提高生产设备及工具制造，以及机械工业基本技术。最后，创办技术重于资本的新兴工业，包括无线电通信器材、西药、钟表、光学仪器等，采用技术合作方式引进技术。

第四期四年经济建设计划，实施年份是 1965 年至 1968 年。在此期间同时着手规划“十年长期经济发展计划”，实施时间为 1965 年至 1974 年。

第五期四年经济建设计划，实施年份是 1969 年至 1972 年。其大致沿袭第四期四年经济建设计划，但因台湾经济结构经过多年发展，已有相当显著的改变，并产生若干新问题，因此，第五期四年经济建设计划特别着重农业现代化问题，并将台湾主要出口工业之一的电子工业列入其中。

2. 台湾计划经济的启示

自 1953 年起，台湾连续实行多期的中期经济建设计划，推动台湾经济成功发展。

就经济制度与意识层面而言，可归纳为两点：其一，行政管理功能的发挥。早期民间力量薄弱，当局直接干预，积极介入，并辅导民间投资建设；其后民间力量壮大，当局推动经济自由化，减少干预，公营事业转变为民营，并开放关键性产业任由民间投资，乃至鼓励民间投资公共建设，因此，台湾所实施的是“提示性计划”，主要在以前瞻性、开创性的规划，勾绘建设前景与方向，并创造良好的发展条件，任由民间发展。其二，民间部门的努力与配合。由于人民勤劳，劳动参与意愿强，工作积极，生产力高，有助于充分就业的维持与国民生活水平的提高，更有利于经济的繁荣与成长。同时，人民储蓄意愿强，储蓄率快速提升，长期维持在30％左右，充裕的资金加速了资本形成，避免了外债的沉重负担。

从技术层面观察，亦可归纳出两点原因：其一是了解掌握经济发展条件，并创造有利的发展条件。台湾自然资源相对匮乏，早期外汇短缺，资金不足，恶性通货膨胀，有利的条件只有充沛的劳动力，以及一些农业基础及有限的基本设施，当局面对此等发展条件，进行农地改革，提高农业生产，加速发展劳动力密集型产业，充分发挥优势。同时鼓励储蓄，增加投资，普及教育，提高人力素质，创造进一步发展的有利条件。其二，利益引导。早期为鼓励农业增产，推行“耕者有其田”，全面扶植自耕农，并将补偿地主资金导入工业投资。其后，农村劳动力不足，给予低利率融资，鼓励机械化，降低成本，并鼓励共同经营，扩大农场面积，提高经营效率。另外鼓励出口、投资，经常通过租税减免、低利率融资等方式，予以奖励。同时设置一般工业区、加工出口区、科学工业园区，提供工业用地与设施。当局也不断地建设电力、运输、电信、水利等基本设施，为各级产业创造外部效益。①

---

① 叶万安：《台湾的经济计划》，收入高希均、李诚主编：《台湾经验四十年（1949—1989）》，台北：天下文化出版股份有限公司，1991年，第66—70页。

二、奖励投资与引进侨资外资

1. 奖励投资

为改善投资环境，吸引更多的外资，以弥补即将停止的美援，台湾于1960年9月颁布了“奖励投资条例”，对厂商投资提供优惠，凡出口产品达50%以上的企业，可享受免5年营业税或加速折旧等优惠；将利润用于增资扩充设备的企业可享受免4年营业税或加速折旧优惠。同时设立专门的投资审批委员会，提高办事效率。

这是台湾财经政策的又一个重要里程碑。台湾的租税政策从过去的追求“预算收支平衡”，至此转变为谋求经济发展。从这时起，台湾逐渐形成一套较开放的经济体制，为台湾经济的起飞奠定了重要基础，外资开始加快在台湾的投资，台湾经济发展步入快速道。

“奖励投资条例”实施期限原定10年，期满后两度延长，到20世纪80年代终止，中间曾有15次修正，奖励的项目与对象都有所增加，受奖励企业可享受的减免税目包括营利事业所得税、个人综合所得税、土地增值税、田赋、地价税、房屋税、印花税、关税、证券交易税及契税等，奖励方式多达38项。奖励的行业包括公用事业、矿业、制造业、运输业、观光旅馆业等。

自“奖励投资条例”颁布的1960年起，到1973年第一次石油危机爆发为止，平均每年投资增长率为15.5%，而其中民间企业投资均占半数以上，且平均每年投资增长率更高达21%。在赋税措施的积极鼓励下，资本形成和出口占台湾地区生产总值的比重迅速提高。资本形成占台湾地区生产总值比例，在1952年只有15.3%，到1974年高达39.2%，出口占地区生产总值比例，在1952年只有8%，而1986年最高峰曾达60.4%。

在“奖励投资条例”鼓励下，资本形成加速，出口大幅扩张，进入 20 世纪 60 年代以后，台湾经济以更快的速度成长，赋税减免措施在其中起了一个很大的作用。

但是，从另一个角度分析，该条例也有些消极作用。首先是税收的损失，自 1961 年至 1987 年，台湾当局为鼓励投资及出口所牺牲的税收达 3648 亿元新台币，约占同期税收的 10%。其次是受奖企业接受奖励的程度与本身获利能力、劳动生产力及资本积蓄的增长率，似无显著关系，表明各项奖励措施并没有按照"论功行赏"的原则施行。[①]

另外，影响投资的因素很多，租税减免只是其中之一，特别是长期的租税减免，厂商已视之为理所当然，不易产生投资的激励效果，但却给税收造成巨额损失，也带来所得分配不均的副作用。正因为如此，"奖励投资条例"在 1990 年退出历史舞台，代之而起的"产业升级条例"自 1991 年 1 月 1 日起实施，即将奖励适用范围尽量缩小，改以投资行为作为鼓励标的，以此鼓励厂商进行研究发展、自动化升级和人才培训等。

2. 引进侨资外资

20 世纪 50 年代起，国际分工体制开始发展，台湾深受其惠。国际分工体制的产生背景是跨国公司的兴起，以及发达国家通货膨胀与工资高涨，跨国公司转而向发展中国家及地区进行投资，利用其低廉工资以求高额利润。20 世纪 60 年代，台湾亦加入此一分工体制。

国民党退守台湾之初，引进外资政策阙如，侨、外人士赴台投资极少，为争取更多资金以促进经济发展，当局采取租税手段，先于 1954 年公布"外国人投资条例"，又于 1955 年 11 月 19 日公布"华侨回国投资条例"。

---

① 徐育珠：《财政政策》，收入高希均、李诚主编：《台湾经验四十年(1949—1989)》，台北：天下文化出版股份有限公司，1991 年，第 180—184 页。

20 世纪 60 年代，侨资外资仍是台湾投资资金的重要来源。从美援停止的 1965 年到 1973 年的 9 年间，侨资外资投资占台湾资本形成总额的比例提高到 8%。可见其在补充台湾资本形成上的重要性。

一般来说，日、美资本集中于电器、电子、化学、机械等技术密集企业，除带来技术外，亦带动相关工业发展。华侨资本则多集中在纺织、水泥、面粉等传统民生工业，虽未引进新技术，但因有东南亚市场，仍可赚取外汇，积累资本。总之，侨资外资对台湾的工业化及出口扩张贡献甚大。

三、农业社会迈向工业社会

在进口替代发展策略下，台湾逐渐由农业社会迈入工业社会。以生产净值而言，1963 年起，工业产值比例超过农业产值比例。1966 年更是一个重要分水岭，该年起出口产品结构自农产品及农产加工产品为主，转变为劳动力密集型工业品为主。到 1967 年，台湾工业品占出口比例已经超过 60%。1968 年工业中制造业单项产值占 24.11%，第一次超过农业，台湾正式由农业经济跨入工业经济的门槛。以农业培植工业的策略，取得显著的成功。

当时台湾的若干工业产品已足够满足内部市场需要，且渐有剩余。为开拓市场，加速经济成长，20 世纪 60 年代以后工业发展重点乃以拓展外销为主。继 1960 年制定“奖励投资条例”之后，为了降低投资者的管理成本，以便吸引外来投资，台湾创设了加工出口区，成为台湾外向型经济的窗口。

1965 年 1 月，“加工出口区设置管理条例”公布施行。该条例要旨在于促进投资，发展外销，增加产品及劳务输出，进一步推动工业发展。此条例在台湾尚属初创，对于吸引外资，引进新技术，增加外汇收入，增加就业机会等，助益颇大。

1965年7月，高雄加工出口区正式动工兴建，并开始接受公司申请投资，很快吸引大批海内外企业投资，不足3年已超过原计划目标。于是，又于1968年在高雄楠梓设立了第二个加工出口区，1971年在台中县潭子乡设立了第三个加工出口区。加工出口区的相继设立，推动了台湾加工出口工业与外贸的迅速发展，成为台湾外向型经济发展的标志与缩影。台湾由此建立了以加工出口为主、以轻纺工业为核心的外向型经济体系，并实现了台湾经济的起飞。

加工出口工业的发展带来工业的高成长。自1960年到1973年，工业生产指数增加约7倍，平均每年工业增长率达17%。台湾的对外贸易也呈现长期持续成长态势，1971年开始出现贸易出超，从此就步入了长期贸易出超的新经济局面。

有“加工出口区之父”之称的李国鼎曾总结，加工区对台湾地区工业关联性的贡献：第一是工业需要进口之产品或零件，加工出口区内的产品如果合乎需要，可以特别准予内销，业者可节省运费，简化退税手续，甚至有助于其产品销售岛外；第二是加工出口区内以侨外资工厂占大多数，资金充裕，设备亦新，于生产制作过程中引进甚多技术与管理办法，各工业得以观摩后在技术上获得扩散作用。①

总之，20世纪五六十年代，台湾逐渐由农业社会迈向工业社会。工业化的结果使台湾社会发生很大的改变。

如加工出口区的设置增加许多就业机会，不仅吸引许多乡村的劳动力集中到都市，也鼓励妇女出外就业，改变了传统家庭男主外女主内的情形。

一项针对台中刘厝庄的田野调查显示，这个不过100多户人家的小村子，1971年以后，陆续出现20家小工厂，村里年轻的

① 李国鼎：《经验与信仰》，台北：资讯电脑杂志社，2001年，第65页。

女孩不再像母亲们那样煮饭、砍柴、养鸡鸭，而是到工厂上班。[1]

另外，许多开在小区里的小工厂，接下外国订单，却又人手不足，于是将一些加工性质的工作外包给附近的家庭主妇，尤其是集中式的军人、警察眷舍，让她们将工作带回自己家中做，既不需要厂房，又比较省工资。加上时任台湾省政府主席谢东闵提倡“家庭变工厂”，鼓励许多家庭接些加工品在家里制作，既可照顾家庭，又能赚些小钱贴补家用。妇女们带着小孩在自家的客厅里做着工厂委托的加工品，按件计酬，形成“全岛皆工厂、到处是工人”的现象，构成了台湾人民勤勉生产的画面及时代氛围。台湾各地的面貌，也因此快速改变，摩托车穿梭于城乡之间，连偏远的山区都有电力可用，电视机由黑白改为彩色画面，一般人的生活由艰苦转为甘甜。

台湾经济发展的过程也反映在当年的流行歌曲中。例如，《孤女的愿望》描写一位失去双亲的少女，从乡村到台北的工厂应征工作，不怕吃苦，只盼有一天能成家立业的心情，相当能表达当时台湾由农业社会转变成工业社会的景象；《省都的一信》描写主角到台北之后，写信劝告乡下老家的朋友快到台北来谋生；《田庄兄哥》叙述一位青年搭乘火车离开农村到台北的心情，也表露农村青年投身工业社会的心路历程。

当台湾经济逐渐由进口替代转向出口导向的经济，国际贸易兴旺起来，港口更加忙碌。在此时期的流行歌曲中，不乏与港口有关者，如《快乐的出航》《再会啊！港都》《快乐的行船人》等，通过收音机传播开来的旋律与唱词，也道出船员出海的心情。

---

[1] 天下编辑：《走过从前，回到未来》，台北：天下杂志，1988 年，第 45 页。

第四节　第二次进口替代时期（1973—1979）

一、应对两次全球石油危机

1973 年 10 月，第四次中东战争爆发，发生第一次全球石油危机，石油价格从 1973 年初每桶 2 美元，到 1974 年初上涨为 10.7 美元。油价疯狂上涨，使缺乏能源的台湾面临新的考验。

石油危机发生之前，台湾已经出现过高的货币供给率；石油危机爆发，造成有效需求扩张与油价狂涨。两者交互影响，使 1973 年至 1974 年的消费者物价指数年增长率，分别高达 8.2％与 47.5％，经济增长率则由两位数陡降至 1.2％，出现“停滞性膨胀”现象。

“中央银行”为求稳定物价，大幅提高存款利率，将重贴现率由 1972 年的 8.5％提高为 1973 年的 10.75％，1974 年再升为 13％，这是 1962 年以来的最高水平。也因为这项政策，一年期储蓄存款年息由 1973 年 7 月的 8.75％，到 1974 年上半年已调高到 15％。

1974 年 1 月 27 日，国民党当局实施“稳定当前经济措施方案”，该方案以蒋经国提出的必须巩固经济发展基础、必须保持财政健全、必须照顾大众生活利益、必须增进军公教人员福利四项原则为基础，拟强烈抑制需求，采用“一次涨足”的方式，大幅调整油、电等价格，降低预期心理。

因公用事业费率一次涨足，预期心理消失，兼以外销衰退，岛内需求减弱，以及实施调升利率的紧缩性金融措施，在各项对策一起出台下，1974 年下半年后，物价随即在高水平上稳定下来。物价回稳后，国民党当局即采取“十大建设”等促进经济复苏措施，经济迅速回升，在1975年至1978年间，难能可贵地达成稳定与成长的双重目标。

1979年发生第二次全球石油危机。有了处理第一次全球石油危机的经验，“中央银行”在1979年上半年，即开始提高利率水平以求稳定经济，这也使1980年至1981年间维持高的储蓄率与投资意愿成为可能。这两年储蓄率平均是31.8%，毛投资率是31.9%，实质平均经济增长率是6.5%，消费者物价指数则在1982年恢复稳定。

二、推动“十大建设”与“十二项建设”

1.“十大建设”

由于第三、四、五期四年经济建设计划成功，台湾当局继续规划第六期四年经济建设计划，实施期间为1973年至1976年，将经济增长率目标提高到9.5%。该计划实施的第一年，世界经济繁荣，台湾经济增长率高达12.8%，远超过计划目标。但1973年10月爆发石油危机后，实际状况与计划相差甚远，当局于是终止第六期经济建设计划，改实施以“十大建设”为主的六年计划。

1973年11月，为突破经济发展瓶颈，蒋经国于中国国民党十届四中全会上提出，自1974年至1979年，完成九项重大建设，包括：中山高速公路（亦称“南北高速公路”）、西部纵贯铁路电气化、北回铁路、台中港第一期工程、苏澳港第一期工程、桃园国际机场、高雄炼钢厂、高雄造船厂、石油化学工业。后又加入兴建中的核能发电厂，而形成了“十大建设”。实际上这些是纳入已规划推动的各项建设而形成的。如石油化学工业与核能发电厂于1968年启动，中山高速公路、台中港、高雄炼钢厂于1971年启动，高雄造船厂、北回铁路于1973年启动等。

“十大建设”是国民党当局退守台湾以来首次大规模的全面

性建设，每一个参与建设的人，都全身心地投入其中。罗裕昌曾在台湾省铁路局工作，由电务段长做到副局长，堪称台湾“铁路电气化之父”。其妻回忆他参与“十大建设”时说：“……凡是铁路所到之处，都是他的责任，他那衣物漱洗的随身包放在办公室，任何时间，一通电话，他就奔往高雄；再一通电话，奔往花莲。去几天，不知道。我们在丽水街的邻居陈德年先生，也是电机工程师，任局长五年内，从未在家过年，除夕夜他坐慢车沿线各站慰问回不了家的铁路员工。他的太太病重去世之前，正逢铁路电气化的重要关头，他必须到现场打气，不能整日陪在病榻前……”①

“十大建设”总投资达2580亿元新台币，投资支出的高峰为1975年至1976年，刚好弥补不景气时期民间投资的锐减，对促进台湾经济复苏有很大的贡献。

1976年至1978年台湾经济增长率分别是13.9%、10.2%，13.6%，其中“十大建设”的贡献比率，分别占2.6%、1.3%、1.2%。到1978年，重工业产值在制造业中的比重达58%。1979年，工业产品出口比例突破90%。对外贸易额突破300亿美元，跃居世界第21位，初步确立了台湾经济的实力与地位。

“十大建设”对台湾经济的重要性，不只是在新颖前瞻的规划，更重要的是将台湾经济提升至更高的关键地位，尤其是联络全台的交通建设，如南北高速公路、铁路电气化、北回铁路，均改善了内陆交通运输，台中港、苏澳港及桃园国际机场，则是对海空交通运输的扩充，再加上核能发电厂增加电力供应，这些项目既是基础建设，亦为台湾工业升级、经济发展工作准备了必要条件。

---

① 齐邦媛：《巨流河》，台北：天下远见出版社股份有限公司，2009年，第318、338页。

2. “十二项建设”

“十大建设”推动期间，蒋经国为使建设陆续完成后，人力、器材等能有效再利用，进一步规划了“十二项建设”计划。

1978年，“十二项建设”计划开始实施，总投资4000亿元新台币，1984年完成，历时6年。其中交通类5项、农业建设类3项、工业建设类2项、社会文化建设类2项，包括：完成台湾环岛铁路网；新建东西横贯公路3条；延长高速公路至屏东；扩建中钢公司第二期工程；继续兴建核能发电第二厂、第三厂；完成台中港第二、三期工程；开发新市镇，广建公有住宅；加速改善重要农田排水系统；修建台湾西岸海堤工程及全台重要河堤工程；拓建由屏东至鹅銮鼻道路为四线高级公路；设置农业机械化基金，促进农业全面机械化；建立每一县市文化中心等。但这些建设并没有从根本上解决台湾经济存在的问题，且这些计划项目多工期长，留下不少“尾巴”。1984年9月21日，台湾当局被迫开始“十四项建设”，其中不少就是“十大建设”和“十二项建设”的后续工程。①

三、进行大规模公共投资

20世纪70年代，台湾省公共投资平均年增长率为26.7%。由于大多使用本省人工及物资，有助于提高经济增长率。此外，投资公共建设亦有助于改善投资环境，并利用公共建设所需人力、物力，来帮助降低失业率。

1. 铁路

台湾铁路建设最早可追溯到清代刘铭传巡台时期，刘铭传于1885年至1891年出任台湾建省后的首任巡抚。1887年，他奏请

① 田珏、傅玉能主编：《台湾史纲要》（修订本），福州：福建人民出版社，2012年，第372页。

成立“全台铁路商务总局”，成为台湾铁路建设的发端。刘铭传聘请英国人马迪逊等统筹兴建台北至鸡笼、台北经竹堑往台南的两条路线，也因此被尊称为“台湾铁路之父”。光复后30余年，铁路一直是岛内客货运的主流。纵贯线的复线计划是光复后铁路发展的重点。至1970年，除竹南至彰化的山线及海线仍为单线外，余均已完成复线工程。

由于台湾铁路东西线并不连贯，东部的丰富资源未能有效开发，乃于1973年开始建构环岛铁路网。苏澳至花莲全长88公里的北回铁路工程，于1979年底完成通车。1977年规划屏东枋寮至台东卑南的南回铁路，全长98.2公里，于1980年动工，1991年12月完工通车。环岛铁路计划终于完成。为提高行车速度，提升服务质量，1975年7月西线铁路电气化工程动工，1979年6月全线完工，对于提高铁路运输效能，产生莫大效益。

2. 公路

1951年至1965年间，台湾公路系统因美援资助而有部分改善，包括中部东西横贯公路、台北至基隆的麦克阿瑟公路、西螺大桥及西部干线柏油工程。但因经费筹措困难，始终无法全面改善，到1971年以后，台湾公路才开始逐渐现代化。1952年全岛公路总里程数为1.56万公里，至1982年，公路里程数为1.76万公里，其中高级路面为1.29万公里，石子路面及土路逐渐减少。

随着经济的发展，台湾纵贯南北的“台湾一号”公路（简称“台一线”），自20世纪60年代开始日益拥堵。1971年开始兴建“国道一号”高速公路，全长373公里，1978年10月全线完工通车。

自“国道一号”高速公路通车后，台湾私有车辆逐年增加，没过多久，该线亦日渐饱和。1983年，当局提出“北部城域网系统初步研究”，规划“北二高计划”。1987年“北二高”动工。经过数年的兴建，“北二高”于 1993 年至 1997 年间陆续分段通车，“二高后续计划”主线亦于 1999 年起陆续通车。2004 年 1 月 11 日，全线通车。

3. 国际港埠

基隆、高雄及花莲港在第二次世界大战中遭受严重破坏，光复初期进行修复，至 1952 年均恢复旧观。为应付日渐增加的进出口货物量，1958 年，高雄港开始进行 12 年扩建计划，1970 年完成。另开辟高雄港第二港口，1968 年动工，1975 年完成。

基隆港于 1954 年 5 月开始分三期兴建，1972 年完成。1975 年实施“四年改善计划”，增加码头，提高运量。因基隆港地形限制，扩建不易，乃于 1969 年决定在台中兴建新港，1973 年动工，1976 年第一期工程完成，1979 年第二期工程完成。花莲港为 1959 年配合东部开发而扩建，至 1991 年共进行了四期扩建。

“十大建设”之一的苏澳港，于 1974 年动工，1983 年完成。台北港原为淡水港，1993 年，第一期工程开工，1998 年 12 月完工。1995 年，台湾当局将淡水港发展定位为基隆国际商港之辅助港。1999 年，“淡水港整体规划及未来发展计划”及第二期工程第一个五年计划开始实施，并更名为台北港。2002 年，台北港第二期工程第二个五年计划核定实施。2007 年，又开始实施基隆港、台北港、苏澳港“整体规划及未来发展计划”。

4. 国际机场

台北原有的机场为日本殖民统治时期开辟的松山机场，但发展至 20 世纪 70 年代时，因地形限制，无法扩建，乃于桃园县大园乡兴建新机场，并将其列入“十大建设”的重要项目之一，于 1979 年 2 月启用。2000 年 7 月 29 日，增建的第二航站楼亦正式启用。

5. 电力建设

20 世纪 60 年代中期以后，台湾工业迅速起飞，用电量剧增，台湾电力公司于是开发大容量高效率的火力发电机。1974 年，装机容量达 435.8 万千瓦，为 1965 年的 3.7 倍。

20 世纪 70 年代，为应对石油危机后的能源使用，台湾采取“发电来源多元化”政策。一方面，发展核能发电，至 1985 年先后建成 3 座核能发电厂，装机容量达 514.4 万千瓦；另一方面，继续引进大容量高效率火力机组，并将若干燃油机组改为燃煤，大幅减少对燃油的需求。至 1985 年，装机容量达 1597 万千瓦，为 1974 年的 3.7 倍；发电量 525.6 亿千瓦时，为 1974 年的 2.6 倍。

总而言之，光复后台湾经济政策经历了 20 世纪 50 年代的进口替代政策、60 年代的出口导向政策到 70 年代以出口扩张为主政策的变化，基本方向是由统制化逐渐朝向自由化迈进。在面对台湾自身环境改变，以及随着国际经济局势变化对台湾经济影响日益加深的过程中，民营企业发挥了关键性作用，成了推动台湾经济成长的重要角色，不但创造巨大的财富，同时逐步改造台湾的产业结构，使台湾由农商经济蜕变为现代化工商经济，并缔造了“台湾经济奇迹”。

第四章

蒋经国时期的新政

第一节　蒋经国时期的政治

一、反对分离势力

作为蒋介石的嫡长子，蒋经国的成长经历使他迥异于其极具权威性的父亲。他曾留学苏联，被下放劳改，这使他成为深谙民间疾苦的平民式领导。从 1949 年国民党败退台湾，到 1969 年蒋经国出任台湾行政管理机构副负责人，这 20 年的“前蒋经国时期”里，他在台湾政坛上，始终位处幕后统筹，处理巩固领导核心安全方面的有关事务，进而成为台湾情治系统的领导人物。

即便是“老蒋”当家，某些领域也是“小蒋”在掌舵。这期间，以蒋经国为首的特务系统是落实国民党威权统治的保障。

1949 年 8 月成立的“政治行动委员会”实际由蒋经国管辖，包括“安全局”“救国团”“政工干校”“政战总部”等单位，权责是统一所有情报特务工作。

1950 年 3 月，蒋介石设立了“机要室资料组”，亦由蒋经国担任主任。虽然在组织编制上，这只是一个“组”，但该组由蒋经国直接领导，他的长条戳章对任何情治单位而言，威力比蒋介石的官印还要大，没有人敢违抗“资料组”。任何呈报给蒋介石的情报均由该单位先行过滤，各特务机关的人事任用亦必须向该单位报备或申请核准。[①] 而此时，“保安副总司令”彭孟缉受命组织“台湾情报工作委员会”，由于彭孟缉为蒋经国在“政治行动委员会”的部属，“台湾情报工作委员会”自然也成为蒋经国的下层机构，两个机构相通，特务与情报工作自然趋向一元化。

1954 年，国民党当局取消了“机要室资料组”与“台湾情报工作委员会”这两个单位，其职权由新设立的“国防会议”取代。各特务单位与相关部门首长都须接受其督导，有“太上内阁”之称，实权就是由挂名该会副秘书长的蒋经国掌握。该会之下设有所谓“国家安全局”，日后改名为“国家安全会议”。

在以蒋经国为领导的情治系统的严密控制下，一些非国民党的党外人士遭到安全人员的密切监视。言行逾越尺度或彼此合作，就会接到安全人员的警告；如果还不知收敛，则有可能在未经起诉或大众不知情的情况下被抓起来。

1958 年，恢复成立“台湾省警备总司令部”，接管原“保安司令部”等单位所负责的戒严、警备、出入境管理、文化检查、邮件检查、军法审判等业务。这既是在政战系统管辖的军事单位，又是特务单位，听命于蒋经国。后来，蒋经国更是接掌台湾

---

① 高明辉口述，范立达整理：《情治档案——一个老调查员的自述》，台北：商周文化事业股份有限公司，1995 年，第 134 页。

地区防务部门、“退除役官兵辅导委员会”等行政部门，集军政、党务、特务等权于一身。

国民党内部改造最主要的结果就是赋予蒋经国党、政、军、警等大权。通过种种安排，蒋介石顺利收回管理特务的权力，并托付给自己最信任的儿子。蒋经国掌握政权后，对分离势力予以镇压，一方面巩固威权统治，另一方面为其及早掌握重权做好铺垫。20 世纪 60 年代，国民党政权结构逐渐改变，蒋介石与国民党上一代人物年岁已大，蒋经国随侍其父，逐渐从政治舞台的幕后走向核心，掌握大权，并频频出访，接班人形象已然塑造。

哈佛大学教授陶涵如此形容早期的蒋经国：“蒋经国其实并不是残暴的人，他还颇具同情心。然而，他和友人认为为了保存政权完整，进而确保中国统一，有必要实施‘白色恐怖’。”① 在当时的国际关系和两岸关系的大环境下，从蒋经国的政治观点思考，岛内面临严重的被颠覆的威胁，因此，采取威权统治有其必然性。更有论者称，若台湾当局不把潜在的抗拒镇压下去，一定会出现煽动台湾民众起来抓权的声浪，而随着声势高涨，在随之而来的动乱中，国民党当局中的外省籍军人及党内强硬右派就会接管，事态发展难以预料。

二、防止政治动荡

蒋介石与蒋经国认为国民党失掉大陆的原因之一是“教育的失败”，是国民党推行党化教育不力。因此，20 世纪 50 年代初，国民党改造开始进行不久，便迅速在各大专院校重新建立国民党组织。然而效果并不理想，在规定的 18 岁以上的大专学生中，自愿加入者为数寥寥，仅靠党的组织不可能有效地控制全部学

---

① （美）陶涵著，林添贵译：《蒋经国传》，北京：华文出版社，2010 年，第 184 页。

生。因此，蒋氏父子决心建立一个范围更广泛的青年组织以弥补党组织之不足。同时，蒋经国一向把青年工作视为自己的专职，能建立一个新的青年组织，也有利于他进一步扩充实力。

1950 年 4 月 27 日，国民党成立“中国青年反共抗俄联合会”（简称“青联会”）。1952 年，基于“反共复国”之需要而成立的“中国青年反共救国团”（简称“救国团”）正式运作，这是中国国民党中组织及动员青年的团体，蒋经国担任团部主任的时间长达 20 年。

“救国团”的组织网络遍及台湾岛内各个角落，主要在各高中以上校园推动政治与军事训练，实施反动思想教育，加强“反共抗俄”的决心和意志。同时，利用假期开设名目五花八门的“战训队”，对学生进行军事技能的训练，培养学生的纪律观念和适应战时生活的能力。该团成立后，其地位和权势随着蒋经国政治地位的节节高涨而不断上升。综观“救国团”成立之目的，无非是要针对岛内青年及学子进行思想改造，这也是蒋经国在国民党退迁台湾初期，为防止社会动荡所采取的必要措施。

由于大陆时期的国民党军队存在着派系林立、贪污腐败、官兵素质差等弊端，在国民党于台湾改造党务和筹组团务的同时，亦开始对军队进行整顿。而整军建军的关键步骤是重建在大陆黄埔建军时即采取而后中止的军队政工制度。

1951 年，蒋经国在台北设立政工干校（后改名为“政治作战学校”），政工干校毕业生获颁等同于大学或军事院校的学位，毕业后分配到部队担任政治指导员，他们的主要任务是侦查官兵是否不忠或涉及颠覆活动，并纠举贪渎、滥权行为。

“政治作战”对内由这些所谓的政治指导员（后改称“辅导员”或“政战干事”）负责，并为单位里每位军官建立一份政治考核报告。对外则设立心理作战的特别部门，争取大陆人员赴台。此外，还提供部队福利及眷舍、眷属照顾服务等。1957 年，陆海空三军就有超过 17000 名政工人员，以当时约 60 万名军人计算，平均每 35 人就有一人是政工人员。①

另一方面，蒋经国着力改变军队的归属。数十年的内战，国民党将领拥兵自重，在蒋经国执掌军权的时代，军队逐渐从国民党手中转移到台湾地方政府手中。后实行普遍征兵制，征来的青年经过军训组成军队的基层，将领不能再拥有军权。蒋经国统一情治单位，成立安全系统下辖的“调查局”和“军情局”，经过种种改革，掌握了主导权，同时也使军队和情治机关归属当局，而不再属于领袖或政党。

三、厉行政治革新

1963 年底，严家淦“组阁”，蒋经国受邀担任“政务委员”，正式参与国民党当局行政决策工作。1965 年，蒋经国接任台湾地区防务部门负责人，开始享有实际的行政职权。1969 年，在严家淦安排下，蒋经国任“经济合作发展委员会”主任委员，成为财经决策的主导人物。同年，蒋经国出任行政管理机构副负责人，仍兼“经济合作发展委员会”主任委员，后来在台湾经济发展上的要角如李国鼎、张继正、孙运璇、费骅等，纷纷在他的甄拔下脱颖而出。

20 世纪 70 年代初期，年逾八旬的蒋介石已不过问政事，蒋经国成为实际上的最高权力核心。1972 年 6 月 1 日，蒋经国正式就任台湾地区行政管理机构负责人。两个月后，蒋介石住进荣民总医院疗养，放手让蒋经国全权处理政务大事。此意味着“蒋经国时代”正式来临。蒋介石逝世，其权力顺利地转移给蒋经国，虽然在名义上的国民党当局领导人由严家淦继任，蒋经国仍被视

① （美）陶涵著，林添贵译：《蒋经国传》，北京：华文出版社，2010 年，第 185—186 页。

为拥有最高决策权力者，并得到拥护。

当蒋经国登上台湾政治舞台中心之际，第一次全球石油危机导致国际经济面临极大困难，加上台湾在国际政治舞台上的地位开始动摇，台湾当局必须直面这些来自国际政治与经济的挑战。长期掌握情治系统并深入民间的蒋经国认识到，国民党要在台湾生存发展，必须立即改变其人才甄选政策，实行“本土化政策”，加速精英整合，以强化统治的正当性。

所谓“本土化”有两层含义。广义而言是指在政治、经济、社会各层面建设要根植台湾，即政策台湾化；狭义而言，是指重要的党政部门增加台籍人士比例，即人事台籍化。[①] 蒋经国主政后，考虑到政权在台湾的延续，占台湾人口85%的台籍人士的人心是一个关键，于是大力推行“以台治台”“扎根台湾”的“本土化政策”，即所谓“向下扎根、向上发展”。蒋经国在“革新保台”的理念指导下，将成长于台湾的新生代政治精英纳入国民党的领导层。这批精英的共同特点是：大都是50岁以下，拥有高学历，具备专业知识技术的专家学者。时人评论认为“新阁不但阵容新，气象新，活力也新，平均年龄六十一点八岁。”[②]

蒋经国掌权后，开始大量甄选台湾省籍人士进入中央常委会及中央党部。蒋经国首先在人事上大幅增加台湾省籍“阁员”的比例，如台湾行政管理机构副负责人徐庆钟、内政部门负责人林金生、交通部门负责人高玉树、台湾省主席谢东闵、台北市市长张丰绪和政务委员连震东、李连春、李登辉等人均为台湾省籍。这是“内阁”中首次出现这么多台湾省籍人士，也是第一次出现台湾省籍行政管理机构副负责人。1975年4月，蒋介石逝世后，

① 孙代尧：《台湾威权体制及其转型研究》，北京：中国社会科学出版社，2003年，第211页。

② 李炳南：《蒋经国与台湾的民主化——以本土化政策为例》，收入《蒋经国先生与台湾民主发展》，台北：“中华民国团结自强协会”，2008年，第2页。

蒋经国以中国国民党主席的身份发挥决策权力。次年，蒋经国于国民党的中央委员会议中，进一步大幅度增加台湾省籍中央常委的比例。

1978年3月底，蒋经国成为台湾地区领导人，同时也选择了一位台湾省籍政治精英谢东闵作为副手，这一事件显示的政治意义引起海内外重视。同年6月，由孙运璇所组织的新“内阁”中，台湾省籍比例进一步增加。1979年12月，国民党十一届四中全会产生的中央常委也发生结构性改变，台湾省籍中央常委占了三分之一。1984年2月，蒋经国提名年轻一辈的台湾省籍学者李登辉竞选台湾地区副领导人。当年6月，俞国华“内阁”中，汇集了更多的台湾省籍精英担任“阁员”，比例上升到36%，一向由大陆人士担任的法务部门负责人，也由台湾省籍学者施启扬出任。

根据统计，自蒋经国担任台湾地区行政管理机构负责人以后，无论是“内阁”还是国民党中央常务委员会的台湾省籍人士的比例均在不断上升。到1987年为止，“内阁”的台湾省籍“阁员”所占比例为40%，中央常务委员会的台湾省籍中央常委比例为48%，比例分配上已显示出台湾政治精英日趋整合的事实。[①]

除了在人事任用上实行“本土化、专业化与年轻化”政策，蒋经国也力扫“官场歪风”，标榜廉能政治。他提出“十项革新要求”“八点政治和社会革新计划”“行政机关推行四大公开实施纲领”等方案，提出各级政府均应停止建筑办公房舍、各种公共工程不举行任何典礼仪式、到海外考察的必须是具备专业知识的官员、禁止公款吃请、行政官员不得进出娱乐场所、不设宴招待宾客、谢绝应酬、婚丧不铺张浪费等等。

---

① 曾淑芬：《中国国民党党务菁英的流动》，《成功大学社会科学学报》创刊号，1989年，第181页。

此外，更进一步制定“贪污治罪条例”，规定公务员违反此条例者，最高可处死刑，凡依该条例送法办而为法院确认有罪者，永不录用。蒋经国雷厉风行取缔贪污，并于“调查局”下设置“贪污及经济犯罪防治中心”，查处的重大贪污案涉案人员包括：时任行政管理机构“政务委员”兼“中央银行”总裁徐柏园、“人事行政局”局长王正谊、高雄市市长杨金虎等。

肃贪行动力度最大的是 1980 年，据统计，当年 1 月至 6 月，“贪污及经济犯罪防治中心”共侦办贪渎案件 58 件，罪犯 151 人。各地方法院“肃贪专案”共办理了贪渎案件 194 件，被告 397 人。同时，有 11 名地政官员因贪污分别被判重刑——4 人死刑，6 人无期徒刑，1 人 15 年有期徒刑。[①] 这是该中心成立以来，贪污案判刑最重的一次，也显示蒋经国欲肃清贪污、澄清吏治的决心，而蒋经国担任台湾地区行政管理机构负责人期间，确实也是国民党退守台湾后吏治最清明的时段。

四、20 世纪七八十年代的政治冲击

1971 年 10 月 25 日，台湾当局退出联合国，中华人民共和国政府取而代之。随后，美国也改变对台政策。出于全球战略考量，尼克松总统于 1972 年 2 月 21 日正式访问北京。2 月 28 日，中美两国领导人在上海签署了《联合公报》(即《上海公报》)。

中美两国表示：“两国关系的正常化，不但对两国人民有利，而且对亚洲及世界紧张的局势有所助益。”3 天后，美国助理国务卿格林到台湾，说明美国信守对盟友的条约是美国长久以来的外交政策，并表示美国奖励其企业到台湾投资，美国进出口银行将继续给予台湾大量融资，以扩大美国在台湾的银行业务。6 月 5

---

① 颜文闩、吴添福：《澄清吏治　政府显示决心　行政司法　分采具体行动》，《联合报》，1980 年 10 月 22 日第 3 版。

日，美国参议院外交委员会通过“对台军事援助案”。这意味美国虽一方面想与中华人民共和国建立正常关系，但另一方面也不想放弃台湾的战略地位。

1973 年 2 月，基辛格与周恩来达成协议，互设联络办事处，北京驻华盛顿联络处人员享有外交豁免权。同年 11 月 14 日，基辛格与周恩来发表公报，声明中华人民共和国与美国的关系欲正常化，只有在确认一个中国原则的基础上才能实现。

1974 年 10 月 25 日，福特总统签署了国会通过的一项法案，即《终止总统使用美军保卫台湾和澎湖列岛的权力》。这项法案废除了美国国会 1955 年 1 月所通过的“台湾决议案”。1975 年 5 月，美国驻台的最后一批总计 18 架 F-4 鬼怪式战斗机和 450 名地勤人员全部撤离。①

福特于 1975 年 12 月访问北京，并向邓小平允诺，若竞选连任，将以“日本模式”解决台湾问题，也就是说和台湾当局“断交”，但仍维持非官方接触，保持实质的经贸关系。隔年，福特落选，民主党的卡特当选美国总统，仍继续执行尼克松时代与中国关系正常化的政策。卡特认为，台湾问题是美国与中国关系正常化时必须解决的首要问题。1977 年卡特在一次演讲中提到，美国今后要化干戈为玉帛，美国和中国的关系是美国全球政策的重要因素。

1978 年 4 月 27 日，阿富汗发生“四月革命”，达乌德政府被推翻，苏联扶持阿富汗亲苏政权。苏联的扩张使美国大受威胁。当年春夏之际，美国与中国的建交工作已在秘密进行。5 月 20 日，卡特派国家安全顾问布热津斯基访问北京；12 月 13 日，邓小平接见美国驻北京联络处主任伍德科克，表示接受美国方面关

---

① 何海兵主编：《台湾六十年》，上海：上海人民出版社，2009 年，第 263 页。

于希望和平解决台湾问题、与台湾当局“断交”后保持非官方关系的设想。12 月 16 日，中美建交联合公报发表，宣布中国和美国将于 1979 年 1 月 1 日建立外交关系。

1978 年 12 月 27 日，赴台协商的美国副国务卿克里斯托弗一行抵达台北，由于美国方面坚持与台湾之间只能维持非官方关系，双方的会谈未能达成协议。

为弥补台湾当局与美国“断交”所造成的严重裂痕，国民党当局委托美国参议员贝利·高华德提出“与台湾关系法”。

美国与中华人民共和国建交时，在对台军售问题上因未能达成共识而搁置，因此有关美国对台湾当局出售武器一事，一直是中美关系中的敏感问题。1980 年，里根当选美国总统，他倾向于将军售作为外交政策工具，放宽对外军售的多项限制。1981 年 12 月 4 日，中美双方就对台军售问题，在北京经历了漫长的谈判过程。随后双方于 1982 年 8 月 15 日达成协议，并于 8 月 17 日共同发表了《中华人民共和国与美利坚合众国联合公报》（即中美《八一七公报》）。该公报共 9 条，主要针对美国对台军售问题进行明确说明。

在公报中，中国政府重申：“台湾问题是中国的内政。”美国政府重申：“它无意侵犯中国的主权和领土完整，无意干涉中国的内政，也无意执行‘两个中国’和‘一中一台’的政策。”美国政府进一步声明：“它不寻求执行一项长期向台湾地区出售武器的政策，它向台湾出售的武器在性能与数量上将不超过中美建交后近几年来供应的水平。它准备逐步减少它对台湾的武器出售，并经过一段时间直至最后的解决。”① 至此，有关美国对台军售问题的谈判告一段落。

---

① 黄庆、王巧荣主编：《中华人民共和国外交史（1949—2012）》，北京：当代中国出版社，2016 年，第 182—183 页。

1983 年 7 月，美国宣布向台湾当局出售价值 5.3 亿美元的武器，中国驻美大使章文晋奉命向美国国务院提出强烈抗议。11 月 15 日，美国国会参议院外交委员会通过了所谓"台湾前途决议案"，宣称：台湾的前途问题应该和平解决，其方式应为台湾人民所能接受，并符合国会通过的法律和美国与中华人民共和国之间达成的公报。[①] 1984 年 3 月 2 日，美国政府宣布，1985 年美国计划向台湾地区出售价值总额高达 7.6 亿美元的武器。[②]

进入 20 世纪七八十年代，台湾面临岛内外新一轮困局。党外要求民主势力正盛，对国民党当局造成极大的挑战，1979 年的中美建交及岛内一连串事件，给台湾当局以接二连三的打击与挑战。国际上民主化潮流的冲击以及大陆对台政策的调整，也使国民党当局不得不考虑应变之策。

第二节　蒋经国时期的经济改革

一、"十年经济建设计划"（1980—1989）

蒋经国掌权时正是台湾多事之秋。经济方面，1971 年 8 月 15 日，尼克松宣布美元不再兑换黄金，二战末期以来以美元为基础的固定汇率制瓦解，改为浮动汇率制，一时国际金融秩序紊乱，从而导致全球性通货膨胀。1973 年爆发第一次全球石油危机，更造成全球性的经济不景气，台湾当然也无法幸免。面对这些困难与挑战，蒋经国全力稳定物价，推动"十大建设"，使台

---

① 陶文钊：《中美关系史》（下卷），上海：上海人民出版社，2004 年，第 158—159 页。

② 何海兵主编：《台湾六十年》，上海：上海人民出版社，2009 年，第 270 页。

湾经济转危为安。

1978 年，蒋经国任台湾地区领导人后，主要的经济建设成果包括：应对第二次石油危机，成立新竹科学园区，推动经济自由化、国际化、制度化，实施“十四项建设”。其中，1980 年是台湾经济发展又一个关键年份。这一年起，台湾开始执行“十年经济建设计划”（1980—1989），提出策略性工业的概念，对后来台湾产业发展影响深远。

为应对第二次石油危机对产业和经济的冲击，国民党当局于 1980 年 3 月推出“十年经济建设计划”，积极发展机械、信息、电子等附加价值高、能源密集度较低的技术密集工业，并明确将此类工业划为策略性工业，除代替进口供应岛内需要外，还以外销为主。至于石化、钢铁、炼铝等能源密集工业，发展目标以充裕供应岛内工业之需要为重点。对传统性劳动力密集工业，则促进其改善生产技术及经营管理，提高劳动生产率及产品质量，以促进工业的全面升级。

为支持策略性工业发展，台湾成立“中国输出入银行”，协助机械及资本输出，并改组台湾交通银行为开发银行，配合开发基金的运用，对策略性工业及重要生产事业，提供长期低利率融资及参与投资服务。同时，1980 年再度修订“奖励投资条例”，使策略性工业的保留盈余从实收资本额的 1 倍提高为 2 倍，并对技术密集工业及主要出口工业投资给予 10％至 15％的投资抵减。

当时，台湾工资已开始上升，地价飙涨，业界面临转型与升级的压力，于是台湾进入高科技产业发展期，一方面发展高科技产业，另一方面中小企业开始向外投资，先是实行“南进政策”，向东南亚投资。1987 年开放民间赴大陆探亲后，台商转向大陆投资，两岸经贸快速发展，使大陆成为台湾最大的出口市场，取代美国的地位。

二、“十四项建设”（1984—1989）

1984 年，台湾地区行政管理机构负责人俞国华决定推动以民生建设为主的“十四项重要建设计划”，预计在 6 年内投入经费 7500 亿元新台币，其中由台湾当局投资 3000 亿元，其余由有关部门自筹及向外国借款。

“十四项建设”的目标，在于使台湾发展成为西太平洋金融中心、交通转运中心及科技重镇。其内容包括“中国钢铁公司”第三阶段扩建计划、电力发展计划、油气能源计划、电信现代化计划、铁路扩展计划、公路扩展计划、台北市铁路地下化计划、台北大都会捷运系统计划、防洪排水计划、水资源开发计划、自然生态保护及国民旅游计划、都市垃圾处理计划、医疗保健计划、基层建设计划，其中部分计划又细分若干子项目，故计划总数超过 30 个。

十四项建设着重公共建设和软件建设，并包括社会福利措施，其中唯有第四核能发电厂因政策考虑而暂时缓建，其余如台北市捷运等，皆有成果，从而奠定台湾经济的稳固基础。

三、产业升级

1979 年，第二次全球石油危机爆发，台湾不得不再次调整经济发展战略。1981 年 12 月召开的经济会议明确选定信息电子与机械为策略性工业，选择的标准有六，包括技术层次高、附加价值高、能源密集度低、污染程度低、产业关联效果大、市场潜力大。此即所谓的“二高、二低、二大”原则。其中，信息工业包括计算机软件、微电脑及接口设备、数字通信及其他相关电子工业，机械工业包括一般机械、电机、精密与自动化设备及运输工具。

机械工业是传统产业，经过长期发展日益进入科技产业领域，信息工业则是自20世纪70年代中期以来台湾悉心培养的产业。根据“二高、二低、二大”原则，1982年成立的“策略性工业审议委员会”，选定152项优先发展的产品项目，并提出“奖励投资条例”修正案，对技术密集工业投资给予10%至15%的投资抵减优惠待遇。配合产业升级的需要、策略性产业的发展，台湾先于1980年设立新竹科学园区，提供产业群聚空间，并设立“信息工业策进会”和工业技术研究院，成立电子研究所。之后又于1982年成立材料工业研究所及机械工业研究所，积极发展集成电路、新材料和自动化设备。

有“台湾硅谷”之称的新竹科学园区，在1979年先成立筹备处，1980年12月15日正式揭幕。在园区前10年的开发期中，民间认知有限，厂商进驻意愿不高，后来加工出口区也进入科学园区，同时引进创投。李国鼎找台湾交通银行董事长谢森中一起推动，由台湾地区行政管理机构“开发基金”拿出5亿元，交通银行提供3亿元，成立8亿元的“投资创投基金”，后来，新竹科学园区厂商大多获得创投协助，包括：联电、华邦、旺宏、茂硅均有创投参与。从开辟加工出口区到建立新竹科学园区，反映了台湾产业结构正在由劳动密集型向技术密集型转变。

新竹科学园区邻近工业技术研究院及以理工著称的台湾清华大学与台湾交通大学，可提供研发与人才的支持，且众多科技厂商在园区形成群聚效应，享有“外部经济”效益，有助竞争力提升，新竹科学园区终成目前全世界最高效的园区之一。在科技发展方案及相关政策的支持与配合下，策略性工业蓬勃发展，特别是信息工业，至20世纪90年代已成为台湾产业的主流，也使台湾成为美国在亚洲高科技方面新兴的竞争者。

到1993年，新竹科学园区已有150家厂商，营业额约1300亿元新台币，已逾当年台湾生产总值的2%。2000年以后，台中科学园区及台南科学园区相继开设，科学园区自此开始扮演台湾高科技产业及经济领头羊的角色。到 2010 年，包含台中、台南科学园区在内，营业额达 1.18 万亿元新台币，占台湾制造业销售值的 9.3%，就业人数约 14 万人。

新竹科学园区中约有一半的公司与工研院建立了技术合作关系，如合作开发、技术转移等。台湾大学、台湾清华大学、台湾交通大学、成功大学等，对园区之技术开发、人才培育均有贡献，成为产学合作的典范。园区内设有许多研究机构，这些研究机构皆与园区厂商密切合作，进行研发工作。返台的学人也在园区发展中扮演着举足轻重的角色，重视研究发展也成为园区的重要特色之一。

产业结构升级后，台湾信息工业发展顺利，成绩斐然，台湾生产的计算机主板及汽车内计算机控制系统，几乎占了全球大部分市场。

台湾当局经济决策单位原计划将产业结构升级到更高层次的纳米工业、光学产品和生物技术产品等高新产业，然而在蒋经国去世、孙运璇中风后，到了李登辉时代却未继续推动，且愈来愈倾向于替世界各处的信息硬件代工，没有进一步发展自己的创新产品。至此，台湾的产业停留在“高原”上，只能凭借生产实力和大陆的市场配套。在与大陆经济互动之际，台湾在整体经济结构上，开始依赖大陆的企业。①

四、经济自由化与全球化

蒋经国时代经济表现固然亮丽，但学者邢慕寰却指出，蒋经国当政期间的经济政策，有明显的“填鸭式”作风，而且，由于政策的支持，台湾企业能够享受高额的出口补贴，无法使台湾企

---

① 许倬云：《许倬云说历史：台湾四百年》，杭州：浙江人民出版社，2013 年，第 120—121 页。

业的竞争力被真正培养起来。

事实上，过去那些进口替代与出口扩张政策都有很浓厚的保护色彩。这种长期反自由化的措施引发美国的极度反感，并对台湾施以前所未有的压力。20 世纪 80 年代中期，在美国的贸易保护主义压力下，新台币开始被迫大幅升值，接着工资迅速上涨，土地价格飙升，台湾经济发展环境发生重要变化。在这种背景下，台湾经济发展模式进行了新的调整。

1986 年 3 月，国民党十二届三中全会正式通过“自由化、国际化与制度化”的经济发展战略，其核心是开放市场，减少干预，实现经济自由化，于是台湾开始走向了更加开放的自由经济体系。随后，台湾当局又进行了一系列的经济改革，主要包括解除外汇管制，逐渐实行利率自由化，在美国压力下逐步开放内部市场，大幅降低进口关税与减少非关税壁垒，推动公营企业民营化，开放民营银行的设立，等等。这些改革措施旨在鼓励自由竞争、健全市场调节机制，减少不必要的行政干预，以达到充分发挥市场机能、合理配置资源、提高经济竞争力与效率之目的。

然而，经济大环境的变化为台湾经济发展带来了新的困难。夕阳产业或传统产业在生产成本迅速上升的背景下，生存困难，被迫外移。于是 20 世纪 80 年代后期起，台湾传统产业迅速向祖国大陆及东南亚转移。从此时起，对外投资成为台湾经济发展的一大趋势与特征。

传统产业的外移，为岛内高科技产业的发展提供了空间，产业升级速度加快，第三产业发展迅速，台湾经济也得以迅速转型。2000 年后，第三产业产值已占了地区生产总值的 65％以上，成为台湾经济的主体。在制造业内部，以信息、半导体产业为主的高科技产业则成为台湾支柱产业，技术密集型产品也成为新的出口主力。

20 世纪 80 年代中期起，台湾当局加速推动经济的自由化与国际化，带动台湾需求持续大幅增加，并使需求结构相应调整。在此种转变过程中，不仅严重失衡的总体经济获得明显改善，消费者经济福祉增进，而且通过引导，台湾产业进一步升级，重新建立具竞争优势的新产业体系，使台湾继续维持经济的稳定成长。

台湾的经济发展，走过20世纪50年代的进口替代、60年代与70年代的出口扩张，到了80年代之后，开始发展高科技工业，工业产品朝资本密集型、技术密集型产品转化。从过去台湾历史特性来看，浓厚活泼的海洋文化性格始终显现，尽管仍然处于戒严时代，但台商的足迹已遍布全球各地。

第三节　党外势力的发展

一、党外杂志

在蒋经国大量起用台湾省籍青年才俊之余，台湾省籍人士也逐渐在反对运动中取得主导权。20世纪70年代初期，台湾省籍地方反对势力在雷震被捕后逐渐联结呼应，形成一股势力。由于国民党当局不许组织反对党，他们即以“无党无派”自居。媒体多以“党外”称之，久而久之，他们也以“党外”自许。这些党外人士，如郭国基、许世贤、黄信介等人，原具国民党党籍，因种种原因退党。其他如张俊雄和许信良，更曾被选入国民党中央党部服务，一度是国民党“本土化、专业化与年轻化”的用人政策下重点栽培的对象。

在解除戒严前，台湾的反体制运动多通过发行杂志在小范围传播的方式进行。如20世纪50年代的《自由中国》及70年代的《台湾政论》杂志。

《台湾政论》于1975年8月创刊，由黄信介任发行人，康宁祥任社长，张俊宏任总编辑，其发刊词宣称：要继承《自由中国》与《大学杂志》批判当道的传统，“搭起民间舆论的发言台”。当年底，台湾举办第二届增额民意代表选举，为配合黄信介与康宁祥等人竞选，《台湾政论》于11月号推出“选举特大号”，提醒选民注意国民党选举舞弊。12月号再刊出陈鼓应《早日解除戒严》与邱垂亮《两种心向》等文章。12月27日，台湾当局以《两种心向》文中宣称“台湾人民要想当家做主，只有两条路可走，第一是台湾本土人民武装起义推翻国民党的独裁政权，第二是台湾人民团结起来奋斗争取早日和祖国和平统一”等言论，是“煽动他人触犯内乱罪，情节严重”为由，勒令《台湾政论》停刊。[①]

1976年至1977年间，以王拓、杨青矗、陈映真等中青年作家为代表，兴起了乡土文学的热潮。他们主张继承五四运动以来进步文学的优秀传统，发扬台湾历史上抗日民族文学的爱国精神，也创作了系列针砭时弊的作品。同时，赞成与大陆统一的党外左派人士苏庆黎等主编的《夏潮》，也以纯理论性探讨方式，指出台湾现行体制中的黑暗面，强调“中国人要团结”的主题，提出“台湾的前途与祖国不可分割”，并坚决反对“分裂中国的阴谋和自渎民族的意识”，这些言论都触及当时岛内的现实政治敏感问题。

二、“中坜事件”

李焕在1973年至1977年间身兼国民党中央党部组织工作会主任等职，国民党的许多青年才俊成了他的门生，其中许信良因

① 许介鳞：《战后台湾史记》（卷三），台北：文英堂出版社，1996年，第45页。

获李焕赏识，于 1972 年 9 月以“国民党组工会干事”身份，被提名为第五届台湾省议员候选人，并以最高票当选。之后，许信良成为省议员中批评朝政、令国民党头痛的人物，虽一度面临省党部党纪处分，终在李焕袒护下从轻发落，申诫了事。

1977 年 11 月，台湾举行首次“五项地方公职人员”选举，即“五合一”地方选举，这五项选举对象包括县市长、县市议员、台湾省议员、台北市议员与乡镇市长。不少人想通过这些选举在政坛抢得一席之地，许信良亦为其一，他不顾国民党多次警告，回到家乡参选桃园县县长。当时的党外已成形，遂以“联合战线”方式展开全岛大串联，使这次选举成为台湾实施地方自治以来规模最大、气氛最热烈的一次选举。

11 月 19 日投票日当天，传出桃园县中坜市第 213 号投票所监选主任范姜新林有舞弊作票之嫌的消息。消息一经传出，顿时引起众怒，支持许信良的 1 万多名选民愤而包围中坜警察分局，部分警车、房舍被焚毁，并有人受伤。此即“中坜事件”。当晚开票，许信良以 22 万余票获胜，顺利击败国民党籍候选人欧宪瑜，当选桃园县县长。

此次“五合一”地方选举中，党外候选人获得 4 席县市长、21 席省议员、8 席台北市议员、146 席县市议员、21 席乡镇市长，可谓前所未有的佳绩。从表面上看，“中坜事件”是因“选举”出现舞弊现象而发生的，但实际则是国民党多年专制统治形成的积怨的总爆发。它在台湾政治史上的影响是深刻的。受这一事件选举结果的影响，党外人士的政治热情普遍高涨，一股新的参政热潮蔚成风气。一直到 1978 年底“中央民意代表”选举的这段时间，党外人士成立了“台湾党外人士助选团”，负责全省党外候选人的助选活动。

1978 年底，台湾当局原定举办“中央民意代表增额补选”，而党外人士也在该年 11 月 24 日成立党外人士助选团，准备巡回全台各地助选。同时发表了“十二项共同政见”，包括全面改选“中央民意代表”、解除“戒严令”、实施全民医疗及失业保险、兴建长期低利贷款的“国民住宅”、废止田赋、反对省籍和语言歧视、大赦政治犯等。

12月5日，党外人士助选团在台北中山堂召开大型座谈会，黄信介、姚嘉文、黄玉娇主持，康宁祥、张俊宏发表专题演讲。在唱《三民主义歌》时，主持人提出把“三民主义，吾党所宗”改为“三民主义，吾民所宗”，招致前往观阵的国民党人士劳政武抗议，双方发生斗殴，即所谓“中山堂事件”。①

正当选战进入白热化之际，12月16日，美国宣布于1979年1月1日起与中华人民共和国建交，并废止与台湾当局签订的“共同防御条约”。当天，蒋经国立即援引“动员戡乱时期临时条款”，发布“紧急处分令”，勒令所有竞选活动“即日起全部停止”。

选举突然停止，正准备大显身手的党外人士参与政治的道路受阻，于是转向发展街头群众运动。

三、“美丽岛事件”

党外人士中支持体制内改革的稳健派与赞同街头斗争的激进派以两种不同路线，各自创办杂志与当局抗衡。一是《八十年代》月刊，于1979年6月创设，康宁祥担任社长，江春男任总编辑；一是《美丽岛》杂志，于同年8月创设，黄信介任发行人，许信良任社长，张俊雄任总编辑。《美丽岛》杂志以“共同来推动新生代政治运动”为发刊词，其关心的议题不仅在政治层

① 《一次错误的民主表演》，《联合报》，1978年12月7日第2版；《黄信介等被控案　法院昨开侦查庭　证人证明曾闻喊打声　原告劳政武坚拒和解》，《联合报》，1978年12月22日第3版；《劳政武萧玉井　公开征求证人》，《联合报》，1978年12月23日第3版。

面上，还包括劳工问题、农民问题、财政问题、环保问题等，可以说是政党路线主张。

当时，国民党内部也有两种不同的立场：一是时任国民党中央政策委员会副秘书长的关中及梁肃戎、朱坚章等人，是倾向接纳党外人士的开明派；另一股反对党外人士的势力以警特系统为主，于该年 7 月 7 日创设了《疾风》杂志。

同年 9 月 8 日，《美丽岛》杂志在中泰宾馆举行创刊晚会，关中以国民党代表身份前往。该庆祝酒会曾预先申请备案，获得集会的合法权。然而，国民党内的保守派，当天以“群众自发抗议”的形式出面，发起“疾风行动”，对集会予以阻挠，差点酿成严重对立冲突。

接下来的两三个月，《美丽岛》杂志于全台各大城市设立分社及服务处，并展开群众演讲会，声势愈来愈大。这使得国民党保守派更加不满，派人将《美丽岛》杂志社的一些办事处砸毁，甚至到黄信介的住所纵火。此时的台湾情势已不知不觉地笼罩在“山雨欲来风满楼”的氛围中。

由于党外激进派反抗活动逐步扩大，《美丽岛》杂志决定于 12 月 10 日在高雄举行“世界人权纪念日”集会游行。主办方曾向当局申请，但未获批准。9 日当天，“南区警备司令部”突然宣布将于次日举行“春元七号冬防演习”，实施戒严宵禁，严禁一切集会。这显然是冲着第二天的集会游行来的。同时，当局事前估计党外势力不会善罢甘休，又紧急从全省各地调来大批治安部队。

到了 10 日晚原定集会时间，高雄市《美丽岛》杂志社服务处前仍聚集了五六百人，宣传车不断向民众宣告集会照常举行。事前黄信介曾与“南区警备司令部”沟通，获准进行集会，规定可在原定的扶轮公园举行，但不可使用火把、木棍及化学药品，并且禁止游行。

当群众中有人私自点燃火把进行游行时，当局便将警戒区域缩小，封锁群众的去路，紧张气氛不断积累。其间，群众情绪激昂，强烈要求国民党当局解除“戒严令”、开放党禁和报禁，与会者高喊“打倒特务统治”“反对国民党专政”“争取民主、自由”等口号。当局也出动大批军警进行阻拦，最终引发流血冲突。据当时统计，183 名警察、92 名游行群众受伤，酿成震惊海内外的“美丽岛事件”。

事件发生后，蒋经国召集一个特别小组评估“美丽岛事件”，最终做出决定，要严惩有罪者，轻罚误入歧途者，同时向大众保证，政治革新的决心不会变。蒋经国解释做出这一决定的理由：“因为政府绝对不愿意骚乱的扩大，民众更希望生活秩序的安定。”①

1980 年 1 月 3 日，处理“美丽岛事件”期间，蒋经国曾宣布：这一事件“不会影响我们推动民主法制的既定政策及决心，民主法制之路，是我们一定要走的路”。随后，当局宣布将制定“动员戡乱时期公职人员选举罢免法”，并将适时恢复因中美建交而停办的“中央民意代表”选举，且进一步扩大增额代表名额。

同时，康宁祥等主张体制内改革的稳健派依然通过各种渠道，要求国民党当局进行合理处置。一些中青年律师，包括尤清、江鹏坚、陈水扁、谢长廷、苏贞昌等人为被捕入狱人士辩护，从此在台湾政坛崭露头角。而被告家属中如张俊雄之妻许荣淑、姚嘉文之妻周清玉亦“代夫出征”，逐渐成为党外运动的要角。

四、突破党禁

1980 年底的增额民意代表选举中，以康宁祥为代表的党外势

---

① 《蒋经国先生全集》（第 12 册），台北：“行政院”新闻局，1992 年，第 148 页。

力积极参加，他们以“哀兵”形象争取选民同情，最终具有温和形象的党外人士多有当选，如张德铭、黄煌雄、许荣淑、周清玉、康宁祥、尤清等人。

1981年底，在“五项地方公职人员”选举中，党外人士效仿国民党的办法，推荐候选人，并采用“重点支持”，甚至报备竞选等方式，俨然在政党政治的轨道上运行，得到了相当的席次，说明他们以“制衡”作为竞选诉求，受到选民的肯定。同一时期，若干媒体已开始以“无党籍人士”代替早先使用的“党外人士”一词。此次选举结果为，执政的国民党大约掌握七成政治资源，党外主流及自由人士大约各占一成半的席次。这项结果对台湾往后的政治发展，具有相当重要的意义。

由于党外人士主张各不相同，在某些问题的看法上也出现分歧，党外人士彼此之间益显对立，纷争愈演愈烈。到了1983年底的“立委”补额选举时，对抗康宁祥等的新生代吴乃仁、邱义仁、林世煜全力支持“美丽岛系”人士参选，结果，“美丽岛系”7人中有4人当选，康宁祥派全军覆没。

当时，国民党在台湾地区立法机构中仍居绝对优势地位，党外力量分散，因而对当局政策的制衡力量势必减弱，而绝大多数无党籍民意代表都必须定期改选，因此面临很大的选民压力。在这种背景下，无党籍民意代表表面上仍设法维持团结局面，而不公然分裂。在当时的政治体制下，党外并非一个政治团体，而是若干不同政治主张者的松散结合，既无固定组织，亦无纪律约束。因此，强调“稳健路线”与强调“群众运动”的路线之争，也成为20世纪80年代初期台湾反体制运动在当时政治体制中的具体表现。

原支持“美丽岛事件”的党外人士，其内部意见也愈来愈不一致，随之出现严重裂痕，派系横生。1983年以后，形成了以康宁祥、费希平、余陈月瑛、黄煌雄等人为代表的温和派，和以许荣淑为龙头，包括林正杰、林浊水、林世煜、邱义仁、吴乃仁等党外新生代在内的激进派。后来，激进派发生了分裂，先是林正杰脱离激进派，并创办《前进》周刊，被称为“前进系”，主张生态社会主义；邱义仁、吴乃仁等人创办《新潮流》杂志，被称为“新潮流系”，以“党外编辑作家联谊会”（简称“编联会”）为班底；许荣淑、尤清及部分“高雄事件”受刑人家属和辩护律师则成为“美丽岛系”的一部分，以“党外公职人员公共政策研究会”（简称“公政会”）为班底。

1985 年底的地方公职人员选举，实际得票率仍然大致维持国民党与非国民党的七与三之比，而在台北市议员选举方面，无党籍后援会推荐 11 人，全部当选，显示选民对无党籍候选人的支持仍保持在稳定的状态。选举过后，无党籍人士受到鼓舞，热衷于进行组织化工作，大致可分为三派主张：第一，以议会联线提高声势，并相互支持，结合成政治反对力量；第二，以“公政会”为基础，向基层扩充力量，结合群众成立“软性政党”；第三，径行宣布组党。

党外组织化的一个表现就是“公政会”的扩张。“公政会”虽一度被国民党当局认定为非法组织，然而，党外人士仍开始酝酿在各地设立分会，1986 年 3 月，康宁祥首先向“公政会”总会提出设立分会的申请。颜锦福、陈水扁等首先成立“党外公政会台北市分会”，随后各地分会相继成立。

9 月 28 日，一群“党外中央后援会”无党籍政治人士在台北圆山饭店集会后，对外宣布要组织一个新党，名称是“民主进步党”（简称“民进党”），并推出了费希平、尤清、游锡堃、江鹏坚、谢长廷、颜锦福、傅正等人组成小组，推动党务工作。11 月 10 日，民进党召开第一次代表大会，通过党章、党纲，并选举江鹏坚为第一任党主席。

民进党是党外人士在台湾当局解除“戒严”与党禁前整合而成的政党，亦是1949年以来第一个具有挑战台湾执政党政权实力的反对党。“美丽岛事件”后的党外运动，虽然让一些政治精英锒铛入狱，却也使得一批受刑人的家属及辩护律师活跃于台湾政坛，甚至突破戒严，另组新政党，这也是国民党始料未及的。

国民党高层面对党外势力的不断进攻，内部出现严重分歧，一种主张坚决镇压，一种支持恩威并施。蒋经国出于种种政治上的考虑，认为必须在国际舆论中维持其多年苦心塑造的“民主橱窗”形象，同时又极力限制党外运动的生存空间。[①] 首先，是加强对党外杂志的查禁、扣压，并对党外核心人物予以迫害。据报载，仅1985年1月至4月，党外杂志被查禁71次之多，查禁率高达90%。6月，国民党新闻机构又勒令《民众日报》停刊一周，理由是“严重为敌人张目”。继而，对党外人士利用民意机构进行讲坛斗争的形式采取新策略，有时打疲劳战术，有时进行种种起哄。对党外民意代表多次提出的质询，或不予解答，或顾左右而言他。对党外人士提出的议案或议而不决，或强行否决。

20世纪80年代的台湾当局已经到了一个必须做出历史抉择的十字路口。若坚持传统统治体系，不放弃任何利益，不向反对势力妥协，那么其必将被时代潮流所吞没。而顺应潮流，实行革新，放弃某些局部利益，国民党当局还有可能在较长时间内维持自己在台湾的统治地位。经过再三权衡，以蒋经国为首的二代国民党当局选择了进行新一轮的“政治革新”。

---

① 李松林：《蒋经国晚年》，合肥：安徽人民出版社，1996年，第280页。

第四节 解除戒严

一、蒋经国晚年的纷扰政局

国民党威权统治时期，以蒋经国为主导的情治系统，其权势与党、政、军等各大系统平起平坐，甚至有凌驾之势。

20世纪80年代以后，除发生于“美丽岛事件”军法审判期间的“林宅血案”外，台湾还曾发生多起惨案与弊案，包括1981年“陈文成命案”、1982年“王迎先自杀案”、1984年“江南命案”等。其中以“江南命案”影响最大。旅居美国的刘宜良曾以“江南”为笔名撰写《蒋经国传》。该书取材广泛，内容在蒋经国出生、苏联留学、迁至台湾、接班领导人等方面均有涉及。书中褒贬各有，同时还披露了蒋氏父子鲜为人知的丑闻。国民党当局对此极为愤怒。为了维护蒋经国形象，驻美的国民党工作人员曾多次与刘宜良沟通，希望以4万美元为代价让他取消该书的出版计划。然而刘宜良不从。同年9月，他在美国旧金山戴利市自家车库被射杀。

“江南命案”震惊海内外华人社会，华人界同声谴责这一惨无人道的暴行。美国警方迅速破案，并查明刺杀江南的嫌犯是台湾黑社会竹联帮成员陈启礼、吴敦与董桂森。国民党当局以“一清专案”名义逮捕陈启礼及吴敦，董桂森潜逃后在巴西被捕引渡到美国。美国向台湾当局要求引渡陈启礼及吴敦未果，向新闻界透露已经掌握陈启礼为防万一而录制的一卷录音带，证实有国民党情报人员介入此案。

蒋经国闻讯大怒，于1985年1月10日下令逮捕情报局局长汪希苓、情报局副局长胡仪敏、情报局第三处副处长陈虎门。经彻查，证实情报局官员涉入“江南命案”。由于坊间甚至盛传“蒋经国儿子蒋孝武是谋杀江南的元凶”，蒋经国不得不将蒋孝武外放新加坡担任商务代表，并宣布蒋家人士不会继任或参与竞选台湾地区领导人。① “江南命案”的发生遭到了民众的谴责，使台湾当局和蒋经国的公众形象受到严重破坏。

正当台湾当局为“江南命案”而焦头烂额之时，1985 年，岛内又爆发了对台湾社会影响深远的“十信案”。“台北第十信用合作社”（简称“十信”）成立于 1911 年 9 月，初名为“台北信用组合”，台湾光复后改名，自 1957 年起由蔡万春担任理事主席，自此开启了蔡家掌控十信经营的时代。十信大量吸收民间的储蓄资金，在台湾经济发展的年代，是全台湾规模最大的信用合作社。该社后又转投资国泰集团。

1979 年，蔡万春中风退休，产业交由其子蔡辰男、蔡辰洲掌管。1983 年，蔡辰洲当选增额民意代表，经常宴请财经官员，为其企业建立政治关系网。

蔡辰洲合并许多企业至自己旗下。为了维持经营，蔡辰洲开始以国泰塑料公司的名义，以高利率向民间吸收资金，利率一般在日息 0.8‰左右。通过这种方式，他从社会取得了不少资金，但也使得要负担的利息越来越多，于是蔡辰洲将十信的资金贷出，投入自己所投资的公司。

1985 年 1 月 4 日，“中央银行”对十信实施项目检查，发现其违法贷款情况严重，库存现金甚少。2 月 9 日，财政部门又查出十信放款总额占存款总额的比率高达 102%，遂以“十信账目不实，违规经营”为由勒令其停业三天。此令一出，十信各分行

---

① 《蒋“总统”答复〈时代周刊〉记者访问全文　“和平、快乐、繁荣”》，《联合报》，1985 年 8 月 26 日第 2 版；《“总统”明确昭示“宪法为立国基础”　蒋氏家人不会竞选下一任“总统”　强调也不会实施军政府方式来统治“国家”》，《联合报》，1985 年 12 月 26 日第 1 版。

存款民众纷纷将储蓄领出，两天内共提走了新台币60亿元以上。风暴也连带席卷国泰集团，成百上千债权人发动数次示威抗议行动。

2月18日，台湾省合作金库正式接管十信，理事会主席蔡辰洲被逮捕判刑。十信事件是台湾30多年来最大的经济犯罪案件，造成台湾社会极大的不安与骚动。最后导致当时国民党秘书长蒋彦士、经济部门负责人徐立德、财政部门负责人陆润康等陆续下台。

十信经济弊案又有当局官员涉入，对于台湾当局造成难以弥补的损失。民众把蔡辰洲以官谋私的恶果与台湾官僚机构的腐败无能联系起来，一种不利于当局的社会情绪正在形成，事态发展所产生的后果及影响深远。对于蒋经国来说，当然也影响到其在国际上的形象，于是他开始着手采取一些整顿措施。加上1986年民主进步党突破党禁而成立，更让蒋经国深思台湾未来的方向，并实行更大力度的政治改革。

二、解除戒严、党禁与报禁

1986年至1987年间的台湾处于政治与社会的转型年代，这也是中国国民党退守台湾以来，在政治与社会方面最具突破性的发展时刻。受到海内外政治影响，尤其自1986年下半年开始，台湾几乎可谓进入一个“挣脱”的局面。昔日的政治禁忌纷纷被突破，社会群众运动不断涌起，积累了许久的社会力量正不断地汇聚、整合、扩散，如开闸之水释放而出。

事实上，国民党内部也于该年上半年对此情况有所准备。1986年3月29日至31日，国民党召开十二届三中全会。闭会后，由中央常务委员会推定12位中央常委，包括严家淦、谢东闵、李登辉、谷正纲、黄少谷、俞国华、倪文亚、袁守谦、沈昌焕、李焕、邱创焕、吴伯雄，由他们共同规划执行三中全会各项决议案及蒋经国在中央常务委员会的重要谈话。4月9日，蒋经国指定此12人组成“革新小组”，筹划推动三中全会中心议案。“革新小组”在蒋经国晚年扮演着相当重要的“集体领导”角色。

5月7日，蒋经国在国民党中央常务委员会上就党内外关系指示说：中央政策委员会应本着诚心诚意，与社会各方面人士进行意见沟通，以促进政治和谐与民众福祉。针对党外争取民主情况，蒋经国强调：“厉行民主宪政的决心绝不改变，但任何足以破坏团结和谐、危害国家安全以及影响全民利益的行为，不仅是法律之所不许，根本与全体民众的愿望相违背。”① 同时，以严家淦为召集人的12位中常委，专门研究政治革新内容与政策，逐步对4项当时敏感政治问题，即民意机构调整、戒严、组党与地方自治制度化，进行探讨。

其中，研议安全防务方面法令议题的幕僚组，经审慎研究讨论后认为，金马地区仍属接战地区，随时可能发生军事冲突，决定继续维持戒严状态，台湾地区则解除戒严。同时决定，制定“国家安全维护法”，将现行戒严中的必要措施纳入。研议民间社团组织问题的幕僚组初步决定提出4项方案供“革新小组”进行政策性决定：其一，制定政党条例，开放党禁，所有政党依规定登记；其二，不制定政党条例，允许新政党成立，从事政治活动；其三，不允许新政党成立，但使“公政会”取得合法地位；其四，不允许新政党成立，亦不开放“公政会”合法活动。社会风气与安全议题将以强化警力装备、加强警政现代化及提倡勤朴社会风气为重点。②

1986年10月，蒋经国在接见《华盛顿邮报》代表团时明确表示，不久将提议取消“戒严令”。这一谈话是当年台湾政治发展方向与政策的最明确也最重要的指针。解除“戒严令”的意义

① 李松林：《蒋经国晚年》，合肥：安徽人民出版社，1996年，第283页。

② 《执政党研议“国安”法令初步结论　建议宣布台湾地区解除戒严　民间社团组织问题　提出四项解决方案》，《联合报》，1986年9月9日第1版。

包括：平民将不再由军事法庭审判、个人自由的某些限制将予解除等。此外，国民党还积极研究准许成立新党的问题，但提出任何新党都必须遵守台湾地区宪制性规定，支持“反共国策”，并与“台独”运动划清界限。其后，国民党当局所推动的解严，即在这三项原则的基础上进行。

10月15日，蒋经国主持国民党中常会时，通过了“革新小组”提出的两项革新议案：其一，解除戒严，另行制定“动员戡乱时期国家安全法”；其二，取消党禁，通过修正“非常时期人民团体组织法”和“选举罢免法”来加以规范。议案通过后，蒋经国即席讲话表示：“时代在变，环境在变，潮流也在变，因应这些变迁，执政党必须以新的观念、新的做法，在民主宪政体制的基础上，推动革新措施，唯有如此，才能与时代潮流相结合，才能与民众永远在一起。”①

1987年7月14日，蒋经国发布命令宣告台湾地区自1987年7月15日零时起解严。至此，实施长达38年的台湾地区“戒严令”正式解除。

伴随的配套措施陆续出台：237名于戒严期间受军事审判的受刑人也被宣告自7月15日当天零时起减刑并复权。5月30日，台湾地区防务部门已提前宣布释放黄信介、张俊宏、黄华、颜明圣、周文龙、余素贞等人；除施明德因无期徒刑尚在服刑外，其余因“美丽岛事件”被捕入狱的政治犯均出狱。

7月16日，港澳观光的限制予以解除。8月，拟开放大陆探亲的消息见诸报端。12月1日，台湾地区行政管理机构宣布报禁自隔年元月起解除，报纸登记开放，报纸发行篇幅上限扩为六大张。人民的基本权利，如集会、结社、组织政党等终于解冻。

---

① 许介鳞：《战后台湾史记》（卷三），台北：文英堂出版社，1996年，第74页。

政治革新之初，不少国民党上层人士担心会引起社会动荡，影响他们的既得利益，因而对革新举措持怀疑和反对态度，对革新运动形成阻力。对此，蒋经国做了不少疏导工作，化解这些人的疑虑。而对于党外人士，蒋经国则与他们进行沟通，在党外人士径自组党、任命文职人员出任防务部门负责人、力促尽快通过“国安法实施细则”等重大决策和行动上，表现出坚决革新的决心。无疑，蒋经国是国民党实行政治改革的策划者、发动者和推动者。他顺应时代潮流，试图通过调整政策及某些政治机构来延续国民党当局在台湾的统治，创造出一种新的政治风气，具有一定的积极意义。

总的来说，海内外舆论对于戒严的解除，都予以高度肯定。《纽约时报》曾以此形容：“台湾终于告别封闭式的政治制度，向湿润的森林开启了一扇窗门。”

三、开放返乡探亲

1986 年 4 月 18 日，蒋经国再度住院接受手术。在自知时日不多的情况下，他更迫切要求加速改革，其中包括了大陆政策的调整及两岸关系的发展。

1949 年，约 60 万名国民党军人自大陆抵达台湾。这些大陆籍官兵抵台初期多抱着不久将返回大陆的想法，但 20 世纪 50 年代中期以后，大批官兵在“退辅会”的安排下解甲归田，开始投入生产建设，如中部横贯公路就是由老兵胼手胝足、冒着生命危险修建而成的。然而，在“白色恐怖”时期，国民党当局仍严禁官兵与大陆家人通信，动辄以军法审判，系之牢狱。

时移势易，两岸硝烟渐息，蒋经国的政策也由“反攻复国”转为建设台湾。20 世纪 70 年代末期，这些离开大陆老家时仅仅二三十岁的青壮官兵，逐渐成为半百老兵。随着岁月的流转，“反攻”既已无望，思乡之情在这些外省籍人士之间暗暗地流动着。

大陆改革开放后，准许并鼓励台属与台湾亲友联络，并允许他们前往香港或其他地区与台湾亲属会晤。虽然台湾当局自1979年4月起即限制台湾居民以港澳地区作为出境旅游第一站，主要是为阻止民众在港澳与大陆亲人会面，甚至由港澳进入大陆。然而“间接探亲”的人当中也包括了不少国民党当局中上层领导干部。自1980年以来，海峡两岸居民在香港会面的人数逐渐增加。据当时旅游界的粗略估计，那几年间每年前往香港会见大陆亲人的台湾旅客超过2万人。

台湾当局对于老兵与大陆家人联系不再动辄入罪，且1985年以后，台湾民众未经当局许可到大陆的情况也屡见不鲜，有关老兵返乡探亲的问题成为社会关切的焦点，要求允许开放探亲的声音更是日益高涨。

1986年初，台湾地区民意代表谢学贤就针对当时已有一些旅外台胞通过第三地回到大陆的情况，向台湾地区行政管理机构提出书面质询。当时台湾当局的态度是并不希望也不鼓励台胞前往大陆，以免制造所谓“三通”假象。

5月3日，长期思念大陆家乡老父亲的台湾中华航空公司（简称“华航”）驾驶员王锡爵，在空中制服了其他机组人员，未依既定航行路线，驾着货机飞往大陆，降落在广州白云机场。这一事件更在当时已充满乡愁的大陆省籍人士中引起强烈反响。

5月5日，谢学贤等人又提出紧急质询，要求以弹性态度处理与大陆关系问题，特别是应按人道主义的基本要求，允许大陆省籍人士回乡探亲，以符天伦。这些质询在台湾社会引起强烈反响，特别是那些从大陆到台湾的退伍老兵，对王锡爵的“飞返家园”不胜羡慕，希望尽快开放两岸探亲，让他们能如愿返乡。

1987年2月，若干外省老兵与许国泰、杨祖珺、张富忠、范巽绿等民进党人士发起返乡运动，发表《自由返乡运动宣言》，除了替老兵请命外，也提到了因“中坜事件”流亡多年的许信良等“黑名单”人士。从政治层面解读，老兵返乡探亲运动与“黑名单”人士返乡结合，可谓各取所需。

1987年3月，“外省人返乡探亲促进会”成立，老兵们穿着前面印着鲜红文字“想家”、后面印着“妈妈我好想你”的白衬衫在街头发传单。这种行为在解严前仍被视为大逆不道，推动返乡运动的老兵们都被国民党贴上“背叛”的标签。当时台湾当局的基本原则仍是“不接触、不谈判、不妥协”。然而，一股“想家”“回家”的思绪在台湾从南到北酝酿着。

诗人余光中在《乡愁》诗作中，曾如此写出早年追随国民党赴台者的心境，引起诸多大陆赴台人士的乡愁情绪：

> 小时候，乡愁是一枚小小的邮票，我在这头，母亲在那头；长大后，乡愁是一张窄窄的船票，我在这头，新娘在那头；后来啊，乡愁是一方矮矮的坟墓，我在外头，母亲在里头；而现在，乡愁是一湾浅浅的海峡，我在这头，大陆在那头。

此时，老兵返乡运动已成为跨族群、跨性别、跨阶级的社会运动，许多学者、媒体纷纷加入声援的行列。

开放老兵返乡探亲的转折点是1987年的母亲节，老兵再度穿着书写“想家”的马甲，以“母亲节遥祝母亲”的名义，手持“抓我来当兵、送我回家去”“白发娘望儿归，红妆守空帏”等醒目标语，成群结队在台北中山纪念馆举行公开活动。当《母亲你在何方?》的歌声响起，那些六七十岁老泪纵横的老兵向台湾当局陈情表达了思乡的情绪。他们毫不畏惧地穿梭于火车站、市场、街头、眷村、荣民之家以及“退辅会”等机构，不停散发传单的场景，给朝野留下了极为深刻的印象。

是年夏季，台湾当局终于松口，开始检讨大陆政策，并着手在不违反“三不政策”的基础上，适度开放海峡两岸的民间及文化层面的接触渠道，并考虑开放民众赴大陆探亲。

8月10日，台湾新闻主管部门负责人邵玉铭宣布，要开放进口大陆出版品，并有限度地进口介绍大陆风光文物的录像带。9月16日，蒋经国主持国民党中常会，决议于短期内开放民众赴大陆探亲，并指定李登辉、俞国华、倪文亚、吴伯雄、何宜武等5人组成专案小组，研拟具体原则。

10月14日，国民党中央常务委员会通过开放台湾民众赴大陆探亲政策。次日，“台湾地区民众赴大陆探亲办法”正式通过，除现役军人及现任公职人员外，凡在大陆有列在三亲等以内的血亲、姻亲亲属者，得赴大陆探亲。同时自1987年11月2日开始，通过台湾红十字组织受理登记。

准备探亲的民众终于如大旱之望云霓般地得以合法申请回到彼岸家乡，登记首日一大早就出现排长龙的景象，当天便有1300余人办妥手续。毕竟，经过民间锲而不舍的努力，被政治分隔将近40年的家庭终于得以有机会重聚。据统计，台湾开放探亲的第一个月当中，大陆边防检查站已迎送台湾民众入出境13000多人次；其中入境的有7664人，出境的有5677人。他们大部分从深圳、广州、拱北等口岸入出境。[①]“想家”的老兵终于踏上返乡的归程。

四、解严后两岸关系的发展

1978年之后，随着两岸形势的快速变迁，两岸关系亦开启了新篇章。

台湾当局先是放宽一般民众赴大陆探亲的亲等及次数限制，

---

① 康富信：《开放探亲一个月 进入大陆七千人》，《联合报》，1987年12月5日第3版。

进而开放现任公职人员赴大陆探亲。开放民众赴大陆探亲，不仅使台湾海峡两岸的交流进入新的阶段，而且也使台湾与祖国大陆之间的隔绝与对峙正式有了突破与良性互动的契机，该政策着实为两岸关系的改善开启了一道善意之门。

回顾两岸关系的发展史，1949年至1978年军事冲突时期，双方处于紧张对立状态。台湾当局方面誓称“反攻大陆、消灭共匪”，大陆方面则要“武力解决台湾问题”。1958年蒋介石与美国前国务卿杜勒斯曾发表共同声明，放弃以武力反攻大陆，这是蒋介石第一次公开声明“不以武力反攻大陆”。但其间曾发生金门炮战等重大战事，直到20世纪60年代以后，两岸军事冲突才逐渐减少，至1979年停止。

1979年至1987年为两岸和平对峙时期。蒋经国时代，台湾当局奉行的基本原则仍是“不接触、不谈判、不妥协”，20世纪80年代中期之后，随着取消“戒严令”与台湾逐步走向民主化，两岸关系日渐和缓。

1978年11月，中共中央十一届三中全会确立改革开放方针，对台湾问题的基本政策也转以“和平方式解决台湾问题”取代“解放台湾”。1979年1月，全国人大常委会发表《告台湾同胞书》，呼吁台湾与大陆通航、通邮、通商（统称“三通”），并停止对金门等岛屿炮击。在与美国正式建立外交关系后，大陆对台湾展开“和平统一”的努力更显积极。

改革开放后，由于大陆的经济发展及市场开放，台湾开始出现赴大陆投资的热潮，台湾海峡渔船交易走私数量激增，部分台商更经由香港到大陆寻求商机，另一些人则是以“偷跑”方式返乡探亲。

1984年，邓小平确立以“一国两制”作为解决“台湾问题”的基本模式。台湾当局一方面加速岛内政治民主化与经济自由化，同时亦对大陆同胞提出“以三民主义统一中国”的号召，另一方面则采取与中共政权“不接触、不谈判、不妥协”的立场。

“三不政策”成了这一时期国民党当局的大陆政策。不过，民意对此仍有不同看法。1982 年，台湾地区立法机构内亦针对此议题提出质询，建议当局检讨该政策，并开放对大陆探亲、通邮等。

1986 年 5 月 3 日发生的台湾华航飞行员王锡爵“劫机事件”，为台湾当局“三不政策”打开了缺口。事件发生后，该公司高级主管曾对外宣称，绝不可能直接与中共接触，但将设法通过“第三方”来处理人、机归还事宜。蒋经国也开始全盘检讨大陆政策，他下令由沈昌焕、汪道渊、王章清负责专案小组，在不由官方机构出面的前提下，通过“第三方”索回货机及欲返台的另两名机组成员。同时，规定以“不隐瞒、不渲染”的宣传口径向台湾民众公布事件真相。

而另一方面，大陆方面对此次事件采取了相当理智的态度。货机降落几小时后，中国民航局向台湾华航发电报，邀请他们尽早派人到北京商谈货机、货物的归还和另两名机组成员的返台问题。

台湾当局在事件发生后 10 天内，始终坚持“三不政策”，拒不以官方机构组团与大陆谈判，而先后提出采取由民办的国泰航空公司、国际红十字会或由飞机投保的英国保险公司代理等方案。中国民航则以“中国人之间的问题由中国人自己解决”“无需第三方代理”的理由予以拒绝。问题一度陷入了僵局。

5 月 11 日，中国民航局再次致电台湾华航称，这次谈判只是商业性洽谈，并不涉及政治问题。若台湾华航认为到北京不方便，可另择地点，只是“不必经过第三方”。

翌日，国民党 12 位中常委组成的“革新小组”讨论货机事件，蒋经国在会上做出决定，由台湾中华航空公司香港分公司派出代表，与中国民航局代表在香港深水湾乡村俱乐部进行谈判。

经过四轮会商，双方于5月20日全部达成协议，签署了会谈纪要和说明交接程序及有关事宜的附件。5月23日，双方在香港启德机场顺利完成货机、货物和两名机员的交接手续。本次谈判是37年来国共之间的第一次正式接触，“双方坐下来谈”本身就是巨大的进步，而具体谈判内容，反倒显得微不足道了。

对于此次谈判，港台舆论认为是“历史性洽谈，轰动全世界”之举。“37年暌隔，一飞冲破藩篱，双方互让一步，天堑忽变通途”“显然是一项重大突破”“将产生长远政治影响”“标志两岸历史新页”等评论屡屡见诸媒体。

5月30日，国民党中央发出党内文件，称此次谈判“为一单纯的救难措施，也是单一的个案，不具任何政治含义……与中共‘不接触、不谈判、不妥协’的政策，过去如此，今后亦复不变”。该文件可视为蒋经国在对大陆关系上“一张一弛”策略的运用，或者也可说是对党内保守派的一种安抚措施。[①]

其实，就算是国民党坚持拒绝，不与大陆谈判，最后人机仍会被送还，因此并不存在“救难”问题。蒋经国明知大陆会主动归还人与机，仍决定谈判，主要是基于三点考虑：其一，王锡爵的行动已动摇台湾“心防”，若大陆主动送还人与机，台湾民众将对共产党产生好感；其二，“三通”的问题迟早要解决，特别是在香港回归后，台湾的飞机要在香港续飞，须同中国民航局打交道，与其拖到将来，不如趁此时机予以突破；其三，谈判可顺带解决国民党内权力斗争及蒋经国个人的历史评价问题。

总体来说，蒋经国同意谈判，决非权宜之计，而是出于政治上的长远考虑。此举有助缓和海峡两岸的紧张关系，培养和平解决中国统一问题的氛围，并显露蒋经国在对大陆关系上进一步采

---

① 黄嘉树：《国民党在台湾（1945－1988）》，海口：南海出版公司，1991年，第712—713页。

取“弹性措施”的可能。

与此同时，民间对于改善两岸关系的呼声日益高涨，台湾当局受到的压力愈来愈大，最终在1987年，蒋经国授权台湾红十字组织代表台湾当局与大陆的中国红十字会接触，以此作为两岸沟通的窗口。经双方协商后，蒋经国决定开放台湾居民赴大陆探亲。至此，“三不政策”名存实亡。从历史的角度来看，台湾当局的大陆政策，由过去的“绝对禁止”两岸人员交往走向“开放”，由“不通”到“通”，这不能不说是两岸关系上的一个重大突破，为两岸实现直接“三通”奠定了基础。

第五章

解严前后台湾的政治转型

第一节　解严前的形势

1989 年 3 月，国民党十二届三中全会除提出重大政治改革措施如解除戒严、开放党禁外，同时还提出充实民意机构、“地方自治法制化”、党务革新和政策调整等 6 项议题，被舆论界称为“最大胆的政治革新”。

1986 年 9 月民进党成立后，蒋经国接连 3 天分批召见党政军首脑，警告各单位未奉命令不得轻举妄动。10 月 7 日，蒋经国接受《华盛顿邮报》与《新闻周刊》专访时表示：“我们向来都理解人民有集会及组织政治团体的权利……他们不得从事任何分离运动——我所指的是‘台独’运动。如果他们符合这些要求，我们将容许成立新党。”① 此番谈话等于间接承认民进党存在的事实。

民进党成立后，在当年 12 月 6 日的民意代表选举中，即大有斩获，成功取得 12 席“立法委员”与 10 席“国大代表”；其中，有 10 人在各自选区中以最高票当选。如此成绩，化解了民进党被取缔的危机，也为台湾日后政党政治的发展，立下一个里程碑。

1987 年 7 月，国民党当局宣告解除戒严，开放组党。至此，威权体制衰退，台湾政治发展正式进入民主转型期。

蒋经国晚年为何大刀阔斧，开启政治转型的步伐？概言之，这是由当时的历史条件所决定的。

首先，台湾经济和社会结构的变化是关键。1964 年至 1973 年的出口导向时期是台湾经济发展的黄金 10 年。1974 年至 1985 年，继续深化经济结构转型，着力发展技术密集型工业。1986 年 3 月，国民党十二届三中全会通过经济自由化、国际化、制度化政策。

工业化政策和高速的经济成长使台湾人民物质生活富裕，教育水平提高，大众传播媒介发达，社会多元，为政治变迁提供了必要的条件。尤其是经济结构的变化，也对社会阶层结构的变化起了引导作用。20 世纪 80 年代中期，台湾的中产阶级崛起，成为社会主体，更为政治转型注入了重要的能量。

其次，国民党政权所面临的内外压力是促进其政治转型的直接因素。作为内在压力的国民党自身的弊端及种种恶性事件的发生，使其在台湾面临统治危机。而党外反对势力的迅速崛起，也给国民党带来了一些压力；受世界民主潮流影响，国民党也认识到无法再用镇压手段平息反对势力，蒋经国因而采取了“政治沟

---

① 李松林：《蒋经国晚年》，合肥：安徽人民出版社，1996 年，第 287 页。

通”的方式来取代镇压。同时，国际环境的变化，尤其是美国对台湾政策的调整，更给国民党施加了不少外部压力。随着台湾当局陆续在国际社会中失势，蒋经国意识到政治上的开放可以获取国际上更多的支持，打破当时台湾在国际中的“孤立”状态。

再者，中共召开十一届三中全会后，推出“和平统一、一国两制”的对台政策，给台湾社会及国民党造成很大的冲击，“戒严法”“动员戡乱时期临时条款”等众多规定的根基产生动摇，让国民党必须寻求新的对策以摆脱被动地位。

另外，蒋经国个人的政治信仰与理念也是推动台湾政治转型的重要因素。实施“民主政治”是蒋经国永不放弃的“政治理想”，也是他要“向历史交待”的关键契机。

20 世纪 80 年代台湾当局的政治转型，带来了国民党内部革新与保守两股势力的矛盾。两派之争不仅体现在政策主张上，还体现在权力的争夺上，尤其蒋经国去世后，两派在党主席与领导人人选上的斗争达到白热化，一度导致国民党退守台湾后最严重的政治危机。

政治转型的第二个影响是使省籍矛盾深化，并与统一、分裂矛盾交织在一起。蒋经国晚年虽调整权力结构，使台湾本省人逐步占据主导地位，但反对势力仍不时在选举中通过激化省籍矛盾来获取选民支持，更进一步把省籍矛盾与统一分裂的矛盾混在一起，这也成为台湾社会冲突事件产生的主要原因。

政治转型的时代背景之一是中产阶级的兴起，中产阶级逐步成为台湾政治转型的重要推动力量。然而，对于劳工阶层而言，因其无政治地位可言，在 20 世纪 80 年代民权意识高涨之际，他们也通过“自力救济”等方式争取自己的权益。而大资产阶级为维护既得利益，往往与劳工阶级产生矛盾，二者之间的较量事实上也影响了台湾政治的发展。

台湾在政治转型之后，由于“台独”势力抬头，一些在戒严时期无法入境的“台独”分子纷纷回流入岛从事政治活动，也让台湾政坛在这一问题上更为激化，且冲突与矛盾日益加剧。

在台湾当局一系列政治革新举措中，尤以制定“动员戡乱时期国家安全法”最为重要。其内容主要包括：其一，集会、结社三原则；其二，入出境管理规定；其三，山防、海防与重要军事设施管制规定；其四，现役军人犯罪管辖权规定；其五，解严后经军事审判的非现役军人刑事案件的处理规定等。

该规定送台湾地区立法机构审查后，经过长达 4 个月才艰难通过。回顾审查过程，有执政党籍民意代表的努力，亦不乏民进党籍民意代表的建议，政党协商与竞争的成效明显可见。

“动员戡乱时期国家安全法”订立之后，台湾当局陆续研修与制定了“集会游行法”“人民团体组织法”与“公职人员选举罢免法”等重要的政治性规定。就某种意义而言，这些规定因为牵涉实质的政治竞赛规则，其重要性甚至比“动员戡乱时期国家安全法”有过之而无不及，亦被期待为是解除戒严后迅速建立新秩序的有力工具。

其中，“集会游行法”原为“动员戡乱时期集会游行法”，是解严后通过的第一个政治性规定。台湾地区立法机构制定“集会游行法”经历了三度协商、三度破裂的曲折过程，一方面说明对“集会游行”的基本认知有明显的差距，同时也道出政治性规定订立的困难。“集会游行法”对人民集会、游行权的行使予以制度化，但其内容却赋予行政机关过大的行政权，可能导致人民基本人权受到侵害等问题，因而备受争议。不过，“集会游行法”的制定亦足以为往后政治性规定的订立提供经验，更为台湾迈向政党政治雏形打开了一扇窗户。

上述诸规定的制定是为了解除戒严，“因应新局，再创新机”。而解严所欲创建的“新机”实际上包括了政治权力的民主化和政治竞争的自由化。这其中包括，务必使军队从政治竞争中超然中立，官僚在政治竞争中依规定运作，而政治竞争本身也必须有规定可以遵循。

解严前后的台湾政治有太多的改变与进步。国民党当局之所以会采取种种措施，也并非仅仅来自海内外的压力，事实上，国民党高层早在 20 世纪 70 年代中期即已讨论过，这时得以陆续落实，乃是因为岛内民主化的时机已臻成熟。

国民党当局虽然宣布取消“戒严令”，但并未废除“戒严法”。比较“国安法”和“戒严法”，“国安法”在改变军事戒严体制，回归平常状态，放宽人民的自由权利方面，确有一定的积极意义。台湾当局宣布“解除戒严”的意义在于，它开始放松对岛内的专制统治，使国民党与台湾社会各阶层的僵持关系得以缓和，从而为进一步“革新”创造了条件。“戒严”的解除或多或少地增加了各界社会人士参政、议政的机会，这样国民党党外反对势力将日益激烈地同国民党争夺权力。

第二节　解严后的政治

一、政党政治的确立

台湾当局解除戒严后，威权体制逐渐瓦解，政治转型持续进行着。首先，在规范性文件的制定和决策方面，开始走向“议会政治”。“一言堂”局面不复存在，民意机构充实，“增额民意代表”增加。相较之下，行政机关的权力也受到一定程度的限制。

其次，多党制衡取代了一党专制。解严前，国民党在台湾实施党禁，不允许任何反对党存在，然而党外势力的发展势不可挡，到了 20 世纪 80 年代达到高峰，加快了组党的步伐，民主进步党在党禁未开前“抢滩成功”，迫使国民党开放党禁。这一台湾政治史上划时代的变化，意味着国民党一党专政时代的结束，迎来了“多党并存”的局面。

党禁开放后，台湾掀起一股“组党热”，短短3年多时间，出现了30多个政党，以及10多个以政治、经济利益来维系的政治团体。这些团体人数从十数人至数万人不等，各党主张各不相同，相互间缺乏联盟，暂时对国民党造成不了威胁，可是它们代表着反对国民党一党专政、要求民主政治的社会力量，在台湾民众中具有一定程度的民意基础。[①]

这亦对国民党产生一定的制衡作用，尤其是民主进步党，在短期内迅速确立了第一大反对党的地位。国民党过去的一党专政体制不复存在，政党政治已然成形。

二、强势集体领导时代

蒋经国执政晚期，指定12人组成“革新小组”准备推动台湾政治转型，“革新小组”里的成员经常秉持着蒋经国的意旨行事，形同“太上中常会”，权力高过其他党内人士，在蒋经国晚年扮演着相当重要的“集体领导”角色。结束戒严、解除党禁等重大决策，均是在该小组研究后，再报请蒋经国裁决的。甚至，该小组还建议要废止“国大代表”递补制度、建立“资深代表”退休制度、扩充台湾地区民意代表名额等。1987年3月，蒋经国因身体状况恶化，已无法定期出席中常会，乃指定“革新小组”的谢东闵、李登辉、黄少谷等人轮流主持，此举更进一步提升该小组的地位。由于李登辉是该小组主席，因此此时他也开始主导国民党中常会。[②]

---

① 何海兵主编：《台湾六十年》，上海：上海人民出版社，2009年，第97页。

② 许介鳞：《战后台湾史记》（卷三），台北：文英堂出版社，1996年，第67页。

1987年夏天，国民党试办3个月“加强中常会功能案”。该案的实施，更显示国民党进入了政策领导的时代，施展强势作为。国民党的最高权力机关——中央常务委员会，由蒋经国及31位中央常务委员组成，包括国民党元老、民意代表、行政官员及民间领袖，中常会强化决策及考核功能，将使国民党更能汇集民意及党的政治主张，加以汇总后形成政策方向，交行政部门执行。

过去，台湾政策的制定权多数掌握在行政部门手中，这种制度的优点是行政作为的效率高、专业化强，缺点是施政的民意基础较薄弱，决策着眼于业务需求，缺乏政治考虑。

而“加强中常会功能案”，意义不仅在鼓励中央常务委员多发言，提高中常会决议的质量，更重要的意义是将国民党推入政策领导的时代。另一功能是借民主程序强化党内团结，使国民党更紧密地凝结为一个整体，唯有团结才能应对反对力量的挑战，使国民党长保优势。

在蒋经国生前的权位安排下，以李登辉为首的集体领导结构已然成形。1988年1月13日，蒋经国逝世，国民党内开始转动集体决策的政治机器，也让台湾政坛能够和平度过政权交替阶段。

经过政治革新，国民党一党独裁专制统治开始解体，台湾政党竞争的时代已经来临。以大陆籍势力垄断权力为基本特征的封闭性统治形态不复存在，台湾省籍势力迅速上升，国民党权力层逐步形成以台籍人士为主，并有大陆籍人士与之相互制衡的“集体决策”机构，大陆籍与台湾省籍势力之间形成了某种相互依存关系。

三、两岸交流体系的建立

1987年7月台湾当局宣布解除戒严后，鉴于大环境的变化及人道主义考量，同年10月通过“台湾地区民众赴大陆探亲办法”，11月2日开放台湾同胞赴大陆探亲。这项历史性决定不仅为两岸开启新页，也使两岸在对峙近40年后，出现良性互动的契机。两岸军事对峙时代成为历史，人们迎来了两岸关系新发展的曙光。

两岸交流的建立，以大陆为先，台湾方面则基于现实需要和政治考虑，逐步设立相应的机构。

大陆早先一步，于1972年与美国签订《上海公报》后，为应对两岸新形势，成立“对台办公室”。1979年1月，全国人大常委会发表《告台湾同胞书》，郑重宣示了争取祖国和平统一的大政方针。之后，就开始张开双臂欢迎台胞探亲、经商，台胞因而“偷跑”到大陆的情况屡见不鲜。等到台湾正式开放探亲之后，前往大陆的台胞更是络绎于途，名义上说是探亲，实际上举凡经商、旅游、考察交流，甚至结婚者，更是所在多有。

1980年，中共中央对台工作小组成立，下设中共中央台湾工作办公室。1988年9月，国务院台湾事务办公室成立。1991年3月，中共中央台湾工作办公室与国务院台湾事务办公室合并为“一个机构，两块牌子”。

而20世纪80年代的台湾仍以“三不政策”与大陆抗衡。直到开放大陆探亲，打开交流大门后，为应对两岸民间日趋密切的往来，才开始设立处理两岸事务的机构。

1988年7月，国民党十三大通过“现阶段大陆政策”。8月，国民党中常会下成立“大陆工作指导小组”，台湾地区行政管理机构亦设置“大陆工作会报”，协调处理各部会有关大陆事务。同时，为建立两岸人民关系的法律秩序，1988年8月下旬开始研拟“台湾地区与大陆地区两岸人民关系条例”，并于1992年9月18日实施，成为两岸人民往来与互动的主要依据。

1990年11月台湾地区行政管理机构的“大陆委员会”设立。1991年12月，海峡两岸关系协会与海峡交流基金会成为两岸对口协商单位。

而在1987年11月到1991年12月之间，随着开放老兵探亲政策的实施，申请到大陆的业务暴增，因两岸尚无正式对口协商单位，两岸红十字会便担负起这项业务的联系与协调工作。

据统计，1987年台湾民众赴大陆有4.67万人次，1988年暴增至44.6万人次；1989年为55.2万人次，1990年为89万人次。①

此外，台湾解除戒严之后，全岛安全保护体系渐趋松散。加上开放返乡探亲后，两岸民间交流密切，往来藩篱渐除，若干大陆人民也私渡赴台，海域上的不幸事件频传。一旦发生事故，亦由两岸红十字会负责其中的协调工作。因此，解严后至台湾当局成立相对应处理大陆事务机构之前，两岸交流体系基本建立在红十字会的运作上。

第三节　解严后台湾的经济与文化

一、设立新银行

在经济自由化、制度化的过程中，金融自由化也是重要的一环。其中最主要的是新银行的设立。

在开放新银行设立之前，台湾就陆续推动了金融自由化措施。鉴于第二次世界大战后严重通货膨胀的惨痛教训，在1980年之前，台湾金融体系一直处于当局的严格管制之下。但自1980年开始，金融自由化蔚为风尚，加上出口扩张贸易政策效益显现，对外贸易持续巨额出超，积累巨额外汇存底，以及国际上要求开放金融市场的压力，台湾当局被动地逐步推动金融自由化。

① 李念殊：《重渡黑水沟》，台北：畅谈文化出版社，2008年，第49页。

银行业务方面，首先是解除了利率管制。1980 年，台湾开始推动利率自由化。1985 年取消利率管制，实施基本利率制度，减少不必要的管制，提高资源分配效率，促进市场自由竞争。1989 年，修正“银行法”，取消存放款利率上下限管制，正式开启利率自由化时代。其次，解除银行业务限制。1984 年放宽岛内银行增设分支机构的条件。1986 年准许外商银行在高雄市设立第二家分行。1989 年，允许民营银行设立，开放金融市场便于新的竞争者加入。1991 年至 1992 年，核准 16 家新银行设立并开始营运，同时也核准信托投资公司、大型信用合作社及中小企业银行，可申请改制为商业银行。1992 年至 1995 年，逐步放宽票券市场管制。

外汇业务方面，先是解除外汇市场管制。1987 年 7 月，汇率制度由固定汇率制度改为机动汇率制度。1989 年 8 月，成立美元拆放市场。其次，实行外汇自由化。1987 年 7 月，修改“管理外汇条例”，大幅放宽资本管制及解除经常账的外汇管制。

资本市场方面，首先解决流动性过剩问题。台湾当局于 1988 年 5 月开放证券商设立，证券市场注入活力，股票总市值与成交值巨幅成长，至 1990 年 2 月，股市缔造了 12600 点高峰。其次，引进外资投入资本市场。1990 年 12 月经主管机关同意，自 1973 年起冻结的证券商牌照终于开放，外资可直接投资证券市场。1995 年 2 月，全面取消外资投资总额限制，放宽投资个股的限制。诸如此类措施均对提升证券服务质量、打破垄断有正面效益。

台湾在开放银行业经营后，由于过度投资，银行业的净值报酬率逐年下降，资产质量严重恶化。一般银行平均净值报酬率由 1990 年 20.79％降为 2001 年的 5.5％，平均资产报酬率则由 1990 年的 0.9％降为 2001 年的 0.4％，逾放比率则由 1990 年的

0.93%增至2001年的7.48%。票券市场更出现空前的恶性竞争。①

由于银行过度投资，在市场竞争下，各银行寻求合并，市场重新洗牌，台湾当局继而开放金融控股公司设立条件，逐渐解决银行过多的问题，但另一方面，受限于岛内市场狭小以及两岸金融市场尚未开放的情况，台湾金融业竞争力较弱。

二、加入国际经济组织与经济建设

台湾地区经历近40年的筚路蓝缕，到了20世纪80年代，缔造了为全世界所钦羡的经济奇迹。1985年，台湾地区在全球贸易量排名中名列第十一，一方面令世界刮目相看，另一方面却也被要求进一步开放市场。

时任经济主管部门“国贸局”局长的萧万长认为，台湾必须加入国际贸易组织，并参与国际经贸关税规则的制定，因此，他积极推动“国贸局”改组，设立专责单位推动台湾加入国际经贸组织事宜。

1987年，台湾当局开始着手加入关税与贸易总协定(GATT)的工作。1990年，以“台湾、澎湖、金门、马祖单独关税区”的名义，申请加入。1993年，关贸总协定缔约方决定成立世界贸易组织(WTO)，以取代关贸总协定。台湾当局即于1993年12月将关贸总协定入会申请案转换为加入世贸组织申请案。2001年11月，世贸组织第四届部长会议正式采纳“台湾、澎湖、金门、马祖单独关税区”(简称中国台北)入会案。2002年，中国台北成为世界贸易组织第144个成员。

台湾地区自成为世贸组织成员以来，除部分农产品价格下

① 许振明、刘完淳：《金融发展在经济成长中的角色——台湾与韩国的实证研究》，《自由中国之工业》，2002年第92卷第10期，第42—44页。

跌，对农业部门造成冲击之外，整体而言，加入世贸组织对其经贸发展的影响仍属正面，尤其是建立起了符合全球规范的经贸体制，包括相关经贸规定透明化、法制化与全球化，有助于增进海内外企业对台湾经贸体制的信心，这是台湾加入世贸组织最大的收益。

亚洲太平洋经济合作组织（APEC）1989年由澳大利亚总理霍克所倡导，获得包括美国在内的12个创始方支持，于1989年在澳大利亚堪培拉市举行首次会议。台湾地区于1991年以“中国台北”名义加入。

经济合作与发展组织（OECD），前身为欧洲经济合作组织（OEEC），创立于1948年。1988年5月，经合组织部长级会议宣布与韩国、新加坡、马来西亚、泰国等亚洲新兴工业化国家和地区展开非正式性对话。1989年，首次邀请台湾地区派员参加非正式研讨会，台湾地区分别于2000年1月1日、2005年10月27日、2006年5月11日成为经合组织竞争委员会、钢铁委员会、渔业委员会的观察员。

20世纪90年代以后，台湾当局在经济发展上先后提出许多重大发展计划，主要包括“六年建设计划”“亚太营运中心计划”“全球运筹发展计划”“六年发展重点计划”与“黄金十年计划”等。

1991年6月，台湾当局制订了一个庞大的“六年建设计划”（1991—1996），其目标是“提高国民所得，厚植产业潜力，均衡区域建设，提高生活品质”，该计划投资规模约82000亿元新台币，经济增长率目标为年平均增长7%，人均地区生产总值从1990年的约8000美元增加到1996年的约14000美元，6年间实现农业零增长，工业增长6.9%，服务业增长7.8%。但这一计划提出后，就引起很大争议，反对党及部分学者对如此庞大的投资计划持怀疑态度。随着台湾地区行政管理机构负责人郝柏村的下台，这一计划被大幅压缩与调整。

在“六年建设计划”尚未完成之时，考虑到当时大陆崛起趋势，依据台湾的地理、产业优势，参考岛外专家的建议，台湾当局于 1995 年 1 月通过了“亚太营运中心计划”。

该计划设想将台湾建设成六大中心，分别是制造中心、海运转运中心、空运转运中心、金融中心、电信中心与媒体中心。预定执行年份为 1995 年至 2005 年，分为 3 个阶段执行。短期目标是在两年内完成相关规定的修改，修改的主要方向是大幅放宽资金、人员、货物与信息的自由流通。中程目标是到 2000 年完成硬件建设，即要秉持自由化、全球化、效率化原则创造一个良好的环境。最终目标则是把台湾建设成“科技岛”，预计在 2005 年，制造业产值达到 3000 亿美元，建设 20 多个智慧工业园区。“亚太营运中心计划”基本上就是经济体制的全盘改造工程，目的在于创造高度自由化的经济环境，提供民间参与全岛建设的契机。

事实上，该计划是在蒋经国执政晚期提出的构想，要让台湾发展成东亚地区的营运中心。整个营运中心包括了物流的运输、仓储和金融的调度、储备等整套业务。这项计划颇具雄心壮志，并符合当时的区域经济实况，最重要的考虑是以大陆为腹地，将台湾建成“亚太营运中心”。[①]

连战担任台湾地区行政管理机构负责人时曾大力推动该计划，然而李登辉对大陆怀有极大的戒心。他在 1996 年 9 月 14 日召开的经营者大会上提出“戒急用忍，行稳致远”的政策口号，强调根留台湾。这使台湾的大陆经贸政策与总体经济发展思路发

① 许倬云：《许倬云说历史：台湾四百年》，杭州：浙江人民出版社，2013 年，第 141 页。

生了重大转变，“亚太营运中心计划”胎死腹中。台湾错过了成为东亚营运中心的时机，上海、香港等地都致力于将自身打造为亚太营运中心，台湾已没有可插足的余地。

三、新闻与出版

1987 年，“台湾省戒严期间新闻纸杂志图书管制办法”宣告废止；报禁于次年 1 月 1 日取消，并开始接受新报的登记与增加版面。同时，多受诟病的出版管理规定也相继修订，终至废止。

戒严时期，出版物的管制相当严格，“戒严法”第十一条明定，戒严地域内最高司令官有执行取缔言论、讲学、新闻杂志、图画、告白、标语及其他出版物之权。“台湾地区戒严时期出版物管制办法”的条文构成书禁的大部分内容。诸如“图书审查标准”“歌曲出版品查禁标准”“查禁唱片之标准”等均由戒严体制下的有关规定衍生而来。其中和一般民众直接相关的行政命令是新闻主管部门于 1980 年底的规定：“警察或情治人员于执行勤务时，如发现私人车辆、办公及投宿场所置有或随身持有查禁有案之书刊时，依法应予查扣。”

解严之后，过去由警备总司令部负责的文检业务全数归到新闻主管部门辖下，所有依据“戒严法”而来的限制，全数解禁，但在当时，这并不意味出版物将不受管制，而是回归正统的出版规定管制。新闻主管部门先是多次邀请业界讨论出版规定的存废问题，经过台湾地区立法机构审议通过，最后于 1999 年 1 月 25 日废止。

报禁解除后，不仅增加了新的报纸媒体，原来限定张数、限定发行地等规定也都取消，基本上是通过市场竞争，来决定各家报纸的发展。

四、台湾本土文化的崛起

本土文化是指生长扎根于台湾本土而形成的文化，或是具有浓郁台湾特色的文化。台湾文化的本土化运动，经过20世纪60年代潜在的酝酿，随着时代环境的变化、政策导向的变更而逐渐明确和扩大，并反映到文化的各个层面。在思想层面，曾经一向被视为禁忌的台湾乡土意识，也得到越来越多的认同。

文学的本土化被称为乡土文学。20世纪30年代，台湾曾出现一股乡土文学潮流。20世纪60年代，沉寂已久的台湾乡土文学出现了新的转机。20世纪六七十年代间，以台湾本省日常生活样貌作为文学或艺术创作题材的潮流蔚为风气。例如乡土文学小说家黄春明，其作品即为台湾乡土文学创作的代表，在世界华文文学界颇负盛名。其他如陈映真、王祯和、王拓、杨青矗等人，亦以台湾社会写实作品见长。

本土文化的形成与兴起，在20世纪70年代末期曾在台湾文化界引起一波“乡土文学”论战。论战之后，关怀、回归乡土的主张形成一股风潮，除了对文坛创作产生影响外，电影、美术、音乐方面也受到影响。

例如在大学生间掀起的“唱自己的歌”运动，淡江文理学院（今淡江大学）李双泽、杨祖珺带头唱自创的歌曲，因而在歌曲界掀起“民歌运动”。后因自创歌曲不属音乐学中“无创作者、无创作年代可考”的“民歌”定义范围，改称“校园歌曲运动”。

官方和民间所支持的作家全集陆续整理与出版，显示社会普遍已达成共识，也体会到建立文学典律和争取文学史诠释权的必要。此外，自传、传记、口述历史等文学的风行更为前所未及。[①]

① Hsiao-yen Peng（彭小妍）：*Literature and Historical Reconstruction: A Post-Martial Law Phenomenon*（《文学与重建历史：解严后现象》），收入“中央研究院”台湾研究推动委员会编：《威权体制的变迁：解严后的台湾》，台北：“中央研究院”台湾史研究所筹备处，2001年，第495页。

在此背景下，历史重建成为解严后台湾文学作品的重要主题之一，作家企图通过个人史、家族史等论释历史。这类作品在解严前偏重写实，在解严后倾向于政治寓言。解严后少数民族作家崛起，女性作家也加入了政治小说的写作行列。

此外，解严后一些大陆的艺术或影视作品，逐渐在台湾社会中流传开来。以艺术品为例，多从香港辗转私下流传到台湾市场，若是作为展览的展品，主办方也有“不成文规定”，必须在事前向有关单位口头报备，以免惹出麻烦。至于影视作品，在解严前，主管单位对于在大陆拍摄的港剧录像带采取弹性措施，即在大陆拍摄外景的港剧录像带，如果在香港补拍适合台湾尺度的版本，则可以在台湾播出。

解严后的台湾社会也出现了一些消极现象，如社会犯罪比例增加、青少年问题日趋严重、社会生活浮华，这种因经济高度发展带来的脱序现象，长期累积，影响不可忽视。为正视社会快速发展所带来的问题，解严前后，有关部门也研拟提倡勤朴社会风气方案，可谓文化变迁的配套措施。

第六章

李登辉主政时期

第一节　党派势力的调整与变动

一、国民党的分裂

蒋经国晚年启用李登辉为副手，主要考虑他的台湾省籍身份，以及在担任台湾省主席期间的表现，解决了一些前任省主席没有解决的问题。李登辉刻意经营的学者形象和无心政治的形象，和其他野心勃勃的政治精英相比较，更让蒋经国感到安全和放心。[①] 种种因素综合之下，蒋经国最终选择了党龄甚浅、与党

① 何海兵主编：《台湾六十年》，上海：上海人民出版社，2009 年，第 107 页。

内部结构没有多大关系的李登辉接班。

李登辉继任后10天内，党政军各方相继表态支持，但并没有立即让李登辉顺理成章地成为国民党主席。其间一波三折，同时引起党内派系之争，甚至在往后造成国民党的分裂。1988年7月，国民党召开第十三次代表大会，李登辉“有惊无险”当上了党主席。但在党主席选举前一刻，久已不复在国民党重要集会上出现的宋美龄，以中央评议委员主席团主席身份出席会议并发表演说，呼吁党内“创新而不忘旧，前进而不忘本”。宋美龄在演说中，一再提到“老成”与“新血”之间的传递原则。为处理“老干新枝”问题，李登辉将蒋经国任内聘请的中央评议委员一概留任，包括蒋纬国在内，然后再提名蒋纬国为中央评议委员主席团主席。在中央委员提名名单中，李登辉将俞国华列为第3名；在中常委排名中，列为第4名。虽然俞国华后来在党内票选中退居第35名，但却无改李登辉对“前朝遗老”的礼遇。

然而，一些主客观的因素导致国民党出现了分歧。李登辉于1972年才加入国民党，与老党员相比，党龄短，资历浅，却能跃居党魁，无法服众是可以想见的。更无法让老党员们接受的，是他的“本土化”路线，从而造成党内“主流派”与“非主流派”的对立。双方渐行渐远，最后造成了赵少康等人脱离了国民党，于1993年成立新党。

国民党的另一次分裂则发生在1993年十四大后，与国民党“非主流派”联系密切的组织“海外兴中会”返台进行串联，广纳各方反对李登辉的团体与个人，筹建党内次级团体“新同盟会”，并于1993年7月12日推举林洋港与陈履安竞选次届台湾地区正副领导人，由此在台湾政坛上投下一颗震撼弹。后因陈履安退选，1995年11月林洋港转而与郝柏村搭档，参加竞选。

第三次党内分裂，则是“精省”后，曾经在李登辉执政初期为其立下“汗马功劳”的宋楚瑜，与李登辉的关系迅速恶化，于

1999年与党中央决裂，投入隔年的第十届领导人大选。李登辉上台后的国民党经三次严重分裂，最终导致2000年民进党取得执政权，台湾政治首度出现政党轮替。

二、“本土化”力量的落实

从国民党这一时期在台湾的发展历程来看，出现了两种新形势——草根化的形势与新生代嬗递的形势。党内要求推动人事革新与民主化，突破“党务官僚”体系的声音也愈发强烈。

在20世纪80年代前，国民党“本土化”政策，主要以基层政界人士为主，实际的领导权仍在大陆籍人士手中。到了80年代，蒋经国晚年推行的政治革新中，权力结构进一步调整，台籍人士开始与大陆籍人士共掌国民党最高权力，并加速向台籍人士占主导地位的情况过渡。

这一趋势最明显地表现在1987年国民党十二届三中全会中常委名单上。这次选出的31位中常委中，有14位台籍，占45%。同时，台籍人士黄尊秋、林洋港也被任命分掌监察与司法两大机构。“外交”“财政”“法务”“内政”与“交通”部门的负责人，亦由台籍人士担任，超过“部会”首长人数的六成。此外，还有3位台籍“政务委员”，台湾省主席和各县市长则全由台籍人士出任。[①]

台湾的“军事本土化”政策也从蒋经国主政晚期开始推行。20世纪80年代以后，台湾政局一直处在动荡不安之中。为了应对内外压力和保住权力，国民党大力推行“革新保台”和“本土化”政策，尤其蒋经国在晚年为完成军队权力转移，进一步加快了“军事本土化”的步伐，刻意提拔台籍将领。

---

① 何海兵主编：《台湾六十年》，上海：上海人民出版社，2009年，第97—98页。

1981年底，蒋经国提拔台籍将领陈守山出任“台湾警备总司令部总司令”，以改善“警备总司令部”形象。陈守山成为蒋经国“军事本土化”政策的第一个“样板”和受益者，也是台籍将领中的第一位上将。陈守山的出线，带动了其他台籍军官政治地位的提升。1985年6月，蒋经国大量调整军方人事，刻意提拔一批台籍将领担任军方重要职务，例如，郭宗清担任“左营区司令”，庄铭耀升任“基隆军区司令”，韦正哲晋升中将军长，陈境棠出任“警总中部中将司令”等。1986年呈请任命的7位中将级职缺全由台籍将领升任，郭宗清被任命为台湾地区防务部门常务次长，这一举措显示出国民党权力结构“本土化”有了重大飞跃。

在后蒋经国时代，台湾军方秉持蒋经国“军事本土化”的指示，更积极提拔台籍将领。1987年底，郭宗清在晋升二级上将的同时，又出任台湾地区防务部门副负责人要职，成为蒋经国“军事本土化”政策的另一个“样板”，也是第二位台籍上将。经过蒋经国的刻意培植，80年代后期，台籍将领的政治地位有了很大提升，人数也有显著增加，在台湾军队中已具有一定的规模。据1987年统计显示，军队中已有49.7%的尉官、34.7%的校官和16.7%的将官是在台湾出生的。

1988年1月13日，蒋经国逝世，台湾出生的李登辉继任为台湾当局的最高领导人。1990年李登辉在选举中正式当选，并通过国民党内的权力斗争，掌控了党政军特大权。

1988年7月10日国民党十三大中，党主席李登辉提名的180位中央委员候选人名单公布，改组幅度超过五成。中常委中，台籍人士有16人，占半数以上，党内高层台湾省籍人士的比重首度超过外省籍人士。

该次的党内布局具有下列特色。其一，重视新旧传承。该届中常委平均年龄较前一届年轻7岁，但元老级人士仍维持相当比例，“老干新枝”兼容并蓄。其二，大量拔擢党务人才。党务人员如宋楚瑜等进入中常会，且所占比例不低，在往后的党内决策过程中也扮演重要角色。其三，强化成员的代表性。劳工、妇女、侨务均首次有代表进入中常会。另外，省市首长及议长全部列名中常委，亦为过去所罕见。

李登辉全面主政后，在推动国民党“本土化”方面不遗余力。在他的运作下，1992 年国民党大会选出的 33 位中央常务委员之中，台湾省籍占 23 人。

李登辉主政过程中，有感于军队对统治权的重要性，别有用心地致力于军队高级将领的“本土化”。在他刻意栽培下，一大批台籍高级军事将领脱颖而出，共有将近 50 位将领是经他授衔成为少将、中将、上将的。如“海军总司令”庄铭耀、“空军总司令”黄显荣和陈肇敏、“副参谋总长”蔡春辉等都是在李登辉的刻意栽培下成为台军高级将领的。

1999 年以后，李登辉着手部署卸职的接班事宜，其中，军事将领的进一步“本土化”是其人事安排的关键之一。1999 年 1 月，李登辉宣布对军方高层主管进行改组，原“参谋总长”唐飞出任台湾地区防务部门负责人、原“陆军总司令”汤曜明升任“参谋总长”并晋升陆军一级上将、原“海军副参谋总长”李杰出任“海军总司令”、原“陆军副总司令”陈镇湘升任“陆军总司令”并晋升陆军二级上将。本省籍的汤曜明出任“参谋总长”，台湾媒体普遍认为，李登辉是刻意在卸任前将军权移交给台籍将领。

三、民进党的“地方包围中央”

李登辉执政逐渐向“本土化”倾斜之际，成立才三年多的民进党也积极拓展地方势力，采取的“地方包围中央”策略有所奏效。

在 1989 年 12 月 2 日举行的第 11 届县市长、省市议员及民意代表选举中，民进党首度告捷。当时，台湾省21个县市的行政首长中，民进党与无党籍（非国民党籍）已从前一届的5个增至7个，分别是台北县（现新北市）、宜兰县、新竹县、彰化县、高雄县（现合并至高雄市）、屏东县及嘉义市。除嘉义市市长由无党籍人士张文英当选，其余席次皆由民进党籍人士赢得。民进党的政治人物，如陈水扁、谢长廷、彭百显、陈定南、叶菊兰等首度进入立法机构，直接向国民党挑战。而另一方面，国民党新一代的增额“立委”，也开始酝酿路线分裂。以赵少康、郁慕明等外省籍“立委”为主的“新国民党连线”，逐渐走向非主流，乃至最后另立新党；而本省籍的主流派“立委”，则集结于黄主文领导的“集思会”旗下。虽然表面上李登辉与立法机构之间保持着超然距离，但实际上“集思会”则成为贯彻李登辉意志的力量。①

此次选举是解严后第一次政党开放的选举，各政党无不全力角逐，选举结果则是：“立委”部分，国民党得票率60.14%，民进党28.28%，无党籍10.07%，其他党籍1.51%；省议员部分，国民党得票率61.83%，民进党25.92%，无党籍11.9%，其他党籍0.35%；县市长部分，国民党52.67%，民进党38.34%。② 显然，民进党籍候选人得票率上升了，尤其是县市长选举这部分更为明显。这也创下国民党在台湾地方自治史上从未有过的败绩。

民进党等所采取的“地方包围中央”策略，源自1989年民进党主席黄信介及秘书长张俊宏，他们于选战开始的5月2日起巡回全省各地，听取地方党部的选情报告，并向地方推销以赢取县市长为核心的全盘选战策略。

---

① 张海鹏、陶文刊主编：《台湾史稿》（下卷），南京：凤凰出版社，2012年，第187页。

② 唐福春：《国民党得票率下挫　“立委”、省议员六成左右　县市长五成二》，《联合晚报》，1989年12月3日第4版。

其结果被印证确实奏效。当时，被认为最具政党竞争色彩的台湾省21个县市长选举，虽不如黄信介早先宣称的那样可拿下10席，但已视作民进党“地方包围中央”策略的初步成功。对国民党而言，则是其执政地位的最大一次威胁。

从1951年至1989年，台湾省各县市共举办11次地方自治县市长选举，除了1973年的选举，20个县市全数由国民党候选人包办外，历届县市长选举，非国民党人士都仅保持1至4席县市长席位，而1989年首度开放政党竞争，就打破近40年的局面，对当时的时局而言具有多层意义。

民进党以“地方包围中央”策略在选战中一举成功后，乘胜追击，除了6位县市长组成“县市长联谊会”外，也陆续推出相关配套计划，同时积极推动一项“12年执政计划”，加速落实“地方包围中央”目标。该项计划，以往后3次的县市长选举作为阶段性的分界点和评估时间，其中亦配合各类公职人员选举，形成一整套战略。[①] 例如，针对次年1月的乡镇长、县市议员选举，民进党中央便对这项更具地方性、基层性的公职人员选举采取高额提名策略，借以“绷紧”地方选情，而接踵而来的邻里长选举也是如此。除了民意代表的选举之外，如何拔擢更多的行政人才，也是“12年执政计划”的重点之一。民意代表和行政人才双管齐下，借县市长选举培养行政人才是一种方式，而计划性地在非选举期间寻访与培养，也成为民进党为未来执政所做的功课。

该策略一直为民进党所采用，民进党于1993年选举中获得10个县市长席位，1997年增加至12个，最后于2000年成功上台。

---

① 萧衡倩：《到执政之路　民进党拟12年计划　争取民代席次拔擢行政人才　双管齐下　未来3次县市长选举为分界　阶段进行》，《联合晚报》，1989年12月5日第3版。

四、第三势力的发展

1989 年 8 月，赵少康、郁慕明、陈癸淼、李胜峰等人有感于国民党高层腐败及暗助“台独”等现象，亟思改革，而成立“新国民党连线”。当时虽曾强调并不是要另组新政党，然而，后来的局势发展仍演变成另组“新党”。

“新国民党连线”和“集思会”是国民党在台湾地区立法机构内的两大次级团体，外界一般将拥护李登辉的“集思会”视为“主流派”，“新国民党连线”则被归为“非主流派”。

1992 年底的民意代表选举，“新国民党连线”成员获得了空前的胜利。1993 年 2 月 11 日，“新国民党连线”在追求党内民主和改革不被接受的情况下，于台北中山纪念馆举办问政说明会，支持的群众将现场挤得水泄不通，也坚定了成员的改革决心和步伐。

1993 年 8 月 10 日，赵少康、郁慕明、王建煊、陈癸淼、李庆华、李胜峰、周荃等 7 人召开记者会，宣布成立新党，8 月 22 日，正式成立新党全台竞选暨发展委员会（简称新党“全委会”），会中除通过新党党章外，还票选由赵少康担任首任新党“全委会”召集人。

新党成立后，随即面临 1993 年底的县市长选举，当时提名李胜峰参选台北县县长、谢启大参选新竹市市长。11 月 24 日，许历农在选前宣布退出国民党加入新党，震撼政坛，新党因此士气大振。选举结果显示，新党在台北县得到 21.5 万票（得票率为 16.3%），在新竹市得到 1.5 万票（得票率为 10.1%），二者占全省得票数 3.1%，若加上结盟的 4 个县市，共计获得 41.6 万票，占得票率 5.54%，超过 5%的政党比例门槛，对刚成立 3 个月的政党来说虽不算赢，也不算输。1995 年民意代表选举和 1996 年“国大代表”选举中，新党的选票都超过 12%。

当然，新党的发展也面临着许多挑战。由于从国民党脱胎而来，所以被抹上了“外省人党”的色彩。其政治基础是在台北等都会区，所以被印上了“都会党”的印记。又因为其强烈反对金权勾结，所以开展政治活动所需的巨额活动经费和不断攀升的选举费用成为党内沉重的负担。

1994年底，曾任财政部门负责人的王建煊接任新党“全委会”召集人。长期的公职经历，让他比别人更有处理实际问题的经验。在他的带领下，新党取得了很大发展。

首先在组织上，新党形成了一支能量较大、人数较多、动员能力强的义工队伍。在经费有限的条件下，党部无能力经营庞大的选务组织。新党的支持者就自发组成团体参与辅选工作，传播新党的理念。随着新党的成长，义工团体也越来越多。最盛时期，在新党党部报备登记的义工组织有170余个，而每个团体又可号召十倍、百倍的力量，其义工团体的政治动员力往往是其他政党望尘莫及的。

其次，新党开办了专属电台，打造自己的宣传渠道，打破了国民党对媒体的垄断。新党“创党七雄”都是驾驭媒体的高手，他们口才好，雄辩力强，擅长从时政中找到突破点，往往能借现代传媒无远弗届的影响力，把本党最光鲜的一面展现给民众。当时台湾媒体正处于“新战国时期”，有线电视、地下电台纷纷成立，这恰好给新党的宣传提供了机会。赵少康在参选台北市市长时，新思维电台就给予了很大的帮助。

再次，新党率先成立了党内智库，为党内政策拟定提供智力支持。在新党第四届“全委会”第三次会议上，正式决议成立政策研究、财务、劳工、国际事务、弱势团体、青少年、妇女、少数民族等8个委员会，直接向“全委会”负责，专门推动各议题的政策研拟、法案研究，并与社会团体联系，以充实政党的内涵，提升政党的精神，拓宽吸纳人才的渠道。

短短数年间，新党的黄色竞选旗帜便插遍台湾南北，党籍公职人员已增加到105位，奇迹般地成为岛内第三大党。台湾政情分析家把新党的迅速崛起，称为政坛的“黄旗旋风”，学术界则把新党的快速崛起称为“新党学”。

新党创党初期所引领的风潮，可以说是台湾政治民主化过程的一次社会运动。新党在每次选举活动中所展示出来的理性、中庸、平和及秩序，相对于国民党砸大钱动员的传统模式及民进党动辄流血冲突的暴力手段，确实能给人以耳目一新的感觉。

可以说，在没有任何行政资源可以依赖的情况下，新党能在成立之初的几次选举中屡创佳绩，主要得益于新党所展现出来的新思维、新秩序、新格局、新气象以及党内团结的形象。新党在快速向黑金派系靠拢的国民党、日渐走向暴力的民进党之外，给台湾民众提供了一个新的选择。

然而，自1997年开始，新党便因政治诉求失焦、内讧不断等原因逐步陷入泡沫化的危机。1997年底的县市长选举，新党提名7人无一人当选，得票率更是从1993年选举的3.08%降至1.4%，显示新党赖以为继的形象牌对民众的号召力削弱，群众基础发生动摇。1998年12月“三合一”选举中，新党民意代表得票率只有7.06%，遭遇创党以来最大的挫败。2002年12月的台北市、高雄市市长及市议员选举中，新党在台北提名6席，当选5席市议员，得票率萎缩至0.9%；在高雄市议会则全军覆没。至此，新党彻底泡沫化。

2005年，新党主席郁慕明积极推动“泛蓝”整合，即将国民党、新党与于2000年成立的亲民党等三党合并。为了促进“泛蓝”三党合并，新党主动把3名党籍民意代表送给国民党，期望借助这一动作，给亲民党做出表率，加速三党合并的进程，而形成一股“泛蓝”政治势力。

新党的成立，不仅起到削弱国民党势力的作用，同时也导致许多对国民党与民进党都不满的选民，转向支持新党，确实满足了部分台湾民众与社会的期待。同时，新党造成国民党的分裂，让台湾政治生态起了极大的变化，政治力量对比出现新的变量。政治学界将新党的出现定位为“不等边的三党体系”。[①] 新党的出现，在岛内政坛上促进了第三势力的发展。

第二节　两岸关系的变化

一、“九二共识”与两岸协商

长久以来，台湾的大陆政策与现实环境存在着很大的差距。随着海峡两岸互动关系的加强，这种差距也日益扩大，因而台湾的大陆政策常被讥为“鸵鸟政策”。然而，海峡两岸的互动是不可避免的，愈禁愈盛，而问题也层出不穷。

关于台湾问题，大陆早已确定“和平统一、一国两制”的基本方针。1989 年中共十三届四中全会公报指出：“中国共产党十一届三中全会以后，提出了和平统一祖国的方针和一个国家、两种制度的构想，这是我们的基本国策。”1992 年 10 月，中共十四大报告，把“一个国家、两种制度”的创造性构想列为中国特色社会主义理论的主要内容之一，强调“我们坚定不移地按照‘和平统一、一国两制’的方针，积极促进祖国统一”。

进入 20 世纪 90 年代，台海形势出现显著变化，一是隔绝 40 年之后两岸民间交流兴起，继而开启协商机制；另一是苏联解体

① 刘义周：《解严后台湾政党体系的发展》，收入“中央研究院”台湾研究推动委员会编：《威权体制的变迁：解严后的台湾》，台北：“中央研究院”台湾史研究所筹备处，2001 年，第 89—110 页；刘国深等：《台湾政治概论》，北京：九州出版社，2006 年，第 142 页。

后的国际局势丕变。同时，台湾当局领导人李登辉背弃一个中国原则，图谋制造“两个中国”，纵容“台独”势力发展，因而对两岸关系造成严重影响。①

1995 年 1 月 30 日，中共中央针对发展两岸关系、推进祖国和平统一进程提出了八项主张。一是坚持一个中国原则，是实现和平统一的基础和前提。二是反对台湾以搞“两个中国”“一中一台”为目的的所谓“扩大国际生存空间”的活动。三是进行海峡两岸和平统一谈判。四是努力实现和平统一，中国人不打中国人。五是大力发展两岸经济交流与合作，加速实现两岸直接“三通”，造福整个中华民族。六是两岸同胞要共同继承和发扬中华文化优秀传统。七是充分尊重台湾同胞的生活方式和当家做主的愿望，保护台湾同胞一切正当权益。八是欢迎台湾当局领导人以适当方式前往大陆访问，大陆方面也愿意接受台湾方面的邀请前往台湾。

上述八项主张包含一系列新思想、新论断、新主张，丰富和发展中央对台工作大政方针和主要政策。第一丰富了坚持一个中国原则的思想，第二提出了不承诺放弃使用武力的针对性，第三发展两岸谈判的思想，第四赋予两岸经济文化交流新的含义，第五深化了寄希望于台湾人民的思想，第六表明了不赞成在国际场合进行两岸领导人会晤的态度。②

台湾方面，1988 年夏天，台湾当局就公布可经由第三地进口大陆的若干重要原料，让过去偷偷摸摸进行的活动合法化。这一政策更积极的意义是，它让一部分在实质上是以外汇来进行所谓“资敌”的行为，在当局的许可下得以施行。这已是两岸关系自军事对峙以来实现的比较大的突破。

---

① 中共中央台湾工作办公室、国务院台湾事务办公室编：《中国台湾问题：干部读本》（修订版），北京：九州出版社，2015 年，第 42—43 页。

② 中共中央台湾工作办公室、国务院台湾事务办公室编：《中国台湾问题：干部读本》（修订版），北京：九州出版社，2015 年，第 43—45 页。

事实上，开放探亲之后，两岸民间交流的范围不断扩大，衍生的问题也日益增加，例如，私渡犯、刑事嫌疑犯及刑事犯海上遣返，两岸婚姻及亲属关系、财产继承、经贸纠纷等的文书查证，双方挂号函件的查询及补偿等问题，也一一浮上台面。面对庞杂多变的两岸事务，鉴于两岸关系的特殊性，为协助两岸人民解决问题，保障两岸人民权益，建立两岸交流秩序，台湾当局不得不考虑设立一个民间中介团体，一方面作为两岸沟通的桥梁，一方面接受当局委托，执行涉及公权力的事务。

中国红十字会是最早与台湾进行联系与沟通的民间组织，1990 年 9 月 12 日，两岸红十字会代表韩长林（中国红十字总会秘书长）与陈长文（台湾红十字组织秘书长）在金门就执行海上遣返事宜进行协商，双方最终签订《金门协议》。

1990 年 6 月，台湾当局召开会议，主张“功能性的交流从宽、政治性的谈判从严”，并以专责的政府机关和当局授权的民间中介机构处理两岸关系。11 月，台湾当局与民间开始共同进行财团法人海峡交流基金会（简称“海基会”）的筹设工作，广获各界热烈支持，民间人士也踊跃捐助。11 月 21 日，捐助人会议及第一届董监事第一次会议召开，推举辜振甫担任董事长，许胜发及陈长文任副董事长，聘孙运璇为名誉董事长，陈长文兼任秘书长。

1991 年 2 月，海基会经台湾方面刚成立的大陆委员会许可设立，成为唯一授权处理两岸事务的民间中介团体，并于同年 3 月 9 日正式挂牌，开始受理相关事务。4 月，海基会立即展开与大陆的事务性协商，由时任海基会副董事长兼秘书长的陈长文领军，首度组团赴北京，展开历史性的访问。

无可讳言，两岸长期隔阂所造成的猜疑，使得两岸事务高度复杂敏感。对于海基会来说，它虽然是一个民间与当局的中介机构，但在处理各项事务的过程中，如何以务实的精神与积极的态度，协助两岸人民解决问题，确实是一项重大挑战。

1991 年 12 月，大陆对应的海峡两岸关系协会（简称“海协会”）成立，由汪道涵出任首任会长，国台办副主任唐树备任常务副会长。海协会与海基会由此展开两岸事务的协商互动、促进交流、服务民众与推动两岸和平等事宜。

1990 年两岸所签订的《金门协议》仅限于解决私渡人员、刑事嫌疑人及刑事犯海上遣返等问题，至于其他有关两岸婚姻、学历、亲属关系等文书查证、双方挂号函件的查询及补偿等攸关两岸人民权益的问题，仍有赖两岸进一步协商。于是，1992 年 3 月 22 日海协会与海基会于北京展开第一次协商。

两会协商机制既已开启，针对两岸事务的复杂性，为应对两岸交流形势下出现的新问题，实际上早在 1988 年初就由赵少康等人开始推动制定两岸关系规范性文件，1989 年台湾地区法务部门公布第一个“台湾地区与大陆地区人民关系暂行条例草案”，经过长达 3 年审议，台湾当局终于于 1992 年 7 月公布“台湾地区与大陆地区人民关系条例”（简称“两岸人民关系条例”）。这个性质十分特殊的条例，旨在处理两岸民间交往的一切事宜。内容包括两岸间政治性、经济性、法律性的规定，该规定推动了两岸关系的规范化。然而，遗憾的是，该规定存在一些歧视大陆人民的条文，如限制大陆劳工在台湾工作，规定大陆居民定居台湾满 10 年才有公民权利等，这些规定使大陆居民在台湾权益甚至不如外国居民，而且该规定突出强调所谓“台湾地区安全”，限制两岸民间交流，对未经许可而进行的两岸交流行为，罚多惩重。①

海协会成立后，根据国台办授权，坚持以一个中国原则作为海协会与海基会交往和商谈的基础。1992 年 3 月两会第一次工作性商谈结束后，海协会进一步阐述一个中国原则。1992 年 8 月 1

---

① 王坤宇：《浅析台湾“两岸人民关系条例”产生的背景及其特征》，《新财经》，2011 年第 3 期。

日，台湾当局做出“海峡两岸均坚持一个中国原则”的表态。1992年10月28日，两会在香港进行第二次协商。11月16日，海协会致函海基会，指出海基会在香港商谈中就表述坚持一个中国原则的态度“提出了具体表述内容，其中明确了海峡两岸均坚持一个中国的原则”；重申了同意以各自口头表述的方式表明“海峡两岸均坚持一个中国之原则”的态度，并提出海协会口头表述的要点为：“海峡两岸都坚持一个中国的原则，努力谋求国家统一。但在海峡两岸事务性商谈中，不涉及一个中国的含义。”该函以附件的方式，将海基会在香港提出的第8种表述方案附在函后，作为双方彼此接受的共识内容。12月3日，海基会回函对此未表示任何异议。至此，双方都认为经过协商达成了共识。这一共识后来被称为“九二共识”。[①]

“九二共识”是双方各自以口头方式表述海峡两岸均坚持一个中国原则的共识。达成共识的方式是各自口头表述，构成共识的内容就是上述两段经过协商、相互认可的具体文字，核心是坚持一个中国原则。共识中，海协会与海基会都表明了“努力谋求国家统一”“海峡两岸均坚持一个中国原则”的基本态度。对于一个中国的政治含义，海协会表示“在事务性商谈中不涉及”，海基会表示“认知各有不同”，做了求同存异的处理。在两岸之间固有矛盾一时难以解决的历史条件下，“九二共识”的达成，体现了两岸双方搁置争议、求同存异的政治智慧，确立了两岸商谈的政治基础，为两会开展协商并取得成果提供了必要前提。

1993年3月25日，海协会和海基会在北京进行第三次协商。双方针对文书查证等事务性问题迅速达成共识。接着，在经过两次预备性磋商之后，随即于同年4月在新加坡举行具有划时代意

---

① 中共中央台湾工作办公室，国务院台湾事务办公室编：《中国台湾问题：干部读本》（修订版），北京：九州出版社，2015年，第135—139页。

义的“汪辜会谈”。

1993 年 4 月 27 日，海协会和海基会负责人汪道涵与辜振甫于新加坡海皇大厦进行会谈。会谈举行了两天，汪道涵和辜振甫均展现高度智慧，克服会谈过程中出现的种种问题，顺利签署了《两岸公证书使用查证协议》《两岸挂号函件查询、补偿事宜协议》《两会联系与会谈制度协议》和《汪辜会谈共同协议》等协议，标志着两岸关系迈出了历史性的重要一步。

“汪辜会谈”是海协会与海基会负责人的首次会谈，定位为民间性、事务性、经济性与功能性的会谈，其目的在于建立两会联系协商制度，解决民间交流所衍生的各项问题，并积极促进经济、文教、科技等的交流。回顾两岸关系，从军事冲突、政治对峙，到单向渐进开放，再到极具象征意义的“坐下来谈”，两岸在阻隔了 40 多年之后，“汪辜会谈”在举世瞩目下，为两岸关系的发展打开历史性的一页。①

第一次“汪辜会谈”推动了两岸谈判进程，也带动了两岸交流的蓬勃发展。会谈之后，两岸两会持续举行后续事务性协商，包括时任海协会常务副会长唐树备与海基会副董事长兼秘书长焦仁和进行 3 次“唐焦会谈”，前后总计 10 次协商。协商议题包括“私渡人员遣返及相关问题”“劫机犯遣返”“渔事纠纷处理”及“开办快递（捷）邮件”等等。

1995 年 5 月下旬，两会进行第二次“汪辜会谈”第一次预备性磋商，并预订于当年 7 月 20 日左右举行第二次“汪辜会谈”。但是 6 月，李登辉以“个人”身份访问母校美国康奈尔大学，两岸关系陷入危机，不仅使海协会取消原定在台北举行的第二次预备性磋商，也使第二次“汪辜会谈”化为泡影。两岸关系及海

① 《辜汪会谈观察　稳健掀开历史新页》，《联合晚报》，1993 年 4 月 27 日第 2 版。

协、海基两会的协商进入长达3年的停滞期，直至1998年，两岸气氛有所缓和，才又慢慢恢复正式的接触，汪道涵与辜振甫也再度会面。

1998年10月14日，受海协会邀请，辜振甫赴上海、北京的参访活动成行，并进行“汪辜会晤”。辜振甫除与汪道涵多次晤谈外，还与时任中共中央总书记江泽民、中共中央政治局委员钱其琛、中共中央台湾工作办公室及国务院台湾事务办公室主任陈云林等人会见。双方围绕两岸关系系列重大政治问题交换意见，这是海峡两岸两会自1995年6月中断商谈以来的首次高层对话，也是自1949年以来最高级别的公开接触。

汪道涵与辜振甫在会谈中达成了四项共识：其一，双方同意加强对话，包括政治性、经济性对话。其二，双方同意加强推动海协、海基两会各层级人员交流。其三，双方同意就涉及人民权益之个案，积极相互协助解决。其四，台湾方面邀请汪道涵回访，汪道涵同意在适当时机赴台湾访问。这四点共识，有助于改善两岸关系和两会交流的气氛，从而为往后两岸两会的进一步交流协商，创造积极的条件。辜振甫参访大陆后，大陆方面继续推动两岸关系的改善发展。

1999年6月27日至29日，海协会与海基会在北京商谈，就落实四项共识交换了意见，并就汪道涵于该年9月中旬或10月初访台达成初步共识。然而，李登辉竟在10天后，公然抛出“两国论”，使一度缓和的两岸关系又一次跌入低谷。由于李登辉“两国论”的倒行逆施，使两会在一个中国原则下接触、交流、对话的基础不复存在，两岸协商大门再度关闭，汪道涵访台之行亦告搁浅。事实上，李登辉于1988年任国民党主席后，即已一步步在背弃一个中国原则，直至“两国论”分裂主张的发表，始现其“台独”原貌，因而对两岸关系发展造成严重破坏。

李登辉公然抛出“两国论”，将两岸关系定位为“国家与国家，至少是特殊的国与国关系”，这是对一个中国原则的背弃。不但大陆强烈反对，美国等主要国家政府、舆论也谴责不断。美国总统克林顿特别声明，对台湾提出的“特殊国与国关系”不予支持，并重申中美关系的三个支柱——支持“一个中国”、支持“和平解决争端”、支持“两岸和平对话”。[①] “两国论”抛出后遭到大陆和国际社会的强烈质疑和谴责。

二、“戒急用忍”

在政治上搞分裂的同时，李登辉还企图在经济上进一步限制台商在大陆的投资行为。

针对企业界大量前往大陆考察投资的现象，早在1993年8月，经济部门负责人江丙坤在台湾地区行政管理机构会议中首度明确宣示“南进投资政策”，以结合政府及民间业者的力量，进军东南亚市场。台湾当局同时展开一连串行动，积极增加对东南亚国家的贸易投资，除降低大陆投资热外，也以此作为往后经济国际化的重心。

1994年，李登辉利用农历春节假期前往印度尼西亚、泰国、菲律宾等东盟三国进行非正式访问，使台湾当局的“南进政策”迈出一大步。继而，在他以“个人”名义访问康奈尔大学后，两岸关系陷入低迷，因此他提出“戒急用忍”原则，希望台商不要到大陆投资。

回顾台商投资大陆的历程，在台湾还没开放两岸交流时，就有荣民或台商从第三地转往大陆地区进行投资。例如，1984年第一家由沪台合资的公司上海联华合纤有限公司，就已经在嘉定区开业；广东、福建等沿海省份也不乏同样的案例。

① 克林顿：《美对两岸政策不偏离“三个原则”》，台湾《中国时报》，1999年7月23日。

1987 年 11 月台湾正式开放民众赴大陆探亲之后，两岸民众交流络绎不绝。

20 世纪 90 年代，台湾人工与生产成本节节上涨，而大陆经济正起飞，积极引进各方资金及技术，因海峡两岸同文同种，且台湾又具有创造“经济奇迹”的经验，因此台商成为大陆招商引资的重点，“入岛招商”“以台引台”等随时可见，台湾企业界前往大陆经商、设厂者日增，引发一波波的投资浪潮。

从蒋经国宣布解严并开放大陆探亲后，台湾岛内进入经济及产业转型调整期，大陆相对廉价的劳动力、广阔的市场极大地吸引了台商。1992 年，台湾的岛外投资流向发生了重大变化，邓小平南方谈话的发表以及中共十四大的召开，明确了发展社会主义市场经济的方向，台商来大陆投资的热情高涨。李登辉后来的“戒急用忍”政策虽提醒台商勿急着前往大陆投资，也没有对台商到大陆投资造成更多阻碍，但毕竟让许多台商绕道投资大陆，反而增加了更多成本。

针对李登辉的政策，李敖曾经讽刺道，“戒急用忍”完全是一种鸵鸟政策，“既不能令，又不受命”。他认为，商人比政客聪明，所以台湾商人才会急着进入大陆市场去“卡位”、掌握商机。① 同 1991 年相比，1992 年台湾对美国、东南亚的投资额及其对外投资总额均下降五成左右，而对祖国大陆的投资件数却上涨了 11.4%，金额也大幅上涨了 41.8%。②

1993 年以前，台商赴大陆投资共 9830 件，占台湾全部对外投资 84.1%。但由于赴大陆的企业多以中小企业为主，投资规模相对较小，故总投资额只占 33%。1994 年以后，赴大陆投资件

① 李清如：《李敖：我为许信良助选　但票会投给宋楚瑜》，《新新闻》第 636 期，第 44 页。

② 舒萍：《台湾当局的“戒急用忍”政策及其对台资流向的影响》，《南开学报》，1999 年第 1 期。

数为6092件，占对外投资78%，但单项投资规模较大，使得投资金额比例上升至43.9%。换句话说，“戒急用忍”政策虽使得赴大陆投资件数貌似减少，但平均投资规模却增大。由每项投资平均36.5万美元增加到96.3万美元来看，该政策在阻止厂商赴大陆投资上的效果是有限的。①

台湾金控业是最后进入大陆市场的，但富邦金控早就将大陆列入企业经营版图，负责人蔡万才曾说过：现在是地球村，大陆就在眼前（指距离最近），若跳过去追求比较远的，并不合理，光是大陆这个市场业务就做不完，未来希望在大陆复制另一个富邦金控。②

蔡万才为富邦集团订下国际化目标，促使富邦金控积极布局大陆市场，通过并购香港的银行，进而率先同业参股厦门银行，乃至吃下华一银行，一举扩增大陆据点，在银行、保险等方面，都在大陆快速发展。在蔡万才复制台湾经验的计划中，富邦金控布局大陆采取点、线、面策略，从福建出发，以其作为大陆发展垫脚石，再以放射状向四川、重庆、北京、南京甚至渤海湾等各重要经济开发区进军。

总之，从发展趋势来看，两岸经贸往来已经无法阻挡。台商对大陆的投资金额屡创新高是不争的事实。到2006年为止，在大陆投资的台湾商家数更超过7万家。台湾对大陆的贸易顺差也从初期的20亿美元左右增加到近664亿美元，大陆早已取代美国，成为台湾近年来最大的顺差来源。台湾对大陆的贸易依存度也从初期的约4%骤升到近30%。这个数字意味着台湾在经济发展上已无法脱离大陆市场，两者联动性愈来愈高，已不可分。

---

① 林祖嘉：《登辉十年下台湾经济发展与产业结构调整》，收入周阳山主编：《李登辉执政十年》，台北：风云论坛出版社有限公司，1998年，第68页。

② 夏淑贤：《西进有成　国际化打地基》，《经济日报》，2014年10月6日A3版。

“戒急用忍”政策的出台有一定的历史背景。由于当时两岸政治关系没有实质性突破，两岸之间的经贸关系没有得到台湾当局明确的政策界定。加之两岸分离多年，一般民众对祖国大陆的自由市场决心尚有疑虑。李登辉正是利用台湾民众的这种疑虑心理，有意渲染并加深其对祖国大陆形势的不安全感。

李登辉的政策制造了两岸经贸障碍，遭到了岛内的舆论尤其是台商的反对。为了安抚台商，他声称“戒急用忍”政策绝不是从政治出发，而是纯经济角度的考虑。但是显然，这种说法并不能自圆其说，其真实目的在于故意疏离两岸关系，以便为其所谓“务实外交”和“两国论”的对外政策找到内政支撑点。

三、李登辉与“两国论”

1995 年 5 月 22 日，美国政府不顾中国政府强烈抗议，宣布允许李登辉以“私人”“非官方”身份访问美国。6 月 7 日至 11 日，李登辉赴美活动，大力鼓吹所谓台湾“经济奇迹”和“政治奇迹”，宣扬其“两个互不隶属的中国”的政治理念。《人民日报》接连发表评论员文章，对李登辉的分裂言论展开批判；在 1995 年 7 月和 1996 年 3 月，先后在台湾海峡举行包括导弹试射在内的军事演习，对“台独”势力的嚣张给予了严正的警告。

1999 年 7 月 9 日，李登辉接受德国“德国之声”广播公司专访时公然抛出“特殊的国与国关系”（简称“两国论”）一说，使一度缓和的两岸关系又一次跌入低谷。李登辉对两岸关系的定位，已超越了“国统纲领”将两岸关系定位为两个“对等政治实体”的说法，背弃了国民党的传统立场。这一公然妄图分裂中国的言论遭到大陆和海外华侨华人的强烈抨击。中共中央台办随即发表谈话，坚决反对分裂势力按照李登辉“两国论”进行“修宪”的图谋。世界主要国家都表态支持一个中国原则。该言论同时也重创台湾经济，一时间股汇市大跌，外资撤离，人心惶惶。

面对李登辉的这一分裂言论台湾政坛态度不一，中国国民党内部则意见分歧严重。2004年，连战曾公开说："我从来没有认同过'两国论'。"[①] 新党则指李登辉是摆明帮陈水扁竞选，李登辉的务实性是走向"台独"，这样的主张将两岸历经波折建立的和谐互动气氛破坏殆尽。新党数日后举办大型演讲会，全面向李登辉的"两国论"开火。

李登辉这一言论发表后，海协会副会长唐树备严词批评台湾破坏两岸关系，而所谓"特殊的国与国关系"的论述更破坏了1992年两岸各自以口头方式表述"海峡两岸均坚持一个中国原则"的共识。当时正值海协、海基两会开始就汪道涵赴台访问一事进行磋商，并达成在该年秋天访问台湾的共识。然而，正当双方要就具体时间、行程安排及会见人士进一步商定之际，"两国论"的抛出使协商再度中断。"两国论"最直接的影响，就是从根本上破坏了两岸对话、谈判的基础和两会商谈的政治气氛，阻断了两岸制度化协商的进程。

"汪辜会谈"之所以能够进行，是因为在1992年两岸达成"九二共识"，即两岸坚持在"一个中国"的基础上进行协商、对话。李登辉不愿看到两岸关系发展的这种态势，更不愿意看到两岸政治对话取得实质性的进展，因此蓄意在汪道涵会长即将在1999年秋天访台前夕抛出"两国论"，向一个中国原则挑战，目的就是想将两岸对话置于他划定的"国与国关系"的框架内，从根本上阻挠和破坏两岸关系的发展。当时，离李登辉卸任领导人不到一年的时间，他所抛出的"两国论"却一直影响着往后台湾政局的发展。

---

① 李濠仲：《连战：我从不认同"两国论" 接受日媒体采访 重申搁置主权争议之说是扁断章取义》，《联合晚报》，2004年2月24日第4版。

“两国论”的提出，明确地将“中华民国”国家认同与两岸关系的走向，由两蒋时代追求国民党主导下的终极统一目标，转向不相隶属的两个国家的方向推进，这种推进是李登辉主政下的国家认同转变的轨迹，实质是走向“台湾独立”。尽管他不断表明并不放弃“统一”的终极目标，但从其相关论述及其行动来看，两岸导向分离倒是其希望的最后的结果。①

第三节　政治转型

一、“万年国会”走入历史

李登辉上台后，开始解决1947年以来即未再改选的“万年国会”问题。在社会舆论催逼下，台湾地区行政管理机构于1988年11月通过“第一届资深中央民意代表自愿退职条例草案”。1989年1月26日，台湾地区立法机构通过该条例。从该年3月1日起，他们台湾当局开始受理这批过去被视为“法统”象征的老“民意代表”的退职申请，每人最高可领退职金546万元新台币。

20世纪50年代初期，台湾当局通过由最高领导人核准第一届“国民大会代表”继续行使职权，以及配合“大法官”会议解释等方式，正式确立了80年代以后俗称的“万年国会”体制。

“中央民意代表”赴台后未能实现定期改选，本是应对大陆变局的一种权宜措施，但时间一长，该制度基本上已与民意失去了联系，政治精英无法通过选举登上更高的政治舞台。同时，在

① 张海鹏、陶文钊主编：《台湾史稿》（下卷），南京：凤凰出版社，2012年，第706页。

这些“代表”未能改选的情况下，所谓“中央民意代表”机关的权力结构也难以扭转，只能在既有结构下进行分流与重组，民意在体制运作下其实已变得无足轻重了。

此后约40年间，在不同阶段的民主运动中，批判“万年国会”的呼声始终没有断过。1957年底，《自由中国》杂志便首次提出以所谓“离乡投票”方式，由各省籍人民分省选出区域“立法委员”，以进行立法机构定期全面改选。① 1958年，该刊物更进一步主张增加“台湾同胞”及“海外侨胞”席次，全面改选民意代表。②

20世纪70年代以后，随着新一代在野势力的兴起，“万年国会”问题更受到重视。在野人士纷纷在杂志上批判此事；甚至在大学校园里，连国民党籍教授都提出革新民意机构等要求。在党外势力崛起后，同样的改革主张更是避免不了。针对各界批判与内外压力，台湾当局曾在1969年与1972年，分别进行增补选与增额选举，对“民意代表”制度做了小幅度的改革，以抚平民怨。

1990年，要求变革的声浪越来越大。虽然前一年通过了“第一届资深中央民意代表自愿退职条例”，也给予老“国大代表”相当优厚的条件，但有部分资深“国大代表”与“立法委员”表示抗议，并酝酿抵制李登辉。该年2月19日至3月30日，台湾当局召开第一届“国民大会”第八次会议，会中资深“国大代表”提出应让他们每年集会和行使创制复决权，以及延长其6年任期至9年等案。这引起台湾民众尤其是年轻学生的不满。③

---

① 《今日的“立法院”》，《自由中国》，第17卷第11期，1957年12月1日，第7页。

② 朱伴耘：《五论反对党》，《自由中国》，第19卷第5期，1958年9月1日，第12页。

③ 何海兵主编：《台湾六十年》，上海：上海人民出版社，2009年，第111—112页。

3 月 16 日，20 多名台湾大学学生带着食物和帐篷，进驻台北中正纪念堂广场，以静坐方式抗议资深“国大代表”滥权，揭开“三月学运”序幕。台湾大学学生及各校参与成员，搭起“野百合”民主广场。19 日起，他们轮番上台对不断聚集的学生和前来声援的民众演讲，提出“解散‘国民大会’、废除‘临时条款’、召开‘国是会议’、拟定政经改革时间表”等诉求，并发起“全民逼退老贼签名运动”。3 月 20 日，李登辉宣布将邀请各界代表召开所谓“国是会议”，以回应学生的改革期待。21 日晚，学生代表与李登辉对话后，宣布于 22 日凌晨结束历经 7 天的“三月学运”。这次事件之后，李登辉依照对学生的承诺，在不久后召开“国是会议”，废除“动员戡乱时期临时条款”，并结束了“万年国会”的运作。

1991 年 5 月 1 日，李登辉宣布废除作为戒严时期的法律依据的“动员戡乱时期临时条款”，等于终止所谓“动员戡乱时期”，作为缓冲，金门、马祖则是在次年 11 月解严。至此，解除了台湾政治转型的法律障碍。

二、台湾地区“宪政改革”

1990 年 6 月 28 日起，全台各界代表针对“国会改革”“地方制度”“政府体制”“宪政改革”与“大陆政策与两岸关系”等议题，进行为期 6 天的讨论。其中，“宪政改革”成为与会者最关注的议题。

“国是会议”后，台湾当局成立“宪政改革”策划小组研究后，提出所谓“一机关、二阶段”“修宪”工作，来处理废除“临时条款”后“宪政体制”的调整问题。“一机关”指“国民大会”，“二阶段”指第一阶段由“国大代表”制定宪制性规定增修条文，第二阶段则根据宪制性规定增修条文选出第二届“国大代表”，进行正式的“修宪”。也就是由“国民大会”进行“修宪”，资深“国大代表”只作程序性决定，等选出第二届“国大代表”后，再由其进行实质性“修宪”。

1991 年 4 月 8 日，第一届“国民大会”第二次临时会议召开。至 21 日，三读通过制定台湾地区宪制性规定增修条文 10 条。其主要内容包括：赋予民意机构全面改选的法源；废止“动员戡乱时期临时条款”；确立相关安全机构的地位和授权制定两岸关系规章。国民党完成所谓“第一阶段历史性修宪任务”。

这表明国民党回归宪政体制，初步落实了宪政。但是，本次决议又保留了“动员戡乱时期”授予台湾地区领导人的“紧急权”与设立的三机构：“国家安全会议”“国家安全局”与“人事行政局”等，以保证李登辉能够继续掌握实权。这就注定国民党主导的“修宪”具有浓厚的李登辉色彩。

李登辉主导的几次“修宪”，表面上是进一步民主改革的需要，是为了巩固自己的权力。实际上，是要造成与“两个中国”“一中一台”相适应的政治体制，借“修宪”挑动两岸关系，借“修宪”引“台独”势力介入政党纷争，借“修宪”培养所谓“台湾主体性”意识。李登辉不断强调“修宪”的必要性与紧迫性，他主政的 12 年，差不多就是一部“修宪”史。

总体上，他主持的“修宪”可分为四个阶段。

李登辉任内的第一次“修宪”，主要是替日后大规模的“宪政改革”打下基础。4 月 30 日，李登辉宣布，“动员戡乱时期”于同年 5 月 1 日零时终止。同时公布台湾地区宪制性规定增修条文，废止“动员戡乱时期临时条款”。这是“国是会议”召开后第一次“修宪”。

李登辉任内第二次“修宪”于 1992 年 5 月 27 日展开，增修条文主要内容包括：台湾地区领导人任期自第 9 任起缩短为 4 年，恢复只能连任 1 次的限制；“国大代表”自第 3 届起任期缩短为 4 年；台湾地区领导人由“台湾地区全体人民选举”产生；

“司法院”正副院长、“大法官”、“考试院”正副院长、“考试委员”及“监察委员”均改由台湾地区领导人提名，并经“国民大会”同意；台湾省政府改置省长，由省民选举；“国民大会”每年集会，可听取台湾地区领导人的报告，并提供建言。此为第二届“国民大会”选举产生新的“国大代表”后，进行的首次“修宪”。二届“国代”选举，国民党在选举中大胜，掌握了“修宪”的主导权。

1994 年为第三阶段。此次“修宪”顺利通过台湾地区正副领导人改为公民直选，并且决定台湾地区领导人依照台湾地区宪制性规定经“国民大会”或“立法院”同意任命人员的命令，无须经过“行政院长”的副署。这次“修宪”加上前两次“修宪”的结果，使李登辉充分掌握了所有权力。

1997 年是“修宪”的第四个阶段。李登辉在 1996 年通过直选当上台湾地区领导人，其权力和威望达到顶峰。1996 年 12 月召开会议决定再次“修宪”。在国民党与民进党各有所图和新党退席的情况下，国民党、民进党两党“国代”终于在 1997 年 7 月的第四次“修宪”中联手完成“精省”（但其实际结果是将“省政府”功能冻结，因此社会舆论往往称“冻省”）“修宪”，“台湾省省长”宋楚瑜在这次“修宪”中败北。“冻省”之举，为李登辉的“中华民国在台湾”奠定了基础。

三、台湾地区领导人直选

在“国是会议”上，民进党及其他在野人士，提出领导人民选诉求，虽引起争论，但最终还是实现了。

不过，如何选举，各方仍存在很大争议。1992 年 3 月 5 日，“集思会”与“新国民党连线”的“立法委员”和“国大代表”，表明赞成直选。3 月 6 日，台湾各级议会议长、副议长联谊会要求推动领导人由公民直选。①

在直选的气氛愈益浓厚的情况下，3 月 8 日李登辉指示，将“公民直选”与“委任直选”两案并呈国民党三中全会讨论。3 月 15 日，国民党三中全会针对直选发生严重对立，决定不以表决方式处理。次日，通过“应依民意趋向审慎研定，自 1996 年……施行”。虽未做出决议，却已明显自原有“委任直选”的方案转向“公民直选”。

1994 年第三阶段的“修宪”，第二届“国民大会”第四次临时会三读通过台湾地区宪制性规定增修条文 10 条。主要内容有：领导人直选，采取相对多数制；领导人经“国民大会”或“立法院”同意任命人员，无须经“行政院长”副署；“国民大会”自第三届起增设“议长”与“副议长”。

自 1995 年下半年开始，台湾掀起选战热潮。这是首次由人民直接选举。选举过程，更因大陆一连串演习的阴影，引起国际关注。该次大选共有 4 组人选搭配参选，分别是国民党提名的李登辉、连战搭档，民进党提名的彭明敏、谢长廷搭档，自行联署参选的林洋港、郝柏村搭档，及陈履安、王清峰搭档。

1996 年 3 月 23 日，台湾顺利完成有史以来首次地区领导人公民投票直选。当天，投票率高达 76.4%，李登辉与连战以 5813699 票当选，得票率 54.00%；彭明敏、谢长廷得 2274586 票，得票率 21.13%；林洋港、郝柏村得 1603790 票，得票率 14.90%；陈履安、王清峰获 1074044 票，得票率 9.98%。

李登辉当选后，首度就两岸关系发表讲话，表示进一步加强两岸的正常发展，是目前所要努力的，同时强调台湾永远打开两岸协商大门，更不放弃和平的期望，他还表示，台湾坚持“一个

① 《中国时报》，1992 年 3 月 7 日第 1、第 2 版；《中央日报》，1992 年 3 月 7 日第 2 版。

中国”是指“中华民国”而非“中华人民共和国”。李登辉的表态并无新意，无非是对岛内非主流派国民党人士的安抚而已。当选之后，李登辉肆意挑动，使两岸关系陷入僵局，海协、海基两会也中断沟通，给两岸关系发展带来严重挫折。

四、“精省”与行政组织改造

1950 年 4 月，台湾地区行政管理机构出台了“台湾省各县市实施地方自治纲要”，以行政命令赋予台湾实施地方自治的基础。4 月 24 日，台湾省政府根据该行政命令正式公布该纲要，在“省县自治通则”公布前，作为实施地方自治的基本依据。

然而，台湾省政府与执政当局在人口上有 81%重叠，管辖的土地面积有 98%重叠，在行政制度上有叠床架屋之嫌，导致资源分配严重扭曲及浪费。早在 1957 年雷震主办的《自由中国》杂志中，就曾发表以《小地盘大机构》为题的社论。1972 年，刚出狱的雷震，洋洋洒洒写下万言《救亡图存献议》呈给蒋介石，提出的政治兴革方案中就有一项是建议“废除‘省级’制度，以求行政组织能配合目前的现实环境”。时任“监察委员”陶百川，也在监察机构年度检讨中，公开建议将省政府变为“虚级”制度。然而当时废除省级的建议并未被当局接受。

到了 20 世纪 80 年代，“修宪”之后，不再官派省主席，改为省长民选。1994 年 12 月 3 日，台湾举行台湾省省长及台北市与高雄市市长民选。这是台湾地区 40 多年来第一次省长选举，也是台北改制为“直辖市”27 年、高雄改制 15 年以来的首次市长民选，是台湾实施地方自治、落实“主权在民”的新里程碑，意义非常重大。

此次选举，宋楚瑜击败民进党的陈定南当选台湾省省长，省长民选虽然是民主化的表现，但叠床架屋的畸形体制依然没有改变，废省之议仍然存在。省长民选后，省长的正当性与地区领导人的正当性，产生了某种程度的紧张。在省长民选制度化后，省方实力相当庞大，再加上土地及人口资源有限，便造成“中央”与省级幅员严重重叠进而产生的权限摩擦问题。[①]

1996年12月，李登辉召集朝野人士举办“国家发展会议”，“废省”之议再次被提出，最后达成“冻省”共识。此举当然也引来国民党内部权力斗争，抗议势力涌出，再由“冻省”妥协为“精省”。1997年7月18日，第三届“国民大会”第二次会议三读通过修改后的台湾地区宪制性规定修正条文。1998年12月，台湾省省长及省议会走入历史。此后，省虽然仍有省主席，但已无民选的省议会，省也不再具有地方自治机关的功能，台湾的地方自治自此又进入新的阶段。

就台湾民主发展历程的特质与进程而言，李登辉执政10年，在政党政治方面，从过去一党独大、有限参与，转型为多党竞争、高度参与。在民主参与方面，由参与机会设限，如省主席官派、领导人由“国大代表”选举产生，开放为省长与台湾地区领导人均直接由民选产生，但之后再倒退回将省长、省议员选举取消，乡镇市长及乡镇市民代表改为改派或遴选。因此，台湾民主化进程可说是由封闭转型为开放，由开放再倒退为局部封闭。

在政治体制实际运作上，则是由“动员戡乱”体制，转型为台湾地区领导人居于核心，不受制衡监督，并以行政机构负责人为其个人之执行长，民意机构则处于弱势地位。主导“修宪”的国民党将这一体制定名为“改良式双首长混合制”，但实际运作结果则是“恶质化三首长混乱制”，亦即台湾地区领导人、副领导人和行政机构负责人，形成“三头马车、各自为政”的特殊现象。其结果则是自由“宪政主义”与权责相符的制衡原则全面逆

① 黄锦堂：《地方自治法治化问题之研究》，台北：月旦出版社股份有限公司，1995年，第26页。

退，以政治强人为核心的民粹威权主义则独擅胜场。

总之，李登辉在任前5年全力抓权，后5年为所欲为，最后导致内外交困，两岸关系恶化，经济亦在衰退中。

第四节　经济与社会文化的变迁

一、公营企业民营化

1987年也是台湾经济的一个重要转折点。该年，台湾不但政治上解严，两岸关系松动，开放台湾同胞赴大陆探亲，同时放宽了外汇管制，而且多年来存在的外来投资净资本流入也画上休止符。台湾受到工资上涨、土地价格高昂、劳动力短缺、环保运动崛起、“劳动基本法”实施及新台币快速升值的影响，扩大对外直接投资。

公营事业民营化则是释放台湾民间活力的重要一环。台湾公营事业民营化，最早可溯自国民党政府退守台湾后释出四大公司的股票。随后，尹仲容等运用美元贷款等扶植民营企业。但在台湾经济发展过程中，公营事业在地区生产总值中所占的比例仍高，因此，不时有学者专家呼吁推动公营事业民营化。

1978年9月，蒋硕杰、邢慕寰、顾应昌、邹至庄、费景汉等学者即针对当时的经济问题，以《经济计划与资源之有效利用》为题，提出6项建议，包括改善公营事业，使其经营方式与民营企业相仿等。原因是公营事业及当局投资已占总投资的50%以上，影响经济成长。[①]

---

① 蒋硕杰：《台湾经济发展的启示》，台北：经济与生活出版事业股份有限公司，1985年，第335页。

公营事业民营化成为台湾当局关注的焦点。台湾地区行政管理机构负责人孙运璇在 1981 年 5 月指示“经济建设委员会”会同相关部门，检讨公营事业民营化。

推动公营事业民营化的目的如下：其一，增进事业经营自主权，提高其经营效率；其二，筹措公共建设财源，加速公共投资，提高生活质量；其三，吸收市场过多游资，缓解通货膨胀压力；其四，增加资本市场筹码，扩大市场规模，健全资本市场发展。

台湾地区行政管理机构为推动公营事业民营化，于 1989 年 7 月成立“公营事业移转民营推动小组”。

截至 2013 年，台湾地区公营事业，经济部门所属计有 7 家，均已陆续进行民营化，包括供应能源的台湾电力公司与台湾“中油公司”；奖励农业，促进农业发展，持有广大土地资源，可以提供土地以配合投资工业区及其他建设需要的台糖公司；提供民生用水的自来水公司；建造船舰、飞机和重型机械的“中船公司”、汉翔公司和唐荣铁工厂等。公营事业民营化政策，不仅为企业注入新的生命活力，也使公营事业成功转型，成为政府改革效率的新标杆。

有学者认为，当年国民党是基于一党之私，创造出一党独裁政权的特权体制，建构垄断性“党国资本”共生体，阻碍民营资本发展。该研究进一步指出，台湾所号称的“三民主义经济”制度，实际上是举世无双的“混血怪胎”，具有一些极端危险的“病变基因”，包藏了“集权主义”一党专政祸心，甚至“国库通党库”之间的利益输送。[①]

该论调确实在台湾产生了极大的影响，不过亦有反驳的声

① 陈师孟、林忠正、朱敬一等：《解构党国资本主义——论台湾官营事业之民营化》，台北：澄社，1991 年，第 23—24 页。

音。学者瞿宛文指出，这些讨论都是静态的、非历史的，无法将问题放在台湾动态的发展环境中来看。国民党政权在战后接收原来日本独占的资本，这些资本成为它统治的物质基础，也让当局在经济成长初期占有绝对的主导地位。当局则利用这个机会，管制及扶植私人资本以发展资本主义经济。而将这共生体制称为“党国资本主义”，则忽略了利益结合的双方，称其为“官商资本主义”则比较恰当。[①]

不论是“党国资本主义”还是“官商资本主义”，在公营事业民营化浪潮后，台湾绝大部分公营与省营事业陆续朝着民营化的方向发展，私有资本已向公营事业争取到绝大多数的市场，因此，私有化已取代“党国资本主义”。

二、促进产业升级

从 20 世纪 80 年代中期开始，台湾产业已逐渐脱离劳动力密集形态，这包含两个层面，一是创新形态高科技产业的建立，一是传统产业的升级。

80 年代以后，台湾新兴高科技产业逐步发展，其中包括半导体、计算机信息、自动化、高级材料、光电等产业。纵观台湾高科技成功的原因，一是前述之新竹科学园区的设立，二是工研院及学术界的技术协助，三是产业界自身的努力。

新竹科学园区自 1980 年 12 月揭幕开园，到 1993 年已有 150 家厂商，一年创造了 1300 亿元新台币的营业额，占到当年台湾地区生产总值的 2%以上。至于工研院的角色，在 8 个重点科技中，有 5 项以工研院为主要执行单位。1983 年至 1994 年，台湾当局非防务性质的科技计划，以经费而言，约有 25%由工研院执行。

---

① 瞿宛文：《全球化下的台湾经济》，《台湾社会研究丛刊》，2003 年，第 251 页。

就整体计算机信息产业而言，1993 年的产值已逾 124 亿美元，为全球第五大输出地区，台湾个人计算机、笔记本电脑技术几与美、日同步。计算机接口设备占有率居全球第一位者则有监视器、掌上型扫描器、主板等。台湾信息工业产值至 1995 年持续成长达 142 亿美元，居世界第三，集成电路制造业产值达 43 亿美元，居世界第四。高科技产业已是带动台湾经济发展的主要产业。①

2000 年，台湾信息科技产品出口占总出口比率增至 34.5%。信息科技产业占制造业实质生产总值比率，亦大幅扩增至 34.3%。这显示台湾出口高度依赖信息科技产业，信息工业与欧美产业合作日趋紧密，台湾经济也因此与全球信息科技产业的景气程度紧密联系。

2001 年，台湾电子信息产业有 14 项产品，如监视器、主板、鼠标等市场占有率高居世界第一。台湾科学园区成为世界第四大整合电路生产地区。芯片产值占全球的 70%，信息产业产值世界排名第四位（曾一度居第三位）。

至于传统产业升级，台湾的传统产业多为中小企业，台湾当局通过经济部门工业局与中小企业处，推动多项辅助工业升级的措施，包括融资优惠、技术辅导等，10 年间成果已现。

台湾产业数十年来的发展，也仍存在着结构性问题。1965 年至 1980 年，台湾经济纯粹是出口导向，且市场集中在美国。在这 16 年间，台湾对美国累积出口金额占总出口金额的 35%，累积对美出超 124.5 亿美元，大部分的出口品都是低工资商品。更重要的是，这些低工资商品，不论是成衣还是电器，大部分原料或零部件都由日本进口，因此，台湾 16 年间，年年对日本都有贸易入超，累积入超金额达 162.89 亿美元。

① 胡仲英：《经济自由化与国际化下科技研发政策之探讨》，收入《自由中国之工业》，1996 年第 86 卷第 6 期，第 35—36 页。

换句话说，1965 年至 1980 年间，台湾基本上是日本厂商的代工基地。但也因为这段时间积累大量成长的教训，吸收信息，为下一阶段做准备，使 20 世纪 80 年代以后代工从本质上有了重大突破，进入高科技产业及对外投资的时代。

1980 年起，台湾厂商开始展现对外投资的活力。由于对外投资的增加，带动台湾相关机器设备、加工生产用零件及原材料出口产业的成长，因而在纯粹加工出口之外，对外投资诱生的加工出口也有所发展。

在这种经营模式下，台湾产业存在着两个问题：其一，即使产业已升级，仍无法摆脱代工的性质，只是转变为了较高层次的代工。其二，产业外移造成产业空洞化的疑虑。

台湾“经济建设委员会”的研究显示，过去台湾制造业快速发展，其占地区生产总值比率于 1986 年达到 39.4％的高峰后，至 1994 年已降至 29.0％，8 年间下降高达 10.4 个百分点，远较欧美日等工业国家为快。

自 1979 年起，日本制造业占国内生产总值的比例维持在 29％上下，新加坡亦维持在 28％至 29％的水平。在经济自由化与国际化继续推行的前提下，为使台湾制造业占地区生产总值比例维持在 29％上下，制造业增长率应提升 6.5％至 7.0％。台湾当局必须积极改善整体投资环境，并继续鼓励企业研发投资、更新设备、创新科技，以提升生产力，维持竞争优势，避免产业空洞化。①

不过，在李登辉执政 10 年间，台湾地区经济增长与产业结构出现明显变化。经济成长速度由平均 8.7％降到 6.7％。而所得分配均出现迅速恶化现象，这与 1988 年到 1992 年股票市场暴涨暴跌

① “经济建设委员会综合计划处”：《台湾制造业结构之变迁》，收入《自由中国之工业》，1995 年第 84 卷第 3 期，第 44 页。

等投资理财有关。分配恶化可说是经济表现中最主要的问题。①

这一时期，台湾物价较为稳定，且经济结构朝着低劳动力密集型、高资本密集型以及重化工业产品的方向调整，符合民众对产业升级的要求。而造成产业升级的主因，一方面在于 1986 年前后新台币大幅升值，一方面则在于劳动力密集型产业大量转赴大陆投资。

“登陆投资”使台湾传统密集型中小企业找到第二次发展契机，而在台湾的产业也得到转型升级。更重要的是，台商赴陆也迅速开发了台湾对大陆的市场，进而使台湾产业不但提高出口，也因此有更多的精力和更强的能力从事研发工作，对台湾是利多于弊。从大陆角度，台商工厂提供工作机会，提高大陆人民收入，并带来生产技术与管理经验。尤其是台商数目众多，长期而言，对大陆的经济体系更有全面性帮助。所以从经济层面看，台商赴大陆投资正是创造双赢的最佳范例。

三、社会运动的发展

1986 年下半年起，台湾社会“解冻”声四起。解严前夕，各类禁忌被突破，社会运动如开闸之水，一时间奔流出来，街头运动不时可见。各种群众抗议、示威、请愿、自力救济、街头游行等活动层出不穷，据统计，光是在 1987 年解严那一年，全台集会游行请愿超过 1800 次。②

20 世纪 80 年代以来的台湾新兴社会运动主要源自经济发展的外溢、政治权力的变化，以及民间社会的出现。

20 世纪 90 年代以后，台湾社会运动风起云涌。若以争取的

---

① 林祖嘉：《登辉十年下台湾经济发展与产业结构调整》，收入周阳山主编：《李登辉执政十年》，台北：风云论坛出版社有限公司，1998 年，第 74 页。

② 吴介民：《反对运动与社会抗议的互动》，台湾《中国论坛》，1989 年第 28 卷第 11 期，第 29—40 页。

目标作为分类标准，可分四类：其一，政治性社会运动，如政治受刑人的人权运动、校园学生争取自由化运动等；其二，私益性社会运动，如劳工团体运动、农民运动、教师人权运动等；其三，公益性社会运动，如消费者保护运动、环境保护运动、反核运动、无住屋组织等；其四，争取公平待遇的社会运动，如妇女运动、争取老兵福利、客家权利运动等。①

台湾的社会运动最早发生在20世纪80年代中期，而高潮爆发于国民党当局采取一连串开放政策之后。可见昔日威权统治镇压力量之大。在解除过去的桎梏后，台湾各种社会运动如山洪般宣泄而下，所幸各社会运动多能以理性和平的方式得以处理。

台湾社会运动蓬勃发展，通过媒体的报道，更多民众开始注意与关心自身权益，又促成更多社会运动的展开。总之，台湾社会运动风气盛行的结果是人民带着对当局的不满进行抗争，社会运动成为反对当局支配的抗争实践场所。

四、"本土文化"的崛起

在历史不同阶段来到台湾的大陆移民，及台湾的少数民族，共同造就了当地多元文化的丰富内涵。

不过，解严前这些多元文化是被禁锢的。在长期"反共抗俄"基本政策下，台湾当局所主导的文化政策往往以落实这一基本政策为主，其他文化均受到打压。尤其在光复后的"二二八事件"所造成的本省人与外省人的误解与对立，并未因为岁月流逝而消释。因此，多元文化的发展受到限制。过去，跟祖国大陆相关的文化"只能想不能碰"，而进行台湾文化研究的学者，往往有可能被戴上"台独"的帽子。

---

① 彭怀恩：《台湾政治发展（1949—2009）》，台北：风云论坛有限公司，2009年，第337—345页。

解严前后，各种禁令逐渐松绑，至“戒严令”解除，以及党禁与报禁开放等，台湾走上了较为自由开放的道路，加上当时正是台湾经济快速发展的年代，多元文化的特质于是获得了更多表现的空间，社会更显朝气蓬勃。有关台湾文学史（叶石涛），台湾美术史（林惺岳、谢里法），台湾建筑史（李乾朗）的著作逐渐面世，针对台湾音乐史的探讨也逐渐增多。甚至曾被视为禁忌的“二二八事件”，在这一时期也逐渐成为可以公开谈论的议题。

同时，有关台湾史的研究也成为这一时期的重要课题。威权统治时期，当局注重大一统教育，而对台湾史的教育不太重视。解严后，舆论呼吁当局，重新确立台湾史在大学教育里的严肃意义。

随后，与台湾史相关的研究性社团、出版品、学术研讨会等等，也如雨后春笋般地公开在社会中露面。例如，在尚未开放自由组织社团之前，尹章义等学界人士组织了“台湾史研究会”，虽然持续进行学术研究工作，却没有“合法”地位。类似这类“准社团”直到此时，才得以以“合法”面貌问世。

学术界针对台湾史的研究逐渐浮上台面，于 1988 年 1 月底召开了“第一届台湾史研讨会”，针对清季及日本殖民统治时期台湾的历史人物、农业、爱国主义、台湾民众反抗性格，提出论文报告，提示台湾在近代中国史上所扮演的重要角色。

此外，民意代表及学界也呼吁，台湾当局应解除禁忌，积极开放档案，以待史家公断台湾史中的存疑事项，并于“中央研究院”等设台湾史研究所，在各大学普设台湾史课程，使台湾史的研究更加完整、客观。

同时，向来以清宫馆藏为主的台北故宫博物院，也在其 70 周年院庆及台湾光复 50 年之际，向外界公布其馆藏的近 40 万件清宫档案，其中有不少是研究台湾史的第一手资料，相关单位将其逐步整理出版面世。

台北故宫博物院馆藏的清宫台湾史料，都是 200 多年间治理台湾的地方官报给清廷的资料，举凡雨水收成、米粮价格、人口变迁、进贡土宜、民情风俗等，都有详细的记录。此外，还包括了清朝历朝皇帝写的朱批，从中可见朝廷对台湾治理的各种观点。

从 20 世纪 80 年代开始，前往台北故宫博物院查阅有关台湾文献史料的中外学者越来越多，台北故宫博物院有感于台湾史研究日盛、研究者日众，为满足学术界需要，于 1994 年开始展开一系列整理台湾文献的行动，以促进研究的发展。史料与史学关系密切，没有史料就没有史学，而史料又可分直接史料和间接史料。档案就是直接史料，对历史研究极具价值。这批清宫台湾史料的整理出版为台湾史研究提供丰富实在的第一手资料，对愈趋热门的台湾史研究，大有裨益。

过去，由于台湾当局推行汉语运动，方言被认为是妨碍民族主义发展而受到打压。解严后，一些维护方言的组织纷纷出现，挑战当局的政策，1993 年台湾当局宣布，中小学生可依兴趣及需要，以选修方式学习闽南话及客家话。自此，方言教学渐形成风潮。

同年 7 月，台湾地区立法机构也通过了删除“广播电视法”第 20 条对方言的限制的决议，新条文特别保障少数民族语言或其他少数族群语言播出之机会。大众传播媒体中对于方言的限制，也获得松绑。

因此，各族群语言受到重视，他们也逐渐开始寻求自己族群文化的保存与发扬，并以自己的族群为荣。就族群的观点来说，各族群不只是要承认其他族群的存在，更要互相欣赏并接受其他族群的文化特色，通过彼此之间的对话和了解，使族群在寻求保存文化差异的同时，也能进行合理的整合，以“存异求同”达到族群共存共荣的目标。

不过，“本土文化”一阵风吹起后，对原本弱势发展的艺术文化曾经有过些许影响。例如，“兰陵剧坊”的补助停发导致该剧坊难以为继、“云门舞集”活动的停办、《文星杂志》与《台北评论》相继停刊，以及严肃又具深度的文学著作很难挤入畅销排行榜等。[①]

当时的台湾社会发展情况犹如股市的涨跌走势，明显可见政治股、经济股一路狂飙，文化股却呈疲软态势。政治原因促使了“本土化”的勃兴，社会资源纷纷向其倾斜。然而，受到经济加速成长、商品普遍激增的影响，文化产品只重包装而忽略内涵，自然也影响到精英文化的发展，使得社会经济与文化的成长严重失衡。

① 陈平芝：《兰陵困窘 云门暂歇 文星停刊 文学著作难出头》，《联合晚报》，1988 年 9 月 10 日第 8 版。

第七章

新世纪的台湾与两岸关系

第一节　极化政治的形成

一、亲民党兴起

台湾省政府被“精省”后，曾经在李登辉执政初期为其立下“汗马功劳”的宋楚瑜，与李登辉的关系迅速恶化，被迫辞退台湾省省长职位，并于1999年为参选2000年的台湾地区领导人选举而四处奔走。

然而，李登辉属意的接班人是连战而非宋楚瑜，甚至连副职位也拒绝考虑他。1999年3月24日的国民党中央常务委员会后，宋楚瑜对国民党计划在党代表大会之前，先投票产生候选人的选举程序予以严词批评，表现出了与国民党决裂的态度。

4 月 2 日，“宋楚瑜工作室”挂牌运作，宋楚瑜强调成立工作室是为了“倾听人民心声，凝聚社会共识”。一个月后，宋楚瑜发表演讲《以超党派全民廉能政府重建民众的信心》，首度较为系统地阐述了他的施政理念，宣示他参选的决心。

7 月 16 日，时任国民党秘书长章孝严与宋楚瑜沟通，提出“连宋配”参选的可能性，遭宋楚瑜拒绝。同时，民调支持度高居首位的宋楚瑜，立即宣布参加隔年的领导人选举。

宋楚瑜找到曾任长庚大学校长、曾为陈水扁幕僚的高雄人士张昭雄做搭档，投入领导人选举。最终宋楚瑜高票落选，仅比陈水扁少 31 万票。3 月 18 日，落选当晚，宋楚瑜的支持者要求组党的声音划破夜空。19 日凌晨，宋楚瑜向支持者承诺“第三势力应该整合”。不久，宋楚瑜领导的“新台湾人服务团队”决定组党，并暂定名称为“新台湾人民党”（后改为“亲民党”）。与此同时，“新党全国发展及竞选委员会”召集人郝龙斌也表示，支持宋楚瑜的都是反对“台独”、支持改革的选民，希望宋楚瑜不要气馁，尽快组成“第三在野势力联盟”。

同年 3 月 31 日，亲民党正式成立，宋楚瑜与张昭雄分任主席及副主席。该党设“全国委员会”及“中央执行委员会”，为最高决策机关及执行机关。同时成立大会当天，通过亲民党党章、党纲，声明“亲民党是兼容并蓄的柔性政党”，并提出“宪政”、人权、安全防务、司法革新、警政治安、经济发展、社会福利、文教、族群、环保等议题及政策主张。宋楚瑜期许由他所带动的台湾新兴力量，能够促使台湾政治民主、社会公道、两岸和平及族群团结。

2000 年的台湾地区领导人选举出现了“宋楚瑜现象”：在选举过程中的许多宋楚瑜的疯狂支持者，其实过去都没有参与政治。这所展现出来的是台湾社会主流价值的变化及社会新兴力量的出现。

宋楚瑜参选，逼迫各政党进行转型，也逼迫民进党必须对大陆政策进行调整，以此应对台湾新兴社会的需求。

亲民党党员中有相当一部分来自国民党与新党，外省人、闽南人、客家人、少数民族等都有，被外界泛称为“橘营”。初期是“泛蓝”阵营的一员，2008 年之后逐渐脱离“泛蓝”。2012 年大选时正式提出“人民至上，重建信任，跳脱蓝绿，照顾三中”的理念，欲建立第三势力。

二、李登辉被开除国民党党籍与连战确立积极的大陆政策

2000 年 3 月 18 日，陈水扁当选后，台湾人民反对李登辉“台独”主张的怒火被点燃，从 3 月 18 日晚开始的几天几夜，一大批反对李登辉的国民党党员和台湾民众，聚集在台北市国民党中央委员会大楼及李登辉官邸前，高呼“李登辉下台，惩办国贼”的口号，要求其辞去国民党主席。他们认为，李登辉的“台独”路线是导致国民党在此次选举中败选的原因。李登辉起初不敢露面，并传话表示待 9 月国民党全体会议召开表决通过后才能卸任国民党主席，遭到示威群众更激烈的反抗。台湾民众的强烈反对迫使李登辉于 3 月 24 日辞去国民党主席一职。此后李登辉与于 2001 年 8 月成立的“台湾团结联盟”（简称“台联党”[①]）走得很近。该党打着“本土化”旗号，秉承李登辉“两国论”分裂路线，大搞“族群分裂”。2001 年 9 月 21 日下午，国民党考记会举行会议，经讨论，确认李登辉严重违反国民党党章的规定，给予李登辉“撤销党籍”的处分，并于 9 月 26 日送交国民党中常会备查，通知李登辉当时所属的桃园县党部，完成李登辉违纪案的全部程序。

① 台联党由李登辉筹划并授意亲信黄主文成立，以李登辉为“精神领袖”，以延续其“两国论”分裂路线为宗旨。

国民党下台后变成在野党，痛定思痛之下，国民党开始检讨失败的原因。新上任的国民党主席连战为使国民党“起死回生”，着手对国民党进行整顿，抛弃“李登辉路线”。2002 年 6 月 10 日，中国国民党主席连战指陈国民党的“五大病根”，声称国民党要吸取败选教训，浴火重生。此外，在两岸关系方面，连战也恢复了积极的大陆政策，促使两岸关系重新得到改善。

2005 年，连战到大陆参访，国民党的一系列大陆政策纲领得以逐步实施。在“九二共识”的基础上，加大国共两党、台海两岸民间经贸交流的力度。其中，具体措施包括：确立国共高层交往模式；积极构建党际定期沟通平台，如 2006 年的“两岸经贸论坛”和“两岸农业合作论坛”；积极推动国共两党之间的基层交流；与民进党争夺大陆事务主导权；为台商利益奔波，为台湾农民请命等。[①]

三、“蓝绿”阵营的对立

2000 年台湾地区领导人选举后，岛内政坛出现“泛蓝”与“泛绿”两大阵营。“蓝绿”之争从政界蔓延至大众传播媒体、社会各阶层，甚至普通百姓家族内，人们动辄被以“颜色”归类与划分。

由于中国国民党以蓝色为主色调的党旗与民主进步党以绿色为主色调的党旗有别，因此以蓝、绿区别。“泛蓝”与“泛绿”是一种概略性政治意识形态，而非严谨具体的政治主张。即便同一颜色阵营的个别政党、社团与个人之间的实际政治理念，仍有程度不等的差异。

“泛蓝”，又称“泛蓝阵营”“泛蓝军”“蓝军”“蓝营”，是对

---

① 徐博东：《台海风云见证录》（政论篇下），北京：九州出版社，2012 年，第 695—697 页。

与国民党政治理念相近的各种团体的总称，主要指国民党以及由其分裂产生的新党与亲民党。“泛绿”一词多与“泛蓝”并称相对，主要指民进党和台联党等。

2000 年，“核四案”[①] 意外搭起国民党、亲民党与新党的合作桥梁。当时舆论戏称：面对“泛蓝军的整合”，民进党“立委”大叹，“李登辉花了 12 年分化国民党，陈水扁只花 30 分钟就整合了泛国民党”[②]。

政党结盟的现象并不罕见。而结盟的形式，可能是短期性或个案性的，为了共同推动某一项政策，或是较长期性的选举联盟或执政联盟。其中选举联盟和执政联盟常是互为表里，以使参与的政党同蒙其利，各自寻求当选席次的极大化以及分享执政权力的机会。而政党结盟的基础，除了执政的诱因外，意识形态的相近往往是重要的前提。

2000 年，国民党首次成为在野党，但“泛蓝”在民意机构中仍占多数，并于民意机构改选后握有台湾地区立法机构约三分之二的席次。国民党提名的马英九分别于 2008 年及 2012 年赢得选战，取得执政权。但 2012 年台湾地区领导人及民意代表大选后，新党“泡沫化”并宣布将重新思考与国民党的关系，亲民党也不再和国民党合作。

就民意机构的运作而言，倘若选后仍然不能出现一个过半数的政团，并由这个政团来主导民意机构，可能导致民意机构运作

---

① 兴建第四核能发电厂（简称“核四”）是 20 世纪 80 年代就提出的计划，1985 年 5 月因设厂地点所在的新北市贡寮区民众强烈反对，蒋经国指示暂缓兴建。1992 年，李登辉指示批准，于 1999 年 3 月 17 日开始动工兴建。但 2000 年政党轮替后，行政管理机构宣布停建，随即遭立法机构弹劾。

② 林新辉：《无党籍 12 票　4 明朗 8 混沌　朝野抢人大赛　看似国民党占上风　事实未必》，《联合报》，2000 年 11 月 5 日第 2 版；林新辉：《低调有定见　亲民党稳赢不输　李登辉花了十二年分化国民党　陈水扁只花卅分钟就整合泛蓝军》，《联合报》，2000 年 11 月 6 日第 2 版。

困难。再就民意而言，则无论是“泛蓝”或“泛绿”的选民们，亦大多寄望政治人物必须整合，不要分裂。也就是说，就民意机构的运作而言，整合是必要的；就民意憧憬而言，整合亦是应当的。

第二节　陈水扁时期的政治经济

一、首度政党轮替

2000年3月18日，台湾史无前例地完成首度“政党轮替”。当日，代表民进党参选的陈水扁、吕秀莲当选台湾地区正副领导人，并出现第一位女性领导人。

国民党之所以在该选战中失败，原因错综复杂，但最根本的因素无可否认，并不是外患，而是内忧，也就是国民党本身的分裂。

对于国民党这个退守台湾的“百年老店”，民进党打出的“政党轮替牌”确实也在一定程度上打动了民心，因而真正实现了政党轮替。

2004年的台湾地区领导人大选，在“泛蓝”民众要求下，连战与宋楚瑜搭档竞选，选举前一天，爆发一起迄今尚未获得圆满解释的“三一九”疑案，陈水扁“身中两枪”，部分人士质疑其可信度，即使警方宣布破案，仍无法为部分民众所释疑。投票后，连宋二人无法接受大选结果，除发动大规模的游行抗议之外，更要求重新验票，调查是否有舞弊之嫌。然而，原先民调落后的陈水扁还是再度连任。

二、民进党的经济策略

陈水扁上台两年来，政策摇摆不定，经济上毫无建树，幸赖反对党不团结，民进党成为立法机构第一大党，陈水扁总算稳住了阵脚。他誓言“拼经济”，为 2004 年台湾地区领导人选举铺路，然而却不得要领。

陈水扁在经济建设方面，曾提出两项计划，一是 2000 年的“全球运筹发展计划”，一是 2002 年至 2007 年的“挑战 2008——六年发展重点计划”。此外，也有对李登辉时期即已规划加入世界贸易组织的落实，不过，陈水扁时期，台湾整体经济发展并不尽如人意。

2000 年的政党轮替是台湾经济建设计划的转折点。在 2000 年之前，台湾共推动 12 期经济建设计划，其中 11 期为四年计划，1 期为六年计划。民进党上台后，很快放弃“亚太营运中心计划”，提出“全球运筹发展计划”，希望将台湾建成“全球运筹中心”。

民进党当局认为，新世纪是知识经济的世纪，竞争优势不在传统劳动力，而在智能与知识技术。“亚太营运中心”格局太小，以大陆为腹地亦有很多盲点，将限制台湾的优势，因此主张把台湾建成“绿色硅岛”与全球高科技制造及服务中心，即所谓的“全球运筹中心”，以加强与全球化接轨。其具体目标在于健全电子商务、实体物流，改善基础环境，并协助企业整合跨区域资源，发展高附加价值转运服务，并在 5 年内节省物流成本约 2000 亿元新台币。[①]

2000 年 10 月起，台湾正式推动“全球运筹发展计划”。该计划旨在协助企业发展全球运筹管理，使台湾成为国际产业供应链的重要环节，运用台湾制造业优势，推动全球布局，全力提升台湾的物流、信息流、资金流效率，协助企业整合跨区域资源，发

---

① 林信义：《新世纪、新思维、新经济》，收入《自由中国之工业》，2002 年第 92 卷第 4 期，第 20—21 页。

展高附加价值转运服务。同时，规划建立示范性全球运筹信息共同交换平台，即建立一个岛内系统商、零组件厂商、银行、物流及国际采购商接轨的共同网络平台。

2002年5月，民进党当局通过“挑战2008——六年发展重点计划”，再次强调加速将台湾发展成为“绿色硅岛”的建设远景。该计划主要是为适应外部环境的变化与挑战，要以“以人为本，永续发展”为核心价值，以“全球接轨，在地行动”为发展策略，在6年内投入2.65万亿新台币，发展10项重点计划，分别是：E世代人才培育计划、文化创意产业发展计划、国际创新研发基地计划、产业高值化计划、观光客倍增计划、数字台湾计划、营运总部计划、全岛运输骨干整建计划、水与绿建设计划、新故乡社区营造计划。

“挑战2008——六年发展重点计划”的主要目标是，到2007年时，经济增长率超过5%，研发经费占地区生产总值的3%，世界第一的产品或技术至少达15项；创造70万个就业机会，失业率降至4%以下；宽带普及率超过600万户，来台旅客增加两倍。可以看到，“挑战2008”充斥着国际化、数字化、人文化字眼，似乎是一幅美妙的蓝图。但台湾财力空虚已是不争的事实，当局举债不断，又要筑新的债台，“挑战2008”的天文数字般的资金从何而来，难以落实。

在对外贸易方面，台湾当局于2002年1月1日以“台湾、澎湖、金门、马祖单独关税区”名义加入世界贸易组织。在总体经济表现方面，入世后10年间，台湾在地区生产总值成长、人均所得、就业人数与产业发展、进出口贸易等各方面，表现大致呈现正增长，地区生产总值平均增长率达4.66%。①

---

① 吴佳勋：《台湾加入WTO十年成果检视之研究》，台北：“经济部国贸局”，2011年，第97页。

其中，以居民消费价格指数的变化来看，随着经济复苏，人民生活成本亦逐渐上涨，居民消费价格指数每年平均增长约1%，对照同时期3%上下的地区生产总值年增长速度，生活成本增加幅度小于经济增长幅度。其后在2007年至2008年间，一度因全球能源危机导致物价上涨，致使人民生活成本增加幅度超过经济成长幅度。

在产业经济表现上，入世后台湾工业、服务业产值增长力度相当明显。而农业作为台湾入世前最有可能受到冲击的产业，除农业就业人口长期呈现逐年减少现象值得关注外，整体产值及农业生产力均大幅度提升。工业部分，入世后工业产值及就业人口皆呈现正增长，产值平均增长率达4.12%，就业人口平均增长率则为1.18%。相较而言，入世后台湾工业产值增长率高于其就业人数的增长率，此亦显示工业生产力的提升。服务业部分，其产值亦呈现相应增长，平均年增长率为2.93%，就业人数的年增长率则为1.76%。

此外，参考台湾入世10年间在全球竞争力、投资环境、贸易总额及全球贸易排名的表现，确实有一定程度的提升与改善，显示加入世界贸易组织确实为台湾在整体贸易表现上带来正面影响。但若与其他地区相比，差距依然明显，此亦反映在这一期间，台湾虽推动自由化，在全球化浪潮中却仍呈现落后情形。

由于陈水扁拒不回到一个中国的原则立场，两岸关系存在着巨大的不确定性。台湾要想“积极开放，布局全球”，必须与大陆就台湾的地位等一系列问题交换意见。两岸迟迟未能“三通”，外商无兴趣浪费人力、物力及时间于冗长的两岸辗转换机、换船作业。就是台商，考虑到“三通”的难处，也视投资台湾为畏途，“建设台湾成为台商及跨国企业设置区域营运总部最佳地区”只能停留在纸面上。“挑战2008”照搬陈水扁的竞选文宣，徒具空头口号，暴露技术层面的盲点，不具有可操作性。

民进党执政时期还存在一个非常严重的问题，即停建“核四”。民进党宣布停建“核四”，违反了公共政策规划及执行的“持续进行原则”，即已投入成本，却因意识形态宣布停建，最后还是回到原点。陈水扁以“绿色硅岛”、知识经济为主轴的政策方向虽然不错，执行时却碰到“核四案”这个致命伤。停建的决策似乎是一切错误的开始，它让产业失去信心，相继出走。

行政部门各单位之间的本位主义，彼此之间的协调问题，则是其政策规划与推动的另一盲点。如“阿玛斯”油轮漏油事件、“九二一震灾”灾后重建等，都凸显本位主义，部门间无法同心协力。

民进党反反复复的两岸经贸政策更是让企业感到无奈。例如，“开放银行到大陆设办事处”、调整“戒急用忍”政策，本来已有基调，但舆论一有风声，就又踩刹车，这是民进党理政的致命伤。

民进党上台后强调“新思维、新行动”，大幅检讨旧政策，但在检讨过程中不信任事务官，让许多政策“空转”近一年。此外，政策制定的策略性不够，缺乏可行性分析，经济上不可行、政治上有阻力，使得许多政策变成空口号，民众对其越来越丧失信心。

不仅台湾民众怨声四起，连在台湾的外籍机构如美国商会，也认为“当局欠缺行动力，政党无法合作，造成台湾竞争力无法提高”。

例如，台湾当局一直在谈论国际化、全球化与民营化，然而却没付诸实践。公共建设开放不足，无法引进国际企业管理模式及高级技术。与大陆市场整合不足，市场不够开放。而在最重要的知识产权保护上，当局尽管做了很多保证，但根本没有实践。[①]

---

① 仇佩芬：《美国商会“台湾白皮书”政府欠缺行动力　竞争力无法提高》，《联合报》，2003年5月21日C2版。

政党轮替使台湾政治生态发生剧变，长期处于较稳定环境下的台湾经济面临新的挑战。民进党上台后，意识形态挂帅，政争不断。当局缺乏长远眼光和具专业素养的财经人才，政策摇摆不定，连连失误。在经济运行环境遭到人为破坏的情况下，台湾经济陷入低速增长甚至负增长的衰退低谷。所谓“拼经济”，也只是口号而已。

三、政商关系的私人化

民进党上台后，为打破国民党与地方派系间的联结，采取了两项措施：其一，以金融改革之名废除农渔会信用部门的功能，以断绝国民党地方派系的选举资金来源。其二，通过选举提名制度，在派系林立的县市，建立民进党与地方派系之间的关系。

然而，虽然国民党原有的统合体制因执政优势的消失而瓦解，但民进党却也未曾在新的统治基础上建立起新的体制。这是因为陈水扁只想通过台湾地区领导人职位建立亲信资本主义的个人裙带关系，利用执政优势借机拉拢资本家，形成个别酬庸与笼络的政商网络。在这样的操作下，台湾政商关系倒退，而陈水扁也因此付出下台后锒铛入狱的代价。

威权体制时代固然对民主政治有所压抑，但制度化的政商关系也让当局官僚有相对的自主性，可以规划长期经济政策与引导产业发展。民主转型时期，在国民党维系统治考虑下，政商关系却逐渐党派化，这也因此弱化了官僚的自主性。国民党在此时期也开始建立与企业的大小伙伴关系，并以党营事业来维系与企业的联盟。

第一次政党轮替后，民进党时期的政商关系则变成了个人关系网络的建立，裙带关系的“官邸政治”赤裸裸地在“民主”的幌子下出现了。行政当局成了为资本家服务的机关，就连立法机构也无法监督政商之间的利益输送。

这当中的变化，除了由于财团本身经济资本的扩大，更重要的是因为“选举文化”已成为台湾政治发展的主导模式。台湾转型后，频繁的选举将政党改变成为短线操作的选举机器，并且，为获取选举资金支持，政党往往释出行政资源来换取财团的政治支持，这导致了行政部门难以规划与执行长期的发展策略，也使制度性的政商关系难以建立，最后退缩为个人裙带关系的亲信资本主义。

2006 年 9 月，岛内掀起一股“倒扁潮”，一项“百万人、反贪腐、倒扁”的“红衫军”运动由此展开。街头运动所动员的人数说法不一，不过人数在最多的时候，突破了光复后所有的街头抗议人数纪录。

“红衫军”的行动有几个特征，其一，无关“蓝绿”“统独”与政党；其二，虽然要求“倒扁”，但意义是反贪腐；其三，文明理性，是具有中产“美学”的集会抗争；其四，展现守法、有秩序，具备嘉年华会、愉悦的氛围。[①] 总之，这是一次有道德情操的“公民集体”对“失德”政治人物的总批判。

四、“文化台独”

陈水扁跟随李登辉的台湾“本土化”步伐，并进而从政治、教育、文化等领域，逐步进行“去中国化”。

民进党当局打着“本土化”旗号，有计划地全面向“文化台独”推进，同时建立起一套推行的体系。其目的在根除中华文化对台湾的影响，切断台湾与祖国大陆的文化脐带，弱化台湾民众的中国认同，并欲建构其所谓“台湾国”的意识形态，为“台独”培植社会思想基础。[②]

---

① 朱云汉等：《台湾民主转型的经验与启示》，北京：社会科学文献出版社，2012 年，第117—118 页。

② 彭维学：《陈水扁加速推行“文化台独”培植“台独认同”》，见中国网。

首先，政治上，改造、建立以推动“文化台独”为目标的文教、宣传机构与组织人事，全面掌控对台湾历史与文化的解释权。陈水扁高度重视“文化建设委员会”“教育部”等相关行政部门的高层人事，以此把持文化、宣传、教育、考试、研究机构，削弱中国文化，灌输“本土文化”。与此同时，陈水扁还重视培育“御用”学术力量，加大相关经费的投入，另一方面，刻意打击研究、弘扬中华文化的研究人员。

此外，又发起“台湾正名”运动。如陈水扁多次公开使用所谓“台湾中华民国”的说法，强调“中华民国就是台湾”，“台湾就是中华民国”。吕秀莲也称希望“以台湾中华民国作为国家称号”。台湾当局各部门和机构的网站也纷纷在名称上加注“台湾”字样。2004 年，台湾当局官方印制的地图“中华民国全图”不再包含大陆。2007 年 2 月，台湾当局更将“中华邮政”更名为“台湾邮政”，并以“台湾邮票”取代“中华民国邮票”，同时还将“中国石油股份有限公司”更名为“台湾中油股份有限公司”，“中国造船股份有限公司”更名为“台湾国际造船股份有限公司”。

其次，教育上，推出一系列“去中国化”的“本土化教育”政策。民进党当局鼓吹“教育要以台湾为主体，培养学生珍惜本土文化、认同台湾的情怀”。在这一思想的指导下，台湾当局推出了一系列“去中国化”的教育政策。其中，包括推出“去中国化”的教科书与课程纲要，于 2001 年 8 月新学年开始，台湾当局开始推行乡土教学，大量删减中小学教材中关于中国历史、地理、社会的内容，将李登辉时期完成的具有浓厚“台独”倾向的《认识台湾》教科书作为中小学教材。同时，鼓动各大学院校删减甚至取消与中国有关的课程，增设与台湾有关的研究系所。李登辉时期，台湾当局鼓动各大学逐步删减甚至取消与中国有关的中文、中国近代史及中国通史等必修课程，鼓动高校设立“台湾文学系”或“台湾文学研究所”，而把中国文学系并入“外国文学系”“东方文学组”等。陈水扁上台后延续了这一政策且变本加厉。2003年，台湾当局正式把中小学教科书中的台北市标记为所谓“首都”。2007年1月29日，台湾当局修改历史教科书，不仅将中国史和台湾史分开，还把“我国”“本国”“大陆”统统改称“中国”。

台湾当局强行推动闽南话教学，在小学专设乡土语言课，在中学推动配合乡土语言的乡土教学，妄图以闽南话取代普通话。台湾地区行政管理机构还不顾教育部门的反对，极力推动“通用拼音法”，代替联合国公认的汉语拼音方案。

此外，台湾当局甚至利用公务员考试推行“文化台独”，改变公务员队伍的文化认同。在相关考试中废考“国文”等，而将“本国史地”等科目作为主流意见，并将涉“中国”字样的科目改为“本国”。考试命题范围也“去中国化”，并加重闽南话命题比例。

再次，文化上，在一般的社会生活、大众文化、学术研究领域，通过塑造所谓“本土特质的台湾文化”，隐秘地灌输“台独文化”意识形态。陈水扁强调：“不受任何意识形态的束缚”，“致力于文学、艺术、文化环境的再造与提升”，其实是将“文化台独”政策深入文化、深入日常生活和习惯。这部分的任务由“文化建设委员会”（后升格为台湾地区文化部门）执行。

“文化建设委员会”等相关机构还陆续筹组了十多个所谓“落实本土文化薪传”、淡化中华文化的学术机构、研究中心，如台湾文化资产中心、台湾历史博物馆、台湾民族音乐中心、台湾传统艺术中心、台湾文学馆等等。试图在不同领域增强“乡土认同”与“本土意识”，以“台湾文化”取代中国文化和中华文化。

第三节　陈水扁时期的两岸关系

一、陈水扁的“台独”举措

陈水扁是一个政客，惯于抄短线，搞投机。如果公开宣布放弃“台独”立场，支持他的铁票将流失；一味搞激烈的“台独”动作，也是以卵击石。2000年，陈水扁上台之初，迫于台湾社会主流民意求和平、求安定、求发展的现实，也迫于祖国大陆对“台独”的压力；同时，也为了让美国放心，保证自己平稳掌握政权，经再三斟酌，他在就职演说中做了所谓“四不一没有”的承诺，即不会宣布“台独”、不会更改“国号”、不会推动“两国论入宪”、不会推动改变现状的“统独”公投、没有废“国统纲领”和“国统会”的问题。但这只是他的欺世之诺。一个中国原则是两岸关系和平稳定发展的基础，也是检验陈水扁和民进党执政后是否顽固坚持“台独”立场的试金石。上台之初的陈水扁坚决不承认一个中国原则，不承认两岸有“九二共识”。

2002年8月3日，陈水扁公然宣称“台湾是个主权独立的国家”，“台湾与对岸中国一边一国要分清楚”，抛出了“一边一国”分裂主张，彻底暴露了其顽固坚持“台独”立场的真面目。

2003年春以来，陈水扁迫于自身政绩不佳，蓝军顺利整合的压力，将操弄“台湾认同”、煽动民众的“反中仇共”情绪、挑动省籍矛盾、制造两岸关系紧张作为竞选的主攻方向。

2003年9月，陈水扁提出要“催生台湾新宪法”，并提出2004年至2008年的一系列政策，形成了一个走向“台独”的时间表。其连任后，继续按既定时间表，进行“台湾法理独立”活动。

2006年2月，陈水扁宣布终止“国统纲领”适用和“国统会”运作，彻底抛弃了他“四不一没有”的承诺。继而在2008年3月举行“以台湾名义加入联合国的公投”。

这一时期，“台独”现实危险性明显上升，严重威胁中国主权和领土完整，严重阻碍两岸关系发展，严重危害台海地区和平稳定，使台海形势进入高危期。

针对陈水扁的“台独”冒险，中共中央做出了反“台独”斗争的重大决策部署，决定一个时期对台工作的首要任务是反对和遏制“台独”，全力阻止“台独”势力通过“宪政”、公投谋求“台湾法理独立”，维护国家主权和领土完整。2005年3月，十届全国人大三次会议极高票通过《反分裂国家法》，表明了中国人民坚决反对“台独”的坚强意志，给“台独”势力以强大震慑。①

二、两岸“小三通”

陈水扁上台后，台湾工商界要求开放两岸“三通”的呼声日益强烈。为缓解压力，陈水扁提出了金门、马祖与福建沿海地区的“小三通”。

关于两岸“小三通”的讨论早在李登辉时代就已出现。

1991年7月，香港《文汇报》刊出一篇专文，指陈“设立厦门金门特别行政区”的好处，以提供国共两党高层人士参考。文章说，这可以借由厦门与金门的“小两岸”的“小三通”，促成“大两岸”的“大三通”。

这篇专文称，厦门与金门合设特别行政区，实行“一区两制”“两岛两制”，是将来大陆其他特别行政区所没有的。设立该特别行政区有下列好处：其一，先从“小两岸”的“小三通”做

① 中共中央台湾工作办公室、国务院台湾事务办公室编：《中国台湾问题：干部读本》（修订版），北京：九州出版社，2015年，第82—83页。

起，寻找一个双方都能接受的联结点，在有限的范围内开展试点合作，在“一区两制”“两岛两制”的模式上积累经验，为两岸最终“三通”、中国统一探索道路。其二，在海峡两岸当中设立一个中间地点，使厦门金门成为“会亲走廊”，以利两岸人民通过这一走廊进行交往，无须再绕道第三地区，省钱省力省时间。其三，有利于发展厦门、金门乃至福建、台湾的经济。文章发表后，引起台湾民众讨论，并屡向李登辉当局倡议。

2000 年大选前，民进党参选人陈水扁指出金门的地位要提升，并建构为“离岛免税特区”，发展成为购物天堂、海上观光乐园、和平之岛，并扮演台湾与大陆的“和平桥梁”角色。陈水扁强调，金门在“三通”的议题上不能缺席，应扮演积极的角色。他建议两岸“小三通”可以用“单向直航”“定点直航”“先海后空”“先货后客”的原则。两岸可在大陆的围头、沙坡尾等渔港，成立“金厦鱼货交易中心”或“金厦一般日用商品交易中心”，把已经存在的交易纳入管理，避免走私泛滥。

大选后，台湾地区立法机构复会，通过“离岛开发建设条例”，同意台湾本岛与大陆全面通航前，金门、马祖及澎湖地区得先行试办“小三通”。在台湾本岛与大陆地区全面通航前，开放金门、马祖、澎湖地区与大陆地区试办通航，不受“两岸人民关系条例”等法令限制。

2001 年 1 月 1 日，台湾开始在金门、马祖两地试办“小三通”，不仅让金马民众生活更便利，对台商而言，也多了一条往来两岸的便捷渠道。从数据来看，“小三通”规模不断扩大，往来人数更是屡创新高。金门与马祖这两个曾经肩负反共前线重任、笼罩肃杀气氛的小岛，一转身反而成了两岸互动的先锋，更成为台湾持续放宽两岸人员往来的试金石。

根据统计，2006 年全年“两门”“小三通”人数多达 62.3 万人次以上，相较于 2001 年的 2 万余人次，是当年的 30 余倍；而

"两马""小三通"人数也首度突破4.5万人次。总计开放以来至2005年，已经有185万人次经"小三通"往返两岸，进出口货物累计金额超过14亿元新台币，船舶也有1.3万航次以上，各个层面的交流日益频繁。①

综观两岸"小三通"发展历程，大陆方面由于长期主推两岸"大三通"的对台政策，因此在台湾实施开放"小三通"初期反应并不强烈，直到2002年，大陆开始以扩大"小三通"为"大三通"积累经验，作为主要对台策略之一。2004年12月7日，首批福建旅游团正式以观光名义踏上金门的土地。大陆开放金马游以来，人数呈跳跃式增长，以金门为例，2006年有900多个大陆团组前往观光，为当地经济注入更多的活力，"金门三宝"贡糖、菜刀、高粱酒更是盛名远播。有趣的是，海岸阻绝桩、反空降堡、地下坑道等昔日战备时期的遗迹，也成了热门景点。

另一方面，台湾从实施金马"小三通"以来，不断朝进一步放宽的方向修订政策。尤其自2004年3月5日起，全面开放大陆台商及眷属经由"小三通"往返后，人数开始呈现爆发性增长。每逢春节假期，"小三通"输运的旅客，高峰期每日都超过2000人次，足以与两岸春节包机媲美。

三、两岸包机

陈水扁上台后，不接受一个中国原则，不承认"九二共识"，因李登辉"两国论"而中断的海协、海基两会协商与两岸往来难以恢复。为推动两岸"三通"，大陆方面提出"民间对民间、行业对行业、公司对公司"的沟通模式。大陆商务部旋即成立海峡两岸经贸交流协会，与大陆交通部所属海峡两岸航运交流协会、民航总局所属中国民用航空协会等行业组织，一同成为最新的对

---

① 李念殊：《重渡黑水沟》，台北：畅谈文化出版社，2008年，第53页。

台民间协商窗口。

台湾方面，由于台商持续西进大陆，2003 年 12 月正式发布了“两岸人民关系条例”中有关“复委托”机制的增列条文。

以两岸包机为例，2003 年 1 月 26 日，两岸开启首次台商春节包机，台湾中华航空包机成为 1949 年以后首架依正常途径飞往大陆的台湾民航班机。然因台湾对大陆民航机直飞台湾仍存疑虑，因此首次台商春节包机系以“单向（回程不得载运客人）、单飞（只有台湾航空公司参与经营）、间接（必须经由港澳落地）”的方式进行，台湾计 6 家航空公司 16 架次包机接送台商。

2005 年的春节包机协商，由台北市航空运输商业同业公会与中国民用航空协会海峡两岸航空运输交流委员会相关代表，于澳门就春节包机相关技术性、业务性问题进行沟通，同时达成“多点开放、直接对飞、双向载客、不中停第三地”的方案。2006 年 6 月 14 日，双方又就 4 项项目包机达成共识，包括货运包机、客运包机节日化、紧急医疗包机、特定人道包机等。两岸客运包机从春节包机扩大至春节、清明节、端午节和中秋节。

同年 7 月 20 日，由台湾中华航空货机载运的台湾集成电路制造股份有限公司设备抵达上海，正式开启两岸首次项目货运包机。

此外，为了就开放大陆人民赴台观光展开技术性、业务性沟通，大陆方面在 2006 年 8 月 17 日成立两岸海峡旅游交流协会，由国家旅游局局长邵琪伟担任会长。8 月 27 日，台湾也随之成立台湾海峡两岸观光旅游协会，由观光部门负责人许文圣担任董事长。

这种民间行业组织的技术性、业务性沟通，成为民进党上台后两岸唯一的协商途径，尽管名义上是“民间性”的，但实质上仍由两岸当局负责操作。

不过这种沟通方式，虽能解决两岸一些问题，却无助于改善关系，对两岸关系极具指标意义的海协与海基两会的互动，在陈水扁时期仍处于中断状态。

四、国共交流

2004 年大选前的两颗子弹，使陈水扁在经过一番周折后得以连任。连、宋二人最后只好黯然面对这一事实。不过，陈水扁不断推进的“台独”活动，开启了国民党与共产党 50 余年来的首度正式接触。

针对陈水扁的二度当选，中共中央台办及国务院台办于 2004 年 5 月 17 日发表“五一七授权声明”，指出当前两岸关系形势严峻。坚决制止旨在分裂中国的“台湾独立”活动，维护台海局势稳定，是两岸同胞当前最紧迫的任务；并警告陈水扁当局悬崖勒马，停止“台独”分裂活动，承认两岸同属一个中国，促进两岸关系发展。

2005 年 3 月 4 日，中共中央总书记胡锦涛发表《新形势下发展两岸关系的四点意见》，提出“四个决不”：坚持一个中国原则决不动摇；争取和平统一的努力决不放弃；贯彻寄希望于台湾人民的方针决不改变；反对“台独”分裂活动决不妥协。

3 月 14 日，全国人民代表大会正式通过《反分裂国家法》。其第一条即开宗明义指出，为了反对和遏制“台独”分裂势力分裂国家，促进祖国和平统一，维护台湾海峡地区和平稳定，维护国家主权和领土完整 ，维护中华民族的根本利益，根据宪法而制定该法。

针对民进党推行的“台湾法理独立”活动，大陆方面以《反分裂国家法》表明其遏制“台独”的决心和意志，另一方面对当时仍属“在野”的国民党则释出了善意，以团结台湾各党派、团体共同改善与发展两岸关系。

4 月 26 日，国民党主席连战首次率团访问大陆，与胡锦涛进行国共会谈，并发表新闻公报，确立了坚持“九二共识”、反对“台独”的政治基础，表达了在“九二共识”基础上早日恢复两岸对话与谈判的愿望，并提出“五点促进”：其一，促进尽速恢复两岸谈判，共谋两岸人民福祉；其二，促进终止敌对状态，达成和平协议；其三，促进两岸经济全面交流，建立两岸经济合作机制；其四，促进协商台湾民众关心的参与国际活动的问题；其五，建立党对党定期沟通平台。这是 60 年来国共两党领导人首次会面，揭开了国共两党关系新的一页，对此后两岸关系的和平发展产生了重要作用。

5 月 5 日，亲民党主席宋楚瑜也在大陆的安排下率团访问大陆，同样与胡锦涛会谈，并发表会谈公报，提出“六项共识”：其一，促进在“九二共识”基础上尽速恢复两岸平等谈判；其二，坚决反对“台独”，共谋台海和平稳定；其三，推动结束两岸敌对状态，促进建立两岸和平架构；其四，加强两岸经贸交流，促进建立稳定的两岸经贸合作机制；其五，促进协商台湾民众关心的参与国际活动的问题；其六，推动建立“两岸民间精英论坛”及台商服务机制。7 月 6 日，新党主席郁慕明也率团前往大陆进行“民族之旅”。

大陆方面借着连、宋大陆之行，先后宣布多项对台开放措施，包括赠送台湾一对大熊猫、开放大陆居民赴台湾旅游、扩大开放台湾水果零关税进口种类至 18 项、进一步为台湾居民入出境提供便利、对在高等院校就读的台生按照大陆学生标准同等收费、逐步放宽台湾民众在大陆就业的条件，等等。

2006 年 4 月 14 日、15 日，时任国民党荣誉主席的连战再次率团前往北京参加由国共合办的“两岸经贸论坛”，大陆借此机会再次宣布 15 项对台开放措施，其中，有关农业交流部分占 7 项、医卫交流占 4 项、旅游 1 项、签注 1 项、教育 1 项、证照考试 1 项。尤其在医卫交流部分，因开放措施中允许台湾民众在大陆申请职业注册和短期行医、台湾投资大陆医院可占70%股权等，而成为各方关注的焦点。

另外，大陆方面自2004年发表“五一七授权声明”之后，在中央政策指示下，积极展开对台农业交流。2006年10月，国共两党分别在海南海口及福建厦门举办“两岸农业合作论坛”及“海峡两岸农业合作成果展览暨项目推介会”。前者以大陆宣示农业合作方向及优惠措施为主，后者以农产展示及签约投资为主。两岸农业合作论坛期间，中共中央台办主任陈云林再度宣布20项深化两岸农业交流合作新措施。同时，继国共“两岸经贸论坛”批准在广东省佛山市和湛江市、广西壮族自治区玉林市设立海峡两岸农业合作试验区，在福建省漳浦县、山东省栖霞市设立台湾农民创业园之后，又在此次论坛宣布四川新津、重庆北碚台湾农民创业园，上海郊区、江苏昆山和扬州两岸农业合作试验区正式投入运行，积极鼓励台湾农民前往创业。

除了中央层级的交流之外，国共两党也在2005年8月开始推动国共基层党际交流，初期计划按三阶段推动，第一阶段6个县市、第二阶段10个县市、第三阶段台北市与高雄市。国共基层党际交流活动中，均由国民党县市党部主委与大陆各对应城市市委书记进行会谈，并以“共识”作为往后推动两地交流的依据，其中部分城市之间的对应，系以属性相似来考虑。例如，新竹与苏州，一为台湾高科技产业重镇，一为台商高科技产业群聚之市，两相对应；基隆与宁波则为两岸重要港口，对应性亦不言而喻。

此外，就区域分布而言，福建所属城市占4个（分别为福州、厦门、漳州、泉州），广东2个（分别为深圳、东莞），江苏2个（分别为苏州、无锡），其他有浙江、山东、辽宁、湖北、四川、广西、海南各1个，以及直辖市重庆。由此可见，福建作为中共中央对台工作的主要省份，所属的福州、厦门、漳州、泉州均成为国共基层交流要角。

第四节　国民党重新执政

一、二次政党轮替

2008 年 3 月，台湾领导人大选前的关键时刻，国民党候选人马英九与萧万长打出一支广告《改变的力量》。18 位“蓝军”县市首长告诉选民：“我们准备好了”，进行强力催票。这支广告引发热潮，“我们准备好了”成为全民口号。

3 月 22 日，马英九与萧万长以 58.45％得票率、765.87 万张选票，大胜民进党提名的谢长廷与苏贞昌 221 万余票，当选台湾地区领导人。马、萧得票数与得票率双双创下台湾领导人直选以来新高，实现二次政党轮替。

胜选后，马英九发表当选演说称，国民党在台湾地区立法机构获得三分之二席次，领导人选举得票率又过半，代表民众信任国民党“完全执政、完全责任”。他向支持者说，胜选是“万斤重担”，就任后会以最快速度将政见落实成政策，政策落实为预算，并追踪落实。

大选结果实现二度政党轮替，具有三点意义：一是破解屡被“绿营”操弄的省籍族群对立。马英九不但跨过浊水溪，还冲到鹅銮鼻，获得压倒性胜利，说明区隔“本土”与“外来”的藩篱不复存在。二是拾回失去多年的社会正义价值。陈水扁当局 8 年来违法乱纪、滥权徇私，不但陷台湾纲纪于崩解，并且让社会正义濒于倾圮，以致道德沉沦，公理无存。人民用选票终结乱政。三是挽回了濒临危机的两岸关系。陈水扁推动的“入联公投”未达投票人总数的半数而遭否决。民进党下台，丧失了运用行政力量推动“台独”活动的条件。两岸关系出现走向和平发展的难得历史机遇。

二、改善两岸关系

马英九在选后记者会上表示，新团队将以三步骤改善两岸关系，上任后首要工作是与大陆协商两岸经贸关系正常化，同步协商两岸直航与大陆观光客赴台，接下来再推动两岸和平协议。[①]马英九的谈话显示两岸经贸关系正常化、直航与观光客赴台及和平协议将是他就任领导人后两岸关系的重点政策。

2008 年 5 月之后，中断了近 9 年的两岸两会重新展开复谈。马英九上任后，立即以开放的思维，积极改善两岸关系。他在就职演说中揭示“台湾是一个海岛，开放则兴盛、闭锁则衰败，这是历史的铁律”。综观马英九两岸政策，核心有 4 点：其一，以“九二共识”为基础，开展两岸关系，为两岸恢复制度性协商开创契机。其二，在台湾地区宪制性规定架构下，实施“不统、不独、不武”政策，维持台海现状。其三，秉持“以台湾为主、对人民有利”的精神，循序推动两岸协商。其四，以“正视现实，开创未来；搁置争议，追求双赢”原则，促进两岸经贸往来与文化交流。

对于马英九的两岸政策，大陆方面也给予正面回应。双方均释出善意，终于化解两岸多年来的紧张局势，两岸之间也出现前所未有的和缓气氛，符合国际社会对两岸恢复对话的高度期待。在台湾当局两岸政策推动下，海协、海基两会随即恢复联系，展开复谈准备。

2008 年 6 月 11 日，海基会董事长江丙坤上任后，随即应邀率团赴北京进行“互信协商之旅”，两会也正式恢复制度化协商机

---

① 苏秀慧：《两岸关系 拟三步骤协商改善》，《经济日报》，2008 年 3 月 23 日 A2 版。

制，为两岸关系发展立下新的里程碑。此后至2010年12月，共举行6次“陈江会谈”，签署了15项协议，为两岸关系良性发展奠定重要基础，两会制度化的协商机制，更缓解了两岸对峙形势。

两岸两会的协商，受到两岸民众和国际社会的支持与欢迎，台湾公布的民调显示，台湾民众对于历次协商均持正面支持态度。第一次“陈江会谈”签署的周末包机和大陆居民赴台观光协议，约六成民众支持。第二次会谈的4项协议更获大多数民意支持，例如两岸包机建立“截弯取直”的新航路、海运直航及邮政合作的满意度，都超过八成。第五次会谈签署的《海峡两岸经济合作框架协议》和《海峡两岸知识产权保护合作协议》，有73％的民众持正面肯定评价，且有79.3％民众赞成继续通过两岸制度化协商，处理两岸交流问题。

自2008年7月4日启动至2010年10月，两岸海、空运已开通108个航点，其中空运37个航点、海运71个航点。两岸大幅增班，加上台湾与大陆航空公司积极抢客，不定期对部分航点打出促销价格，使直航客运量激增，2009年即冲至311万人次。两岸航空与观光主管部门已有默契。2013年达成直航班次从每周670班增为828班，且大陆航点也多达52个的协议。使2013年直航班机搭乘人次首度突破900万大关。① 由于有着更便捷省时的空运服务，两岸一日生活圈逐渐形成，也促进两岸经贸交流的繁荣发展。

又如，开放大陆人民赴台观光，该协议从2008年7月18日生效后，2009年赴台陆客超过60万人次，2010年更高达118万人次，增长速度惊人，一方面显示大陆人民对游览台湾风光有高度向往，一方面也给台湾经济发展带来巨大收益。依台湾交通部

---

① 杨文琪：《两岸直航人次 今年将逾千万》，《经济日报》，2014年5月4日A4版。

门观光局的旅客消费调查，大陆观光客平均每人每日消费金额295美元，以旅客平均停留7天6夜估算，100万大陆观光客就可为台湾观光相关产业带来超过20亿美元（约新台币600亿元）的收益及商机，对活络台湾观光旅游市场起到相当可观的作用。

再以两岸共同打击犯罪及司法互助为例，自2009年6月相关协议生效，至2010年8月，两岸相互提出的司法文书送达、调查取证、协缉遣返等各式请求案件已达9500余件，且双方警方合作侦破欺诈、掳人勒赎、毒品、强盗计21案，其中包含17起电信欺诈案，逮捕犯罪嫌疑人1132人。其中台湾的刑事警察局和大陆公安部门更在2010年8月25日启动两岸治安史上最大的同步扫荡欺诈集团行动，合计动员3200余名警力，逮捕450名嫌疑犯，创下两岸合作打击犯罪的多项纪录。[①]

三、两岸经贸合作

从发展趋势来看，两岸经贸往来是必然趋势。台湾对大陆经贸依存度不断攀升，根据大陆官方的统计，两岸贸易总额从1988年的27亿美元到2006年已突破千亿美元，达1078亿美元，是1988年的近40倍，即使2003年爆发SARS疫情，贸易总额还是持续攀升。台商对大陆的投资金额也是屡创新高，而在大陆的投资家数到2006年为止，更超过7万家。台湾对大陆的贸易顺差，也从初期的20亿美元左右增加到近664亿美元，大陆早已取代美国，成为台湾近几年来最大的顺差来源。[②]

2005年4月，在胡锦涛与连战进行历史性的会谈后共同发布的《两岸和平发展共同愿景》中，明确提出："促进两岸经济全面交流，建立两岸经济合作机制。"2008年，海峡两岸关系实现历史

① 财团法人海峡交流基金会：《海峡交流基金会20周年专刊》，台北：海峡交流基金会，2011年，第58—60页。

② 李念殊：《重渡黑水沟》，台北：畅谈文化出版社，2008年，第82页。

转折后，台湾方面提出希望签署《海峡两岸经济合作框架协议》。

2010年1月26日，海协、海基两会专家在北京举行《海峡两岸经济合作框架协议》（ECFA）工作商谈。2010年6月29日，两岸两会领导人签订合作协议。2010年8月17日，台湾通过该协议。

这是两岸推动经贸关系正常化以来最重要的一步，更是划时代的关键历史事件。从预期效益而言，ECFA将快速显现的，自是内含539项货品及11项服务业的早收清单，其中关税减让和市场开放措施，使两岸经济发展和两岸民众从中受益。中长期效益来说，则是为台湾与他国洽签自由贸易协议（FTA），以融入区域整合及避免边缘化，创造了更多机会。宏观而言，ECFA将启动台湾继加入世贸组织以来最大规模的经济改革工程，对台湾经济发展的意义不言而喻。

马英九在协议签署后也指出，该协议对台湾、两岸、亚太地区乃至全世界，均具意义，这项协议跨出三大步：第一，台湾突破经济孤立的一大步，让台湾走出经济被边缘化的威胁；第二，两岸经贸走向互惠合作的一大步，可在制度化的架构下为台湾创造更多商机，且增加更多就业机会；第三，加速亚洲经济整合的一大步，今后台湾的价值会受到亚太地区与国际社会更大的重视，台湾将成为各国企业进军大陆市场的跳板。[①] 随着协议落实，台湾方面539项早收清单零关税的逐步实施，不仅使相关产业直接受惠，也使得许多国家重新评估对台湾的投资，有利于台湾发挥亚太经贸枢纽与台商营运总部的作用。

2008年5月以后，两岸关系实现重大转折，取得一系列突破性进展和重要成果，开创了和平发展的新局面，总体面貌发生了

---

① 财团法人海峡交流基金会：《海峡交流基金会20周年专刊》，台北：海峡交流基金会，2011年，第62页。

历史性变化。2012 年后的马英九执政任内，两岸关系和平发展进入巩固和深化的新阶段。

首先，国共两党、两岸双方信守坚持“九二共识”、反对“台独”的共同立场，在此基础上建立政治互信，改善和发展两岸关系。第二，与此同时，海协会与海基会制度化协商也取得系列重要成果，促进了两岸交流合作的制度化和规范化，拓展了两岸交流合作领域，丰富了两岸交流合作内涵，增进了两岸同胞福祉，推动了两岸关系和平发展进程。第三，两岸共同努力争取 30 年之久的全面、直接、双向的“三通”实现，大大方便了两岸人民往来，促进了两岸贸易和投资的发展。第四，两岸开始了经济合作制度的进程，两会签署 ECFA，推动两岸经济关系正常化，明确两岸经济贸易自由化目标，构建两岸经济合作机制的平台，将两岸经济合作推向新阶段。第五，两岸各界交流蓬勃开展，层次提高，领域拓宽，内容更加丰富，形式屡有创新，全方位、宽领域、多层次的大格局基本形成。第六，两岸关系和平发展理念深植人心，且发展具更坚实的基础、更强劲的动力与更有利的条件，虽然目前仍遇到一些挑战，如“台独”分裂势力极力阻挠和破坏两岸关系发展，这些仍是对台海地区和平稳定的最大现实威胁。但是，对两岸中国人而言，只要继续走和平、交流之路，两岸关系就必将开拓新的局面，中国的和平统一是可以期待的！

参考文献

一、 专著与资料集

国务院台湾事务办公室新闻局：《两岸关系与和平统一》，北京：华艺出版社，1992—1993年，九州图书出版社，1993—2000年，九州出版社，2001—2002年。

台湾研究会（全国）研究部编：《台湾问题重要文献资料（1943.12—1992.12）》，北京：北京出版社，1993年。

国务院台湾事务办公室研究局编：《台湾问题文献资料选编》，北京：人民出版社，1994年。

中国社会科学院台湾史研究所等编：《台湾问题重要文献资料汇编（1978.12—1996.12）》，北京：红旗出版社，1997年。

中共中央文献研究室编：《一国两制重要文献选编》，北京：

中央文献出版社，1997 年。

中共中央台湾工作办公室、国务院台湾事务办公室编：《中国台湾问题（干部读本）》，北京：九洲图书出版社，1998 年。

中共中央党校、中共中央台湾工作办公室编著：《台湾问题读本（试用本）》，北京：九州出版社，2001 年。

中共中央党校、中共中央台湾工作办公室编：《中共三代领导人谈台湾问题》（内部学习资料），2001 年。

中共中央台湾工作办公室、国务院台湾事务办公室编：《中国台湾问题：干部读本》（修订版），北京：九州出版社，2015 年。

唐贤龙：《台湾事变内幕记》，南京：中国新闻社出版部，1947 年。

陈诚：《台湾土地改革纪要》，台北：台湾“中华书局”，1961 年。

沈云龙编著：《尹仲容先生年谱初稿》，台北：传记文学杂志社，1972 年。

胡琏：《泛述古宁头之战》，未出版文集，1975 年。

盛清沂、王诗琅、高树潘：《台湾史》，台北：众文图书股份有限公司，1977 年。

曹永和：《台湾早期历史研究》，台北：联经出版事业股份有限公司，1979 年。

《“中华民国”史料研究中心十周年纪念论文集》，台北：“中华民国”史料研究中心，1979 年。

黄富三、曹永和主编：《台湾史论丛》（第一辑），台北：众文图书股份有限公司，1980 年。

周宪文编著：《台湾经济史》，台北：台湾开明书店，1980 年。

丘念台：《我的奋斗史》，台北：中华日报社，1981 年。

苏云青编著：《念兹在兹——丘念台传》，台北：近代中国出版社，1984 年。

戴国辉：《台湾史研究》，台北：远流出版事业股份有限公司，1985 年。

蒋硕杰：《台湾经济发展的启示》，台北：经济与生活出版事业股份有限公司，1985 年。

何应钦：《八年抗战与台湾光复》，台北：黎明文化事业股份有限公司，1987 年。

张贻达：《战后台湾的对外贸易》，厦门：鹭江出版社，1987 年。

蒋永敬：《杨亮功先生年谱》，台北：联经出版事业股份有限公司，1988 年。

林启旭：《二二八事件综合研究》，东京：二二八出版社，1988 年。

茅家琦主编：《台湾三十年（1949—1979）》，郑州：河南人民出版社，1988 年。

吴浊流：《无花果》，台北：前卫出版社，1988 年。

张富美：《台湾问题讨论集》，台北：前卫出版社，1988 年。

李敖：《二二八研究》，台北：李敖出版社，1989 年。

李敖：《二二八研究续集》，台北：李敖出版社，1989 年。

李乔：《台湾运动的困局与转机》，台北：前卫出版社，1989 年。

萧新煌等著：《垄断与剥削：威权主义的政治经济分析》，台北：台湾研究基金会，1989 年。

严演存：《早年之台湾》，台北：时报文化出版企业有限公司，1989 年。

古瑞云：《台中的风雷》，台北：人间出版社，1990 年。

（日）刘进庆著，雷慧英译：《战后台湾经济分析》，厦门：厦门大学出版社，1990 年。

陈师孟、林忠正、朱敬一等：《解构党国资本主义——论台湾官营事业之民营化》，台北：澄社，1991 年。

黄嘉树：《国民党在台湾（1945—1988）》，海口：南海出版公司，1991年。

茅家琦主编：《80年代的台湾（1980—1989）》，郑州：河南人民出版社，1991年。

齐茂吉：《蒋中正先生与台湾安全》，台北：黎明文化事业股份有限公司，1991年。

杨逸舟著，张良泽译：《二·二八民变》，台北：前卫出版社，1991年。

资中筠、何迪编：《美台关系四十年（1949—1989）》，北京：人民出版社，1991年。

韩清海：《战后台湾企业集团》，厦门：鹭江出版社，1992年。

姜殿铭主编：《台湾一九九一》，北京：中国友谊出版公司，1992年。

李非：《战后台湾经济发展史》，厦门：鹭江出版社，1992年。

马英九：《两岸关系的回顾与前瞻》，台北："行政院大陆委员会"，1992年。

姜殿铭主编：《台湾一九九二》，长春：吉林文史出版社，1993年。

赖泽涵等：《悲剧性的开端：台湾二二八事变》，台北：时报文化出版企业公司，1993年。

赖泽涵主编：《台湾光复初期历史》，台北："中央研究院"中山人文社会科学研究所，1993年。

李宏硕主编：《海峡两岸经贸关系》，天津：南开大学出版社，1993年。

李宏硕：《台湾经济四十年》，太原：山西经济出版社，1993年。

郑梓：《战后台湾议会运动史之研究》，著者印行，1993年。

钟逸人：《辛酸六十年》（上册），台北：前卫出版社，1993年。

姜殿铭主编：《台湾一九九三》，北京：中国友谊出版公司，

1994 年。

赖泽涵总主笔：《二二八事件研究报告》，台北：时报文化出版企业股份有限公司，1994 年。

郑梓：《战后台湾的接收与重建：台湾现代史研究论集》台北：新化图书有限公司，1994 年。

高希均、李诚主编：《台湾经验再定位》，台北：天下文化出版股份有限公司，1995 年。

姜殿铭主编：《台湾一九九四》，北京：北京出版社，1995 年。

李国鼎：《台湾的经济计划及其实施》，南京：东南大学出版社，1995 年。

陈孔立：《台湾历史纲要》，北京：九洲图书出版社，1996 年。

姜殿铭主编：《台湾一九九五》，北京：九洲图书出版社，1996 年。

李松林：《蒋经国晚年》，合肥：安徽人民出版社，1996 年。

刘士永：《光复初期台湾经济政策的检讨》，台北：稻乡出版社，1996 年。

许介鳞：《战后台湾史记》，台北：文英堂出版社，1996 年。

姜殿铭主编：《台湾一九九六》，北京：九洲图书出版社，1997 年。

李敖、陈境圳：《你不知道的二二八》，台北：新新闻文化，1997 年。

李家泉：《李登辉主政台湾之后》，北京：中国言实出版社，1997 年。

彭怀恩：《认识台湾——台湾政治变迁五十年》，台北：风云论坛出版社有限公司，1997 年。

吴新荣：《震瀛回忆录》，著者印行，1997 年。

姜殿铭主编：《台湾一九九七》，北京：九洲图书出版社，1998 年。

戚嘉林：《台湾史（第五册）》，著者印行，1998 年。

苏格：《美国对华政策与台湾问题》，北京：世界知识出版社，1998 年。

翁嘉禧：《台湾光复初期的经济转型与政策（1945—1947）》，高雄：复文图书出版社，1998 年。

余克礼主编：《海峡两岸关系概论》，武汉：武汉出版社，1998 年。

袁颖生：《光复前后的台湾经济》，台北：联经出版事业股份有限公司，1998 年。

周阳山主编：《李登辉执政十年》，台北：风云论坛出版社有限公司，1998 年。

姜殿铭、许世铨主编：《台湾一九九八》，北京：九洲图书出版社，1999 年。

王作荣：《壮志未酬：王作荣自传》，台北：天下远见出版股份有限公司，1999 年。

黄年：《李登辉“总统”的最后一千天》，台北：联经出版事业股份有限公司，2000 年。

姜殿铭、许世铨主编：《台湾一九九九》，北京：九洲图书出版社，2000 年。

时报文化编辑委员会：《珍藏 20 世纪台湾》，台北：时报文化出版企业股份有限公司，2000 年。

夏珍：《日落国民党》，台北：天下远见出版股份有限公司，2000 年。

张汉裕主编：《蔡培火全集》（四），台北：财团法人吴三连台湾史料基金会，2000 年。

资中筠：《追根溯源——战后美国对华政策的缘起与发展（1945—1950）》，上海：上海人民出版社，2000 年。

姜殿铭、许世铨主编：《台湾二〇〇〇》，北京：九州出版社，2001 年。

李国鼎：《经验与信仰》，台北：资讯电脑杂志社，2001 年。

孙震：《台湾发展知识经济之路》，台北：三民书局股份有限公司，2001 年。

“中央研究院”台湾研究推动委员会编：《威权体制的变迁：解严后的台湾》，台北：“中央研究院”台湾史研究所筹备处，2001 年。

黄秀政、张胜彦、吴文星：《台湾史》，台北：五南图书出版股份有限公司，2002 年。

姜殿铭、许世铨主编：《台湾二〇〇一》，北京：九州出版社，2002 年。

汤熙勇：《台北市地名与路街沿革史》，台北市文献委员会，2002 年。

王晓波：《二二八真相》，台北：海峡学术出版社，2002 年。

许介鳞：《李登辉与台湾政治》，北京：社会科学文献出版社，2002 年。

姜殿铭、许世铨主编：《台湾二〇〇二》，北京：九州出版社，2003 年。

陶文钊主编：《美国对华政策文件集（1949—1972）》（第一卷），北京：世界知识出版社，2003 年。

蔡子民：《台湾史志》，台北：海峡学术出版社，2004 年。

（美）丹尼·罗伊著，何振盛、杜嘉芬译：《台湾政治史》，台北：台湾商务印书馆，2004 年。

李非：《台湾经济发展通论》，北京：九州出版社，2004 年。

陶文钊主编：《美国对华政策文件集（1949—1972）》（第二卷下册），北京：世界知识出版社，2004 年。

王晓波：《国民党与二二八事件》，台北：海峡学术出版社，2004 年。

许世铨主编：《台湾二〇〇三》，北京：九州出版社，2004 年。

张耀武：《中日关系中的台湾问题》，北京：新华出版社，2004 年。

李国鼎口述，刘素芬编著：《李国鼎：我的台湾经验》，台北：远流出版事业股份有限公司，2005 年。

王建民、刘红、曾润梅：《国民党下台内幕》，北京：新华出版社，2005 年。

杨立宪、杨志坚主编：《台湾二〇〇四》，北京：九州出版社，2005 年。

中国社会科学院近代史研究所编：《中国社会科学院近代史研究所青年学术论坛（2003 年卷）》，北京：社会科学文献出版社，2005 年。

刘国深：《台湾政治概论》，北京：九州出版社，2006 年。

（日）喜安幸夫：《台湾四百年的历史》，台北：海信图书公司，2006 年。

徐博东主编：《北京台研论坛第一辑・台湾政党政治发展的回顾与前瞻》，香港：香港社会科学出版社有限公司，2006 年。

许世铨、余克礼主编：《台湾二〇〇五》，北京：九州出版社，2006 年。

褚静涛：《二二八事件实录》，台北：海峡学术出版社，2007 年。

黄秀政：《台湾史志新论》，台北：五南图书出版股份有限公司，2007 年。

黄源谋编著：《台湾通史》，台北：新文京开发出版股份有限公司，2007 年。

施正锋：《台湾政治史》，台中：财团法人新新台湾文教基金会，2007 年。

武之璋：《二二八真相解密》，台北：风云时代出版股份有限公司，2007 年。

许世铨、余克礼主编：《台湾二〇〇六》，北京：九州出版社，2007 年。

“中央研究院”台湾史研究所：《“纪念二二八事件 60 周年”学术研讨会论文集》，台北：“中央研究院”台湾史研究所，2007 年。

陈正茂、林宝琮、林世宗：《新编台湾史》，台北：新文京开发出版股份有限公司，2008 年。

李念殊：《重渡黑水沟》，台北：畅谈文化出版社，2008 年。

任育德：《向下扎根：中国国民党与台湾地方政治的发展（1949—1960）》，台北：稻乡出版社，2008 年。

萧阿勤：《回归现实——台湾 1970 年代战后世代与文化政治变迁》，台北：“中央研究院”社会学研究所，2008 年。

赵勇：《台湾政治转型与分离倾向》，北京：中央编译出版社，2008 年。

何海兵主编：《台湾六十年》，上海：上海人民出版社，2009 年。

彭怀恩：《台湾政治发展（1949—2009）》，台北：风云论坛有限公司，2009 年。

戚嘉林：《台湾六十年》，台北：海峡学术出版社，2009 年。

王呈祥：《美国驻台北副领事葛超智与“二二八事件”》，台北：海峡学术出版社，2009 年。

“中央研究院”台湾史研究所：《战后台湾社会与经济变迁国际学术研讨会论文集》，台北：“中央研究院”台湾史研究所，2009 年。

周志怀主编：《台湾二〇〇七》，北京：华艺出版社，2009 年。

周志怀主编：《台湾二〇〇八》，北京：九州出版社，2009 年。

周忠菲：《“台独”的国际背景》，北京：九州出版社，2009 年。

洪丽完、张永桢、李力庸、王昭文：《台湾史》，台北：五南图书出版股份有限公司，2010 年。

吕绍理、唐启华、沈志华：《冷战与台海危机》，台北：台湾政治大学历史系，2010 年。

（美）陶涵著，林添贵译：《蒋经国传》，北京：华文出版社，2010 年。

张海鹏、陶文钊主编：《台湾简史》，南京：凤凰出版社，2010 年。

财团法人海峡交流基金会：《海峡交流基金会 20 周年专刊》，台北：海峡交流基金会，2011 年。

黄克武主编：《迁台初期的蒋中正》，台北：“中正纪念堂管理处”，2011 年。

戚嘉林：《台湾史》，海口：海南出版社，2011 年。

黄克武：《蒋中正“总统”与“中华民国”的发展　1950 年代的台湾 期末报告书》，台北：“中正纪念堂管理处”，2012 年。

田珏、傅玉能主编：《台湾史纲要》（修订本），福州：福建人民出版社，2012 年。

习贤德：《警察与二二八事件》，台北：时英出版社，2012 年。

张海鹏、陶文钊主编：《台湾史稿》，南京：凤凰出版社，2012 年。

朱云汉等：《台湾民主转型的经验与启示》，北京：社会科学文献出版社，2012 年。

陈世昌：《台湾演进史》，台北：五南图书出版股份有限公司，2013 年。

许倬云：《许倬云说历史：台湾四百年》，杭州：浙江人民出版社，2013 年。

台湾省行政长官公署编：《台湾省二・二八暴动事件纪要》，1947 年。

台湾省行政长官公署新闻室编：《台湾暴动事件纪实》，台北：台湾省行政长官公署新闻室，1947 年。

《中美关系资料汇编》（第二辑），北京：世界知识出版社，

1960 年。

《二·二八起义资料集》（下册），厦门大学台湾研究所，1981 年。

《台湾省台湾通志稿》(3)，台北：成文出版社，1983 年。

全国政协、浙江省政协、福建省政协文史资料研究委员会编辑组编：《陈仪生平及被害内幕》，北京：中国文史出版社，1987 年。

陈鸣钟、陈兴唐主编：《台湾光复和光复后五年省情》，南京：南京出版社，1989 年。

秦孝仪主编：《光复台湾之筹划与受降接收》，台北：中国国民党中央委员会党史委员会，1990 年。

张瑞成：《台籍志士在祖国的复台努力》，台北：中国国民党中央委员会党史委员会，1990 年。

邓孔昭主编：《二二八事件资料集》，台北：稻乡出版社，1991 年。

中国第二历史档案馆编：《台湾“二·二八”事件档案史料》，北京：档案出版社，1991 年。

陈兴唐主编：《台湾“二·二八”事件档案史料》，台北：人间出版社，1992 年。

台湾省文献委员会编：《二二八事件文献续录》，南投：台湾省文献委员会，1992 年。

“中央研究院”近代史研究所编：《二二八事件资料选辑》（一）（二）（三）（四），台北：“中央研究院”近代史研究所，1992 年。

薛月顺编：《资源委员会档案史料汇编：光复初期台湾经济建设》，台北：“国史馆”，1993 年。

《重修台湾省通志》（卷一），南投：台湾省文献委员会，1994 年。

魏永竹主编：《抗战与台湾光复史料辑要》，南投：台湾省文献委员会，1995 年。

薛月顺编：《台湾省政府档案史料汇编：台湾省行政长官公署时期》，台北：“国史馆”，1996—1999 年。

侯坤宏编：《“国史馆”藏二二八档案史料》，台北：“国史馆”，1997 年。

台湾省文献委员会：《台湾地区戒严时期五〇年代政治案件史料汇编》，南投：台湾省文献委员会，1998 年。

《中国国民党党务发展史料——中央改造委员会资料汇编》（上、下），台北：近代中国出版社，1999—2000 年。

海峡两岸出版交流中心、中国第二历史档案馆：《台湾光复档案·历史图像》，北京：九州出版社，2005 年。

张翰璧：《台湾全志》，南投：台湾文献馆，2006 年。

陈云林主编：《馆藏民国台湾档案汇编》，北京：九州出版社，2007 年。

邱国祯：《近代台湾惨史档案》，台北：前卫出版社，2007 年。

张宪文主编：《日本侵华图志》第 3 卷《侵占台湾五十年（1895—1945）》，济南：山东画报出版社，2015 年。

张海鹏主编：《台湾光复史料汇编（第一编）·政府文件选编（一）》，重庆：重庆出版社，2017 年。

二、 会议与期刊论文

陈茂林：《本市财政的过去与现在》，《台北文物》，1953 年 8 月第 2 卷第 2 期。

杨兰洲：《本市建设的回顾》，《台北文物》，1953 年 8 月第 2 卷第 2 期。

陈君玉：《五十沧桑话“国语”》，《台北文物》，1958 年 6 月

第 7 卷第 1 期。

陈三井：《翁俊明与台湾党部成立的一段经纬》，收入《“中华民国”史料研究中心十周年纪念论文集》，台北：“中华民国”史料研究中心，1979 年。

刘进庆：《战后台湾经济的发展过程》，《台湾风物》，1984 年第 34 卷第 4 期。

佚名：《陈公洽与台湾》，收入李敖编著：《二二八研究三集》，台北：李敖出版社，1989 年。

赖泽涵：《陈仪与闽、台、浙三省省政（1926—1949）》，发表于“中华民国建国八十年”学术讨论会，1991 年。

洪喜美：《光复前后中国国民党台湾党务的发展（1940—1947）》，发表于“中华民国史”专题论文集第三届讨论会，台北：“国史馆”，1996 年。

姚礼明：《1949 年以前的台湾海峡两岸关系研究》，《北京大学学报》（哲学社会科学版），1999 年第 36 卷第 3 期。

高学军：《试析国民党在台湾的党务改造运动》，《齐齐哈尔大学学报（哲学社会科学版）》，2001 年第 2 期。

史全生、费晓明：《光复初期关于台湾币制的争论和台币的发行》，《民国档案》，2001 年第 1 期。

邓孔昭：《光复初期（1945—1949 年）的台湾社会与文学》，《台湾研究集刊》，2003 年第 4 期。

苏嘉宏、王呈祥：《陈仪在台主政期间（1945—1947）的经济政策，孙中山先生“民生主义”的实践与背离》，收入台北中山纪念馆馆刊，2003 年。

褚静涛：《陈仪与台湾公营事业的初步建立——兼论台湾发展民营事业的政策取向》，《历史档案》，2004 年第 3 期。

吴克泰：《台湾“二二八”事件真相》（上），《军事历史》，2004 年第 2 期。

吴克泰：《台湾“二二八”事件真相》（下），《军事历史》，2004 年第 3 期。

白纯：《简析抗战时期的台湾调查委员会》，《江海学刊》，2005 年第 1 期。

王玉国：《浅析陈仪对二二八事件的危机处理》，《台湾研究集刊》，2007 年第 2 期。

褚静涛：《台湾光复初期的文化冲突》，《现代台湾研究》，2008 年第 2 期。

杨天石：《二二八事件与蒋介石的对策——蒋介石日记解读》，收入中国社会科学院近代史研究所编：《民国人物与民国政治》，北京：社会科学文献出版社，2009 年。

姜龙飞：《陈仪与台湾二二八事件》（下），《历史与人物》，2010 年 7 月。

蔡盛琦：《1950 年代图书查禁之研究》，《“国史馆”馆刊》，2010 年 12 月第 26 期。

后东升：《台湾光复初期的“台湾人”与“外省人”》，《民族史研究》，2011 年 第 00 期。

宋帮强：《论光复初期的台湾国语运动》，收入杨彦杰主编：《光复初期台湾的社会与文化》，福州：福建教育出版社，2011 年。

许正：《1949 年数百万两黄金抢运台湾秘闻》，《文史月刊》，2014 年第 2 期。

三、 学位论文

龚宜君：《移入政府的渗透能力（1950—1969）：改造后国民党政权社会基础的形成与巩固》，台北：台湾大学社会研究所博士论文，1995 年。

翁嘉禧：《陈仪时期台湾经济政策之研究》，高雄：台湾中山大学中山学术研究所博士论文，1997 年。

程丽娜：《当代台湾地区精英嬗变研究——以政治转型为视角》，华东师范大学 2011 年博士学位论文。

后　　记

《台湾通史》六卷本的出版，是各位热心台湾历史文化学术研究的同仁们通力合作的成果。在此，我要向以下参加本书撰写的各位先生，致以衷心的感谢！

第一卷：宋光宇（台湾“中研院”）、刘慧钦（厦门大学）、刘益昌（台湾“中研院”）

第二卷：陈启钟（龙岩学院）

第三卷：王尊旺（福建中医药大学）、李颖（闽江学院）、庄林丽（福建工程学院）

第四卷：林国平（闽南师范大学、福建师范大学）、马海燕（闽南师范大学）

第五卷：王日根（厦门大学）、苏惠苹（闽南师范大学）

第六卷：施沛琳（闽南师范大学）、赵庆华（天津外国语大学）

全书台湾少数民族部分：徐泓（南开大学、厦门大学）

福建人民出版社编辑在承担本书出版的过程中，付出了艰辛的劳动，对此，一并致以衷心的感谢！

陈支平

图书在版编目(CIP)数据

台湾通史．第六卷，现代 / 陈支平主编；
施沛琳，赵庆华著．--福州：福建人民出版社，2020.11（2024.6 重印）
ISBN 978-7-211-08106-6

Ⅰ.①台… Ⅱ.①陈… ②施… ③赵…
Ⅲ.①台湾—地方史—现代 Ⅳ.①K295.8

中国版本图书馆 CIP 数据核字（2019）第 247229 号

台湾通史·第六卷·现代
TAIWAN TONGSHI·DILIUJUAN·XIANDAI

作　　者：陈支平　主编　施沛琳　赵庆华　著
责任编辑：陈稚瑶
美术编辑：白　玫
出版发行：福建人民出版社　　**电　　话**：0591—87533169（发行部）
网　　址：http://www.fjpph.com　　**电子邮箱**：fjpph7211@126.com
地　　址：福州市东水路 76 号　　**邮政编码**：350001
印　　刷：福建新华联合印务集团有限公司
地　　址：福州市晋安区福兴大道 42 号
开　　本：700 毫米×1000 毫米　1/16
印　　张：18.5
字　　数：240 千字
版　　次：2020 年 11 月第 1 版　　2024 年 6 月第 3 次印刷
书　　号：ISBN 978-7-211-08106-6
定　　价：72.00 元